COMMENT VIVRE
AU TEMPS DU CORONAVIRUS

ALAIN BAUER ET ROGER DACHEZ

COMMENT VIVRE AU TEMPS DU CORONAVIRUS

Un manuel pour comprendre et résister

LES ÉDITIONS DU CERF

www.editionsducerf.fr
24, rue des Tanneries
75013 Paris

ISBN : 978-2-204-14203-8

Voici l'histoire d'une pandémie
attendue et qui n'arriva pas.
Et d'une autre qui arriva
sans prévenir alors qu'on avait défait
tout ce qui avait été construit contre la précédente.
Voici une somme historique d'alertes et de rapports
multiples qui auraient dû nous permettre de combattre
la Covid-19 sans avoir à choisir entre la santé
et l'emploi, entre les victimes sanitaires
et les victimes sociales.
Voici le document le plus complet, puisé aux meilleures
sources historiques, administratives et médicales.
L'ouvrage qui permet de se faire une idée
par soi-même, sans intermédiaire.

Un real Book contre les Fake News.
Pour comprendre.
Pour juger.
Et surtout pour se préparer.

L'offensive se précise ! dit-il l'index levé. La moitié de la Grande-Bretagne est au lit. Vous lirez ça pendant le trajet...
Je ne lus que les titres tant la route était sinueuse. La grippe de Hong Kong prenait de telles proportions qu'elle s'avérait une catastrophe nationale : économie bloquée, épuisement des antibiotiques, démoralisation générale, sans que l'on précisât le nombre des morts.
Ils trouveront la parade dans les semaines qui viennent, dis-je. Les microbes n'ont pas encore l'arme absolue.
Pff ! c'est un virus insignifiant. Je vous l'ai dit : un élément précurseur, bon pour une répétition générale avant la grande vague qui, elle, fourbit son arme absolue, cent fois plus rapide que tous les cancers. Comme toujours l'humanité fixe les yeux sur le mauvais danger : la Chine avec son milliard d'hommes... Mais que représentera ce milliard d'hommes devant un milliard de milliards de virus ? Le virus dévastera la Chine en un jour quand il s'attaquera à elle, dans les conditions d'hygiène où elle vit... Un charnier immense exhalera des vapeurs fétides que les vents répandront sur toute l'Asie, puis l'Europe et par-dessus le Pacifique sur les Amériques. Nous ne savons encore rien des virus. Nous n'avons examiné que les plus anodins, et ce que nous voyons confirme leur intelligence, leur sens de l'organisation, leur voracité, leur faculté d'adaptation à tous les milieux. Au contact de l'homme, ils commencent à sécréter une sorte d'intelligence diabolique. Le jour où ils éliront pour chef le plus puissant d'entre eux, ce virus se multipliera en quantités infinies. Les premiers charniers fonctionneront comme des couveuses. L'homme n'est pas de taille à lutter. La civilisation l'a rendu plus grand, plus fort, moins laid, mais aussi plus vulnérable aux épidémies d'origine inconnue. Il peut se battre contre un lion, un tigre, contre son semblable, mais quand un virus l'attaque, il a la fièvre, les jambes molles, le cœur chancelant et il se couche. Son courage ne lui sert plus à rien.

MICHEL DÉON
Les Poneys sauvages, 1970

LA REVANCHE DES MICROBES
La première crise totale

En 1898, H.G. Wells publia *La Guerre des mondes*, roman dans lequel il imaginait l'invasion d'abord victorieuse, puis la destruction finale de forces extraterrestres, pourtant militairement et technologiquement supérieures, grâce à une arme terrible, mais familière pour les Terriens : des microbes non identifiés annihilaient d'un coup les Martiens. Le 30 octobre 1938, veille d'Halloween aux États-Unis, la version radiodiffusée qu'en donna le jeune Orson Welles, et qui fit sa renommée, tourna au canular d'ampleur nationale et devint un modèle de la manipulation des populations par un média de masse.

Aujourd'hui, voici que s'impose à nous, en miroir inversé de ce classique de l'anticipation, un événement dramatique qui participe non moins de la science, mais n'entretient aucune fiction. Pour la première fois dans l'histoire de l'humanité, une crise *totale* vient de frapper le monde dans sa *globalité*.

La nouveauté radicale de cette crise tient à qu'elle réunit ces deux dimensions et que, pour la *comprendre*, il faut se saisir panoramiquement de ces deux concepts clés. Au début du XIXe siècle, scrutant l'aventure napoléonienne et extrapolant à partir d'elle, le théoricien de la stratégie militaire Carl Von Clausewitz forge l'idée de guerre « totale » pour désigner le type extrême de conflit où un belligérant mobilise toutes ses ressources afin d'anéantir un adversaire lui-même prêt à l'éradiquer, ce dont les deux guerres mondiales feront la terrible démonstration. À la fin du XXe siècle, le professeur de Harvard Theodore Levitt popularise la notion de « globalisation » pour caractériser l'intégration interactive des individus, des sociétés, des gouvernements et des entreprises dans une seule économie-monde dessinant peu à peu un unique village planétaire. Les deux expressions sont restées. En ce début 2020, elles sont entrées en collision et prennent désormais, sous l'effet d'une accélération jusque-là inconnue, une tout autre signification.

Totale, globale, telle est donc la crise inédite qui frappe entièrement et simultanément l'ensemble des faces de la Terre.

Cette crise n'est proprement ni militaire ni économique, ni industrielle ni financière, ni sociale ni politique. Elle est tout cela à la fois. Elle est d'abord sanitaire et médicale. Elle est surtout à la fois individuelle et collective. Nous la vivons tous, partout et en même temps, en chacun de ses aspects, personnel, familial, entrepreneurial, national, international.

Cette crise accable nos amnésies consenties. La pandémie de 1918, dite de la « grippe espagnole » ou de la « fièvre annamite » – bien qu'originaire du Kansas, semble-t-il –, fit plus de morts que la Grande Guerre, mais son souvenir se noya dans celui de l'enfer des tranchées. Les krachs boursiers de 1929 ou de 2008 montrèrent le chaos auquel pouvait aboutir la course à la financiarisation, mais une fois endigués, ils s'estompèrent de notre mémoire pour y prendre le rang d'accidents qui avaient pu être maîtrisés.

Pourquoi notre sidération devant l'apparition du Coronavirus ? Parce que nous avons choisi l'oubli. Parce que nous n'avons pas pris le temps de nous préparer. Pour autant, outre la grippe espagnole de 1918, depuis la grippe russe de 1889, la grippe asiatique de 1956, celle de Hong Kong de 1968 ou la H1N1 de 2009, nous n'avons pas manqué d'alertes ni d'études scientifiques de grande qualité pour nous alarmer. Sans succès.

Plus grave encore, depuis Charles Delorme, le médecin français des rois qui inventa en 1619 le masque à bec pour combattre la peste, mais qui peina à convaincre les autorités de l'adopter, ou encore le docteur hongrois Ignace Semmelweis qui expliqua en 1850 aux sommités médicales de Vienne l'impératif hygiénique de se laver les mains pour contrer les contagions (mais qui fut la risée de ces mandarins), nous avons régressé plutôt qu'évolué. Il aura fallu Louis Pasteur pour que les choses changent enfin. Du moins, un peu. Puis nous avons désappris les principes de base. Très vite nous nous sommes crus invincibles et rêvés immortels. Nous avons imaginé le « transhomme » dont la puce électronique vient de griller, faute d'oxygène disponible.

Fascinés par la conquête de l'espace, nous avons oublié la puissance, la résilience et la résistance des microbes – de ces micro-organismes invisibles à l'œil nu, vibrions, bactéries, parasites et virus qui sont considérés comme les premières formes de vie apparues sur Terre il y a plus de trois milliards d'années, qui survivent en investissant une cellule-hôte qu'ils cannibalisent, qui ont précédé de loin l'espèce humaine et constituent pour elle une menace récurrente sous la forme d'épidémies et de pandémies.

La communauté savante n'a pas échappé à ce syndrome. Elle s'est divisée à l'échelle internationale comme nationale, même si des consensus partiels se sont dégagés au fur et à mesure que l'épidémie s'est développée. Comme beaucoup d'entre nous, il s'est trouvé des scientifiques pour juger qu'« incroyable » et « impensable » rimaient avec « impossible ». L'Occident avait déjà commis une erreur analogue en balayant d'un revers de main, avant les attentats de 2001, la capacité de nuisance d'Al-Qaida et consorts.

Cette crise a ainsi une part anthropologique, car elle nous fait brutalement redécouvrir la vulnérabilité de notre condition. Cette crise est aussi économique, car elle consiste simultanément en une crise de l'offre et une crise de la demande au sein d'un système plus mondialisé que jamais, et elle pose clairement le risque d'une récession longue et dangereuse sur de nombreux plans. Cette crise est enfin politique, car elle atteint indifféremment l'ensemble des institutions et des pouvoirs, qu'ils soient locaux ou centraux, gouvernementaux ou continentaux, étatiques ou internationaux.

Il faut, hélas, ajouter à ce qui précède dans le cas de nombre de pays, dont particulièrement la France :

- une crise de l'organisation sanitaire qui révèle l'erreur fondamentale qu'a représentée la volonté de considérer la santé publique comme un coût et non comme un investissement ;
- une crise industrielle qui, pour être ancienne, enregistre une aggravation immédiate dont l'onde de choc sera durablement ressentie ;
- une crise structurelle qui affecte le secteur des services, lequel résiste tant bien que mal au fur et à mesure que se découvre le « front » intérieur pandémique qui bouleverse chaque circuit de distribution et chaîne logistique ;
- une crise administrative qui amplifie les errements sempiternels des organes de l'État, lesquels produisent le meilleur et sont capables du pire (ainsi de l'Agence Régionale de Santé du Grand Est jugeant normal de proposer des réductions massives d'emplois de soignants en plein pic épidémique !) ;
- une crise militaire qui, comme en 1918, mais sur des théâtres limités et souvent dans le cadre d'opérations extérieures, expose les troupes engagées à un danger invisible et immaîtrisable ;
- une crise sécuritaire qui laisse démunis policiers et gendarmes alors qu'ils voient leurs missions réorientées pour l'essentiel vers l'encadrement des populations.

La présente liste n'est malheureusement pas exhaustive.

Imprévoyants, incohérents, inexpérimentés : tels sont apparus aux yeux de leur opinion publique la plupart les gouvernements et rares sont ceux qui sortiront indemnes de leur gestion en général chaotique de l'événement. Certains ont choisi l'option Azincourt et sont restés abasourdis devant un événement qui les a surpris et dépassés. D'autres ont pris l'option Maginot et ont cru soit à la pratique de confinement limité, soit à l'opportunité de l'immunité collective. Enfin, quelques-uns ont retenu l'option Waterloo, qui voit immanquablement mal se terminer les opérations menées à contretemps, sans prendre en compte l'ampleur des risques encourus par les populations : l'Angleterre, les États-Unis ou le Brésil en payent aujourd'hui le prix fort.

Le Général Mac Arthur disait que « les batailles perdues se résument en deux mots : trop tard ». Devant une crise exceptionnelle, l'humilité ne doit pas empêcher la lucidité. Si nous avions été tous touchés de la même manière, il aurait fallu croire en la fatalité. Mais, sous nos yeux, un pays a utilisé efficacement des méthodes préventives et proactives (Taiwan) tandis que deux autres ont employé des techniques plus ou moins décisives (la Corée du Sud et la Chine) – et cela dans des configurations sociales et politiques très différentes.

Totale, frappant le monde dans sa globalité, la crise a ébranlé tous les organismes internationaux, l'OMS en premier lieu, toutes les organisations continentales, dont l'Union européenne, et a exacerbé toutes les tensions géopolitiques, à commencer par l'opposition fondamentale entre la Chine et les États-Unis. Elle a ainsi montré, comme jamais auparavant, combien sont désormais inextricables au sein de chaque État et entre tous États les liens entre la politique extérieure et la politique intérieure.

Dès janvier 2020, à Wuhan où tout a commencé, ville symbole dans l'imaginaire de l'Empire du Milieu, la posture du maire Zhou Xianwang, candidat aux plus hautes fonctions au sein du Parti communiste, pèse pour beaucoup dans la dissimulation initiale des informations. À Beijing, on profite de l'événement pour précipiter la purge de l'appareil sécuritaire en mettant aux arrêts pour corruption Sun Lijun, le dernier survivant de l'équipe dite de Shanghai affiliée à l'ancien Président Jiang Zemin.

Pendant ce temps, la presse internationale s'amuse et s'intéresse surtout au très folklorique marché citadin de Wuhan où s'échangent pangolins et chauve-souris.

Un berceau à l'autre bout du monde

Wuhan, capitale de la province du Hubei, a souvent pris une place déterminante au cœur de l'histoire chinoise. Berceau de la révolte contre les Qing, le soulèvement de Wuchang (district de Wuhan) le 10 octobre 1911 annonce la chute de l'empire et la fin de cinq mille ans de pouvoir dynastique. Depuis, le « double dix » (dixième jour du dixième mois) est célébré comme fête nationale, mais le pouvoir central considère aussi avec méfiance la ville « indicatrice des signes du ciel à l'Empereur ».

Le 11 juin 1938, l'armée impériale japonaise attaque la capitale provinciale pour y rencontrer une vive résistance et y essuyer son premier revers. Les combats durent quatre mois. Wuhan restera comme le Verdun ou le Stalingrad chinois.

En 1967, la Chine est en pleine Révolution culturelle. Wuhan se distingue une fois de plus par les soulèvements de l'armée et les affrontements sanglants qu'elle connaît. Mao est obligé de se déplacer sur place afin de rétablir l'ordre dans le désordre qu'il a suscité. L'incident de Wuhan demeurera un tournant dans la chronique « rouge ».

L'existence d'un laboratoire P4, non loin du marché, est révélée au grand public en avril 2020. En grande partie construit par la France, cet institut se consacre à l'étude des micro-organismes « pathogènes de classe 4 », hautement dangereux et sans vaccin ou traitement. Comme sa quarantaine d'homologues à travers le monde, il requiert des conditions maximales de sécurité. Ont-elles été remplies ? Cette interrogation va permettre toutes les supputations et toutes les accusations.

Un laboratoire secret

*Fondé en 1956, qualifié d’institut de microbiologie entre 1962 et 1978, l’Institut de virologie de Wuhan est un centre de recherche administré par l’*Académie des sciences. *Situé dans le* district de Jiangxia, *il abrite depuis 2015 le premier* laboratoire P4 *de* Chine.

Bunker antisismique de trois mille mètres carrés répartis sur quatre niveaux, l’énorme bâtiment de type Fort Knox se dresse dans la zone industrielle de Zhengdian, à une trentaine de kilomètres au sud de Wuhan. Mais cette entreprise savante est aussi bien le résultat d’un accord diplomatique.

En 2003, la Chine est confrontée à la pandémie du SRAS, le « syndrome respiratoire aigu sévère », maladie infectieuse déjà due à un coronavirus, le SARS-CoV, et transmise de l’animal à l’homme. Le Président Hu Jintao demande alors à la France, qui lui a prêté des laboratoires mobiles P3, de l’aider à construire un P3 intégré ainsi qu’un P4.

Dans son livre France-Chine, les liaisons dangereuses, *Antoine Izambard rappelle les coulisses de cette tractation : « La puissance Académie chinoise des sciences, l’équivalent du CNRS (et notamment actionnaire principal du leader mondial de la vente d’ordinateurs, le géant chinois Lenovo), fait savoir à Paris qu’elle souhaite acquérir un laboratoire de haute sécurité biologique. La demande reçoit un accueil très mitigé [...] Si la France aide la Chine à construire un laboratoire P4, comment peut-elle être sûre que la technologie qu’elle va transférer ne sera pas détournée par Pékin pour mettre au point des armes bactériologiques ? » Or cette crainte est « étayée par les soupçons les services de renseignements français, autour de l’existence d’un programme biologique offensif chinois ».*

« L’Assemblée des 100 », l’organe scientifique et collégial de l’Institut Pasteur, signifie sa désapprobation sur laquelle passe le Premier ministre, Jean-Pierre Raffarin, après s’être entretenu du projet avec le professeur Chen Zhu, formé à Paris et proche du Président Jiang Zemin. L’accord est signé en 2004 par le ministre aux Affaires étrangères Michel Barnier. Il prévoit un comité de suivi bilatéral présidé par le professeur Alain

Mérieux, lequel finit par le quitter en 2015 : entre-temps, la Chine n'a invité aucun des cinquante scientifiques français supposés participer aux travaux du laboratoire.
Mis en chantier en 2011, inauguré en 2017, le P4 n'est pas encore certifié par l'OMS au début de l'année 2020.

Très agacés par la vente d'un laboratoire P4 à la Chine sur l'initiative de la France, les États-Unis ont gardé un œil attentif sur le projet. À la suite d'une visite autorisée de diplomates américains en 2018, une note d'alerte sur des défaillances de sécurité a été envoyée à Washington. Elle est utilement ressortie pour alimenter la querelle qui anime les deux géants contemporains. Or, des accidents dans des laboratoires, il n'en manque pas. Y compris sur le continent nord-américain.

Si les deux grandes puissances qui se disputent le *leadership* mondial trouvent là une nouvelle occasion de s'affronter, les observateurs pointent que la novicité écologique de la Chine et le désordre organique de l'Amérique prennent pour la première fois valeur d'évidence aux yeux de l'opinion planétaire.

Ce dont la France n'a pourtant pas lieu de se réjouir, car elle aussi essuie de plein fouet la dimension révélatrice de la crise. Le triptyque national « Négation, Minoration, Éjection » (en français courant : « ce n'est pas vrai », puis « ce n'est pas grave », et enfin « ce n'est pas de ma faute ») va servir d'excuse. Inutile ici de revenir ici sur la « mascarade » des tours et détours d'une ministre de la Santé qui, rêvant de devenir une autre Simone Veil, a pris le risque d'être caricaturée en un nouveau docteur Garretta ! Dans la gestion française, chaotique, de l'épidémie, le confinement total, qui fait pourtant partie des armes concevables et efficaces, est apparu *in fine* comme le fruit de l'impréparation, du déni et de la pénurie, alors même que la pandémie précédente avait été parfaitement anticipée.

Entre 2007 et 2012, suite à l'apparition du virus H1N1, l'État avait en effet construit un remarquable dispositif contre les pandémies – un dispositif qui, fort heureusement, n'a pas eu alors à servir. Avec la même détermination, l'État a ensuite déconstruit son outil en pensant que ce qui ne s'était pas produit ne se produirait jamais. Un peu comme si, chaque année, on demandait le remboursement de son assurance incendie ou de ses cotisations maladie au prétexte que l'on n'a pas eu à y recourir…

Très souvent, ce qui semble nouveau apparaît surtout comme ce que nous avions perdu de vue. Les amnésies administratives pèsent aussi durablement sur la gestion des crises. Comme aimait à le rappeler Michel Rocard : « En matière de grande catastrophe bureaucratique, il faut beaucoup plus miser sur la connerie que sur le complot. La première est à la portée de tous, donc largement répandue, le second exige beaucoup d'intelligence et d'organisation, et se révèle bien plus rare qu'on ne le pense. »

En matière de police, de défense, de justice, de santé, les choix politiques des dernières années ont avant tout été dictés par des comptables. Il faut, évidemment, bien gérer l'argent public – du reste, les Français l'exigent. Mais est-il si mal géré en Allemagne, qui semble aligner bien plus de lits d'urgence équipés qu'en France, en nombre absolu et en proportion ? Ou qu'à Taiwan, pays isolé et « encerclé », mais au dynamisme reconnu, qui a parfaitement su maîtriser la pandémie ?

Contrairement à ce qu'on pense trop souvent, la rigueur n'est pas l'austérité, et l'investissement est souvent une dépense utile, bien plus qu'un coût risqué. La création de bulles spéculatives est généralement davantage le fait d'une écriture comptable, le *fair value* ou « juste valorisation », qu'un phénomène de pur capitalisme.

Le management du chaos est un art difficile, et on ne saurait faire systématiquement porter sur les épaules des dirigeants actuels les conséquences de décisions anciennes, remontant à une décennie, parfois deux, mais aussi d'une culture structurante qui voudrait, contre toute décision politique, qu'une main invisible, siégeant à Bercy, reste le seul outil régalien devant toujours tout régenter. Si la rigueur est une valeur qu'un contribuable ne saurait ignorer, elle ne peut à elle seule empêcher le beau risque de l'investissement, ni inverser les priorités en oubliant la valeur de l'humain.

Il est bel et bon de saluer et consacrer les « héros » du quotidien, mais on ne saurait ignorer ni les conditions dégradées dans lesquelles leur héroïsme a dû s'exprimer ni le fait que ce sursaut relève avant tout de l'incroyable agilité du système D national. En tout état de cause, il ne faudra jamais oublier que ce sont celles et ceux-là mêmes que l'administration voulait sacrifier qui ont sauvé, par leur dévouement, leur volonté, leur créativité, leur prise de risque, le système hospitalier. Comme les policiers et les gendarmes (trop nombreux, trop payés, ne travaillant pas assez), les caissiers et caissières (à supprimer pour laisser place à des machines), les boulangers et les pharmaciens (des vestiges du monde ancien bons pour le musée), sans parler des enseignants (forcément des tire-au-flanc), bref toutes les professions de contact qui sont aussi devenues les professions au contact, permettant au pays de se maintenir malgré tout.

Faut-il avoir peur des labos ?

Dans la décennie qui suit les attentats de 11 septembre 2001, le bacille de l'anthrax, responsable de la fièvre charbonneuse, entre dans l'arsenal terroriste et fait l'objet, pour examens, d'envois non sécurisés dans plus de deux cents centres de recherche à travers le monde qui seront responsables de la contamination d'un nombre au moins égal de scientifiques.

En novembre 2014, une enquête du Health and Safety Executive britannique révèle que, les cinq années précédentes, le total des incidents au sein des divers laboratoires à haut risque avoisine la centaine.

En février 2019, Lynn Klotz du Center for Arms Control and Non-Proliferation publie un rapport à cet effet. Entre 2009 et 2015, elle compte 749 incidents de ce type dont 594 dus à des erreurs humaines, advenus pour l'essentiel aux États-Unis, mais aussi aux Pays-Bas. The National Institutes of Health (NIH ou la coordination des instituts américains de la santé) reconnaît pour sa part 128 incidents sur la période qui va de 2004 à 2017 tandis que son homologue, l'agence des Centers for Disease Control and Prevention (CDC), atteste pour sa part de quatre accidents majeurs relatifs aux virus Ebola ou Marbourg dans divers P4.

En juin 2019, c'est le principal laboratoire militaire de cette sorte aux États-Unis, l'USAMRIID de Fort Detrick, qui est fermé d'urgence pour « brèches de sécurité ».

Le P3 ou le P4 de Wuhan auraient-ils pu laisser échapper le coronavirus ? Pire encore : serait-il le résultat d'une fabrication intentionnelle à visée létale ?

Vite, les hypothèses complotistes viennent se confronter aux thèses scientifiques. À de rarissimes exceptions, la « signature » d'une intervention humaine, n'est identifiée dans aucun séquençage du virus. Mais le docteur en mathématiques Jean Claude Perez, ancien collaborateur du professeur Montagnier, laisse entendre une voix différente concernant une potentielle anomalie de séquence du RaTGT3 (la souche originelle).

Si la possibilité d'une fuite accidentelle du coronavirus reste largement envisagée, nul ne peut s'engager au-delà de cette conjoncture au moment où ces lignes sont écrites.

De surcroît, ce sont les savants en sciences dures, les chercheurs en sciences sociales, mais aussi les élus, notamment les parlementaires, qui ont su patiemment prévenir, informer, parfois préparer les Françaises et les Français en se battant contre l'inertie et la suffisance d'une administration rétive.

L'État a souvent montré qu'il savait être un vrai stratège, mais aussi qu'il avait besoin régulièrement d'être confirmé dans ses choix par une confrontation à la réalité. Chacun peut constater que nous vivons douloureusement cette épreuve. Nous payons cher aujourd'hui notre absence d'outil de prévention. Comme toujours. Comme en matière criminelle ou terroriste. La leçon est cruelle. Faisons en sorte qu'elle n'aura pas été inutile. Profitons-en pour préparer l'après en portant une parole publique claire, cohérente, simple et directe.

Maintenant vient l'heure d'affronter la crise. Après l'obligation au confinement, l'enjeu tient dans la pédagogie du déconfinement. Les modèles les plus étudiés et les plus acceptés à travers le monde dessinent les contours de ce processus. Il en ressort l'esquisse suivante :

- Au pic pandémique succède une période plateau qui résulte essentiellement des effets d'un confinement réussi. Le flux de malades hospitalisés se réduit, mais le stock reste à un niveau élevé. Lorsque la décrue atteint significativement les cas sévères, il faut alors mettre en place un outil de déconfinement chronologique (on en revient au point où tout a commencé), géographique (on procède à partir de territoires cohérents et d'une taille maîtrisable) et virologique, voire, si c'est possible, sérologique (mais on ne peut réaliser ces opérations qu'avec des tests permettant d'identifier les immunisés relatifs, les asymptomatiques passés, les malades ayant récupéré et enfin les encore vulnérables).
- Une fois ces tests réalisés sur la plus grande partie possible de la population concernée dans un territoire délimité, un déconfinement progressif est possible à la condition de maintenir durablement le port du masque et les gestes de protection (dits barrières), de réorganiser l'accueil dans les espaces publics et commerciaux, de réduire le taux d'occupation dans les transports en commun, les lieux collectifs et conviviaux.
- Le tout, en attendant l'arrivée hypothétique d'un traitement et d'un vaccin.

Ces dispositifs auront du reste un impact positif sur la grippe saisonnière qui pourrait enfin être considérée comme une maladie grave et dangereuse contre laquelle il faut lutter, elle qui cause des milliers de morts chaque année dans l'indifférence générale.

D'où l'impératif pressant de redécouvrir ce que signifie l'éthique de la responsabilité. Le virus ne se propage pas tout seul : ce sont les individus qui le diffusent. Il nous revient donc de choisir en conscience. Soit encourager l'épidémie et s'en laver les mains à la manière de Ponce Pilate, laissant donc mourir l'autre. Soit combattre l'épidémie en lavant nos mains afin de protéger l'autre. Autrement dit, en pratique, organiser la résistance, systématiser les précautions, passer au confinement ciblé et au testage généralisé afin d'assurer ensemble la protection de tous par tous.

Casser les chaînes de transmission est l'unique voie d'issue véritable à la crise sanitaire. Les répliques, très probables dès lors qu'une partie importante de la population restera vulnérable, nécessiteront sans doute des reconfinements localisés de moindre intensité. À la vague pandémique, se substituera ainsi une multiplication de clusters, ou « foyers » ciblés et sporadiques, mais plus aisés à maîtriser si plusieurs conditions sont remplies. C'est là, pour autant qu'ils seront disponibles et accessibles, que trouveront leur place les tests proprement virologiques (PCR) afin notamment d'identifier les porteurs asymptomatiques. Mais il faudra surtout, pour réussir cette sortie de crise, la compliance des citoyens à respecter les mesures barrières, à accepter le traçage et, si besoin, l'isolement des cas contacts, la conduite prudente de chacun garantissant la préservation avisée de tous. Ce que, jadis, on nommait le civisme. Autrement dit, rien de décisif ne se fera sans un vaste engagement collectif à promouvoir et instaurer la nouvelle culture du vivre ensemble sans contaminer les autres.

Un nouveau vivre-ensemble qui devra s'organiser hors du stable, du constant, du consistant, de l'ordonné, du déterminable.

Un nouveau vivre-ensemble qui devra s'établir sur le constat, sans discussion, que le retard initial face à la crise sanitaire, outre son coût humain, économique et social, n'aura pas été rattrapé dans les temps annoncés par le pouvoir politique. Et que ce même pouvoir y aura perdu une grande partie de son autorité de gestionnaire de crise, alors même qu'il avait su la préserver durant la vague des attentats terroristes.

Un nouveau vivre-ensemble qui sera chahuté, qui prendra le visage d'un chaos dynamique et qui forcera les citoyens et leurs organisations à sortir des certitudes ordonnées et comptabilisées pour se réinventer.

Un vivre-ensemble renouvelé, comme il en va après toutes les guerres, puisque l'on a décidé de dénommer ainsi ce conflit pourtant sans ennemi visible.

La crise totale et globale que nous vivons peut devenir le levier de l'indispensable redéfinition dans chacun de ses termes du libéralisme. Elle a tout pour être l'élément majeur d'une meilleure adéquation entre actionnaires et salariés, capitalistes durables et spéculateurs financiers, investisseurs et profiteurs. Elle est à même de provoquer un rééquilibrage sur le long terme en faveur d'une protection accrue de la planète, d'une relocalisation active des industries stratégiques, d'une régulation renforcée des marchés financiers.

Le basculement subit du mode sceptique au mode panique qu'ont connu et montré de nombreux dirigeants dans le monde risque désormais de tout emporter sur son passage. Alors que l'essentiel réside dans la bataille qu'il s'agit maintenant de gagner. Il faut profiter de cet instant tragique pour redonner du sens à l'investissement le plus important : celui que nous devons consentir pour la vie.

DES PANDÉMIES ET DES HOMMES
Une petite histoire des pestes mondiales

La crise sanitaire actuelle nous sidère par son étendue et sa brutalité. Nous découvrons jour après jour, heure par heure, sur les réseaux sociaux et les chaînes d'information qui nous abreuvent d'images, de chiffres et de faits, ce qu'est une pandémie.

Pourtant, l'humanité a connu bien d'autres catastrophes de même nature au cours de son déjà long passé. L'émotion qui aujourd'hui nous étreint, l'inquiétude qui nous submerge parfois, sans compter les absurdités et les rumeurs complotistes qui prolifèrent et nous égarent, ne sont pas de bon conseil pour agir sagement et envisager sereinement notre avenir à court et moyen terme.

Afin d'échapper aux caricatures élitaires ou populistes, aux jugements à l'emporte-pièce et aux fausses polémiques qui fleurissent sur le fond d'une tragique inculture, un détour préalable par l'histoire plus que jamais s'impose. Et donc, pour commencer, par la préhistoire.

Au dire de la paléoanthropologie

Pour la science, les maladies infectieuses en général, les vagues épidémiques en particulier ont accompagné pendant des millions d'années la lente, mais sûre ascension de certains primates vers l'hominisation. Dans une certaine mesure, elles ont même représenté un facteur positif dans notre évolution dès après que l'homme s'est séparé des autres espèces.

Dernier survivant d'une famille aux nombreuses branches du genre *Homo*, dont les Néanderthaliens et les Dénisoviens, *Sapiens* a contracté, nous le savons aujourd'hui, des unions interspécifiques avec ces derniers. Nous en conservons les traces génétiques que nous avons fini par savoir identifier. Certaines d'entre elles sont afférentes aux défenses immunitaires que ces peuples premiers ont pu produire au cours de leurs histoires singulières et que ces hybridations ont précisément permis de les partager. Pourquoi, néanmoins, seul *Homo sapiens* a-t-il survécu à l'épreuve du temps – les deux autres espèces ayant disparu entre 30 et 50 000 ans avant notre ère, soit à peu près au moment où notre ancêtre direct, probablement parti d'Afrique, s'est mis à dominer l'Europe ?

Diverses réponses, toutes hypothétiques, ont été apportées à cette question qui demeure ouverte. L'une d'entre elles fait appel aux microbes. Dans l'histoire plus récente, on relève en effet de nombreux exemples d'une population décimée à l'occasion de l'invasion d'une autre population porteuse de germes que la première n'avait jamais rencontrés et que l'on dit en conséquence « naïve » des infections correspondantes. Il en est allé ainsi notamment lors des Grandes découvertes : la variole et la rougeole ayant anéanti les peuplades précolombiennes d'Amérique du Sud plus sûrement encore que les armées des conquistadors. En fut-il de même pour les Néanderthaliens et autres représentants du genre *Homo ?* Furent-ils victimes d'un agent bactérien ou viral apporté par les *Sapiens* et contre lequel leur organisme ne sut se défendre ? Et serions-nous, en quelque sorte, les enfants de la peste, devenant du même coup l'une de ses proies ?

Bien plus tardivement, un autre changement majeur, considéré pourtant comme un des plus grands progrès de l'humanité, semble aussi jouer un rôle déterminant dans l'essor du phénomène épidémique. C'est l'invention de l'agriculture. Longuement mûrie, la « révolution néolithique », qui advint entre 5000 et 10 000 ans avant notre ère, permit une expansion sans précédent de l'espèce, mais emporta des conséquences néfastes à long terme. La transmission d'un germe pathogène d'un individu à l'autre requiert le plus généralement que la population infectée présente une densité minimale. Les viroses respiratoires en sont un bon exemple : elles s'éteignent plus vite lorsque les populations sont clairsemées, non pas en raison de la désormais célèbre « immunité collective », mais simplement parce qu'il n'y a pas assez d'individus pour permettre au germe de prospérer.

Les premières communautés humaines de chasseurs-cueilleurs furent de faible taille, donc peu propices à des épidémies d'ampleur. Quelques groupes pouvaient disparaître, mais l'espèce était promise à survivre. Avec l'économie d'élevage et de fermage, la sédentarité s'imposa comme le mode de vie préférentiel des communautés humaines. Les vestiges des villages initiaux en témoignent : des concentrations d'une taille jusque-là inégalée se formèrent en quelques millénaires. Outre la densité multipliée par dix, voire bien davantage, la promiscuité désormais quotidienne avec les animaux domestiques favorisa de nouvelles transmissions infectieuses, tandis que le regroupement attira une faune sauvage jusqu'alors tenue à distance. Les rongeurs et chauves-souris, réservoirs d'innombrables germes dont ils allaient se faire les « hôtes intermédiaires », se mirent à hanter l'habitat qu'ils ne quittèrent plus.

Le géographe Jared Diamond, qui a examiné dans *Effondrement* les mécanismes de la disparition des sociétés, qualifie l'invention de l'agriculture de « pire erreur dans l'histoire de la race humaine » tandis que l'historien Yuval Harai, jamais à court de formules, évoque la « plus grande escroquerie de l'histoire » dans son livre à succès *Sapiens*. Dans tous les cas, les relations sensibles entre l'écologie et l'infectiologie ne sont pas récentes : en s'avisant de se rendre maître et possesseur de la nature, l'homme s'est de lui-même placé sous l'empire de la peste.

Selon les religions premières

Une marque essentielle de l'humanisation de l'homme résidant dans la création du rite des funérailles, les fonds religieux ancestraux, qu'ils soient de tradition orale ou écrite, portent tous une attention aiguë aux thèmes de la rupture, de la catastrophe et de l'anéantissement. La notion de Paradis perdu et des bestiaires qui l'accompagnent, commune à nombre de cultes et de cultures, indique sans doute la nostalgie du temps béni d'avant la sédentarisation. Venu de loin, imprégnant la mystique, mais aussi la médecine antique et médiévale, le mythe de la Licorne et du remède miraculeux qu'elle offre illustre la quête sans cesse recommencée d'un antidote absolu à la conscience de sa mortalité qui caractérise l'espèce humaine. Au sein des monothéismes, la perception de ce malheur prend l'ampleur d'une dramaturgie cosmique.

À suivre la Bible, pour laquelle se tiennent à l'origine deux crimes, une infraction délibérée et un homicide fraternel, la fêlure du monde est si profonde que l'histoire de l'humanité a failli s'arrêter avec le Déluge. L'univers corrompu, létal, empli de poisons qui menacent la vie de l'homme est aussi produit par l'action de l'homme. C'est pourquoi si le Créateur promet de s'abstenir à l'avenir de détruire sa création et sa créature, la postérité de Noé n'en a pas fini pour autant avec les calamités. Le Livre des livres évoque incessamment la « peste » – *deber* dans la Massorète hébraïque, *loimos* dans la Septante grecque, *pestis* dans la Vulgate latine. Générique, le terme désigne toute espèce de maladie terrassant des populations entières en un rien de temps. Là comme ailleurs, à commencer par les Mésopotamiens qui en ont fait la base de leur ébauche de savoir sanitaire, ce type de fléau représente l'une des principales armes divines pour châtier les hommes, punir leurs égarements et laver leurs impuretés.

Le récit biblique met théologiquement en scène ce trait commun aux premières civilisations de l'écrit : expression et instrument de la colère de l'Éternel, mais aussi de sa volonté pédagogique, l'épidémie frappe le pécheur pour le bon motif de le conduire à résipiscence. Ainsi de la cinquième plaie d'Égypte qui anéantit le bétail de Pharaon d'une « peste grave » afin qu'il laisse aller Moïse et son peuple.

> Yahvé dit à Moïse : « Va trouver Pharaon et dis-lui : Ainsi parle Yahvé, le Dieu des Hébreux : "Laisse partir mon peuple, qu'il me serve." Si tu refuses de le laisser partir et le retiens plus longtemps, voici que la main de Yahvé frappera tes troupeaux qui sont dans les champs, les chevaux, les ânes, les chameaux, les bœufs et le petit bétail, d'une peste très grave. Yahvé discernera les troupeaux d'Israël des troupeaux des Égyptiens, et rien ne mourra de ce qui appartient aux Israélites. Yahvé a fixé le temps en disant : Demain Yahvé fera cela dans le pays. » Le lendemain, Yahvé fit cela, et tous les troupeaux des Égyptiens moururent, mais des troupeaux des Israélites, pas une bête ne mourut. Pharaon fit une enquête, et voici que des troupeaux d'Israël pas une seule bête n'était morte. Mais le cœur de Pharaon s'appesantit et il ne laissa pas partir le peuple. *Exode 9,1-7.*

Aucune trace archéologique n'atteste cette divine épizootie. Pour autant, à une époque proche de la datation supposée du départ des Hébreux vers la Terre promise, vers le milieu du XIVe siècle avant notre ère, nous disposons d'une information cruciale : en la quatorzième année de son règne, Akhénaton, le monarque annonciateur de l'unicité du soleil transcendant, pleure le décès de son épouse Néfertiti, à moins que ce ne soit l'une de ses filles, emportée par quelque ennemi invisible et impitoyable. Déjà, le mal contagieux porte le fer partout et jusque dans le foyer du Fils des Dieux. En passant du mythe à l'histoire, les hommes sont aussi entrés dans le temps des épidémies.

Au début de l'historiographie

La plus ancienne chronique documentant une épidémie ample et foudroyante se trouve dans l'un des tout premiers ouvrages relevant genre historique. *La Guerre du Péloponnèse*, qui a pour auteur

Thucydide, le successeur immédiat d'Hérodote, date de la fin du ve siècle avant notre ère.

En 430, lors de la seconde invasion de l'Attique par les Spartiates, alors que les Athéniens se terrent sous la conduite de Périclès derrière leurs « Longs Murs », éclate en pleine saison chaude et sèche une épidémie meurtrière. Thucydide en livre une description à la fois littéraire et clinique, appelée à symboliser pendant des siècles la terreur des pestilences ravageant l'humanité.

> En général on était atteint sans indice précurseur, subitement en pleine santé. On éprouvait de violentes chaleurs à la tête ; les yeux étaient rouges et enflammés ; à l'intérieur, le pharynx et la langue devenaient sanguinolents, la respiration irrégulière, l'haleine fétide.
>
> À ces symptômes succédaient l'éternuement et l'enrouement ; peu de temps après la douleur gagnait la poitrine, s'accompagnant d'une toux violente ; quand le mal s'attaquait à l'estomac, il y provoquait des troubles et y déterminait, avec des souffrances aiguës, toutes les sortes d'évacuation de bile auxquelles les médecins ont donné des noms. Presque tous les malades étaient pris de hoquets non suivis de vomissements, mais accompagnés de convulsions ; chez les uns ce hoquet cessait immédiatement, chez d'autres il durait fort longtemps.
>
> Au toucher, la peau n'était pas très chaude ; elle n'était pas livide non plus, mais rougeâtre avec une éruption de phlyctènes et d'ulcères ; mais à l'intérieur le corps était si brûlant qu'il ne supportait pas le contact des vêtements et des tissus les plus légers ; les malades demeuraient nus et étaient tentés de se jeter dans l'eau froide ; c'est ce qui arriva à beaucoup, faute de surveillance ; en proie à une soif inextinguible, ils se précipitèrent dans des puits. On n'était pas plus soulagé, qu'on bût beaucoup ou peu.
>
> L'on souffrait constamment du manque de repos et de sommeil. Le corps, tant que la maladie était dans toute sa force, ne se flétrissait pas et résistait contre toute attente à la souffrance. La plupart mouraient au bout de neuf ou de sept jours, consumés par le feu intérieur, sans avoir perdu toutes leurs forces. Si l'on dépassait ce stade, le mal descendait dans l'intestin ; une violente ulcération s'y déclarait, accompagnée d'une diarrhée rebelle qui faisait périr de faiblesse beaucoup de malades.
>
> Le mal, qui commençait par la partie supérieure du corps et qui avait au début son siège dans la tête, gagnait ensuite le corps entier et ceux qui survivaient aux accidents les plus graves en gardaient aux extrémités les traces. Il attaquait les parties sexuelles, l'extrémité des mains et des pieds et l'on n'échappait souvent qu'en perdant une de ces parties ; quelques-uns même perdirent la vue. D'autres, aussitôt guéris, n'avaient plus dès lors souvenir de rien, oubliaient leur

personnalité et ne reconnaissaient plus leurs proches. *La Guerre du Péloponnèse*

Déterminer la nature exacte de cette épidémie est un des passe-temps favoris des historiens de la médecine. Thucydide emploie le terme générique de *loimos* qui, en grec ancien, désigne n'importe maladie épidémique et mortelle. Selon l'hypothèse le plus souvent retenue quoique sans certitude, il se serait agi du typhus exanthématique, une maladie promise à un grand avenir. La fièvre des camps, des navires et des prisons, transmise par les poux et due à un germe qui ne sera identifié qu'au début du xxe siècle (Rickettsia prowazekii), frappera sans répit d'âge en âge toutes les armées en campagne et les populations assiégées. Si la première identification assurée advient en 1528, lors du blocus de Naples par les Français, on la retrouve pendant la guerre de Sept Ans (1757-1763) où elle cause la moitié des pertes totales du conflit, dont 70 000 morts chez les seuls Anglais. Lors de la retraite de Russie, elle monte le nombre de ses victimes à 100 000 et, plus redoutable que les soldats russes, tue un grognard sur cinq de la Grande Armée. Pendant la Seconde Guerre mondiale, elle continue de décimer, parmi d'autres horreurs, les camps de concentration de Theresienstadt ainsi que de Bergen-Belsen et précipite la mort de Robert Desnos, d'Anne Franck et d'Yvonne Steinmetz, la mère de Simone Veil.

Au ve siècle avant notre ère, Athènes a tout pour constituer un épouvantable *cluster*. La ville ne dispose pas de réseau d'évacuation des eaux usées, est parsemée de voies défoncées, de fontaines aux eaux douteuses, de cloaques innombrables et sous la pression spartiate, sa population doit vivre confinée pêle-mêle sous un soleil de plomb dans un état de grande saleté. Une vraie bénédiction pour les poux et le bacille qu'ils transportent.

Une légende, connue dès l'époque romaine, veut que le jeune Hippocrate, appelé en hâte à la rescousse, ait tenté de lutter contre le mal en allumant de grands feux d'herbes aromatiques. Le récit, sans fondement réel, n'en fera pas moins référence pour longtemps : on luttera désormais contre les pestilences infectieuses avec de bonnes odeurs. En situation épidémique, où l'irrationalité triomphe, on aimera toujours exalter les remèdes incongrus, proposés de préférence par des experts improvisés.

Selon Thucydide, plus de 1 000 hoplites périssent lors de la première vague, puis 4 000 l'année suivante quand survient la seconde, laissant l'armée athénienne sans troupes de choc, mais aussi sans stratège, l'épidémie ayant également emporté Périclès. On compte entre 60 000 et 70 000 pertes civiles, soit un tiers de la population estimée à 200 000 individus. Mais l'historien antique ne souligne pas moins la dimension fondatrice de l'événement en rapportant les réactions des Athéniens qui constituent elles aussi un modèle durable et d'une étrange actualité :

> Ceux qui par crainte évitaient tout contact avec les malades périssaient dans l'abandon : plusieurs maisons se vidèrent ainsi faute de secours. Ceux qui approchaient les malades périssaient également, surtout ceux qui se piquaient de courage : mus par le sentiment de l'honneur, ils négligeaient toute précaution, allaient soigner leurs amis ; car, à la fin, les gens de la maison eux-mêmes se lassaient, vaincus par l'excès du mal, d'entendre les gémissements des moribonds. C'étaient ceux qui avaient échappé à la maladie qui se montraient les plus compatissants pour les mourants et les malades, car connaissant déjà le mal, ils étaient en sécurité. En effet les rechutes n'étaient pas mortelles. *La Guerre du Péloponnèse*

La « peste d'Athènes » aura pour conséquence politique l'irrémédiable perte d'influence de la cité-reine que l'historien ne manque pas de rapporter au désordre moral qu'elle a entraîné et dans lequel il n'est pas loin de voir la cause la plus sérieuse de son déclin.

> La maladie déclencha également dans la ville d'autres désordres plus graves. Chacun se livra à la poursuite du plaisir avec une audace qu'il cachait auparavant. [...] Le plaisir et tous les moyens pour l'atteindre, voilà ce qu'on jugeait beau et utile. Nul n'était retenu ni par la crainte des dieux, ni par les lois humaines ; [...]. Ce qui importait bien davantage, c'était l'arrêt déjà rendu et menaçant ; avant de le subir mieux valait tirer de la vie quelque jouissance. *La Guerre du Péloponnèse*

Bien plus que posant un simple problème de santé publique, la première épidémie massive – qui vient de faire irruption non pas tant dans l'histoire que dans l'historiographie – est d'emblée perçue comme le révélateur de terreurs cachées, de secrètes faiblesses et de passions troubles que la calamité extrême révèle au grand jour. De quoi l'on peut déduire qu'il n'est guère de crises sanitaires qui ne s'ensuivent pas d'une crise à tout le moins sociale.

Une autre épidémie au long cours, dont la nature reste également discutée, mais le plus souvent jugée comme ressortant de la variole, éclate en l'an 165 de notre ère, dans le lointain Orient, sur les rives du Tigre, lors de la prise par les troupes romaines de l'ancienne Séleucie, cité hellénistique dont les ruines se trouvent près de l'actuelle Bagdad. Il s'agit de la peste antonine, selon le patronyme dynastique des Césars alors régnants, qui est elle aussi bien documentée. Les sources antiques rapportent que, lors du sac du temple d'Apollon « à la longue chevelure », un nuage mortel se serait exhalé de la divine crinière. La théorie du halo « toxique » mystérieusement survenu sera longtemps en vogue pour rendre compte de l'apparition des pandémies.

Toujours est-il que la peste antonine gagne vite le reste de l'Empire, ravage chaque province qu'elle traverse et atteint Rome dont elle fait fuir Galien, le « Prince des médecins », qui refuse de rejoindre Marc-Aurèle à Aquilée, où le mal fait rage, préfère se retirer dans une campagne isolée et entame la rédaction du livre, aujourd'hui perdu, qu'il n'entend pas moins consacrer à ce fléau. Il s'occupera aussi avec ferveur des malades qu'il rencontre et reviendra dans plusieurs de ses traités, y compris anatomiques, sur ce mal « invisible » et cet épisode traumatique.

> À cette époque, une peste violente se répandit dans toute l'Italie et exerça surtout de grands ravages dans la capitale dont l'immense population était encore augmentée par la foule des étrangers de tous pays. Ce fléau coûta la vie à un nombre incommensurable d'hommes, mais aussi d'animaux. *Sur le pouls*

La pandémie survivra à Galien, car elle mettra plus de deux décennies à s'éteindre ! L'an 189, selon le chroniqueur grec Dion Cassius, elle connaît encore un rebond qui, à l'en croire, cause 2 000 victimes par jour dans la ville impériale ! L'historien contemporain Kyle Harper, mesurant à son tour l'impact géopolitique des proliférations contagieuses, n'hésite pas à en faire l'une des causes de la disparition de la romanité d'Occident.

Athénienne ou antonine, dès qu'elle entre dans l'histoire des hommes, l'épidémie, quelle qu'elle soit, saisit au cœur les sociétés les plus puissantes et les institutions les plus solides. Elle met à bas les cités, les royaumes, les empires. La contagion sème visiblement la mort de manière indistincte, rappelant brutalement la précarité de la condition humaine, mais, plus profondément encore, elle affecte subrepticement le corps social d'un mal sourd, persistant et autrement plus durable que celui causé par sa survenue.

« Ce mal qui répand la terreur »

Affection de très haute contagiosité, la peste a pour agent causal une bactérie persistante dans le sol, *Yersinia pestis*, qui ne sera isolée qu'au XIXe siècle. Touchant initialement certains des rongeurs sauvages, notamment les rats, elle est transmise par les puces. L'engorgement du tube digestif de cet insecte microscopique, lorsqu'il est atteint par la bactérie, le force à piquer frénétiquement pour se nourrir davantage, communiquant ainsi massivement le germe infectieux à ses hôtes.

Chez l'homme, la forme bubonique est classique. Elle tire son nom du « bubon », la tuméfaction éruptive consécutive à l'inflammation d'un ganglion qui apparaît dans la région de la piqûre. Or un bubon va rarement seul. D'où la description reçue pendant des siècles et appelée à semer l'effroi au moindre constat de son apparition : la confluence des bubons nécrosés forme un placard noirâtre, dénommé « charbon », qui annonce soit une atteinte pulmonaire aboutissant à une détresse respiratoire fatale, soit une généralisation septicémique causant un décès rapide, la contagiosité se démultipliant puisque la contamination s'opère dès lors d'homme à homme par l'intermédiaire des expectorations ou des sécrétions, avec pour résultat un taux de mortalité de deux infectés sur trois.

Aussi grave que la peste antonine, dont l'intitulé reste plus générique que clinique, la première pandémie de type réellement bubonique à avoir été recensée éclate en 541 dans le delta du Nil, dévaste Constantinople et s'étend vite à tout le Bassin méditerranéen. Témoins du désastre, les chroniqueurs rapportent que, dans l'antique Byzance devenue la capitale de l'Œcumène chrétien, on dénombre, au cours de l'été 542, jusqu'à 10 000 décès par jour. Le plus fameux d'entre eux, Procope de Césarée, consigne dans ses *Anekdota*, ou *Histoire secrète,* le premier tableau apocalyptique dans le genre promis à succès du « jour d'après ». Il souligne aussi bien la soudaine égalité sociale que l'interruption de la chaîne économique ou la rupture des projets diplomatiques que le mal charrie avec lui :

> Les domestiques n'avaient plus de maîtres pour les commander et les riches n'avaient plus d'humbles pour les servir. Dans la grande ville affligée, on ne voyait que maisons vides et boutiques désertées. Le moindre commerce, même pour le simple fait de se nourrir, avait cessé d'exister. *Histoire secrète.*

En décimant les armées postées dans la péninsule italienne et prêtes à fondre sur les nouvelles principautés barbares d'Occident, la peste de Justinien contrarie les projets de réunification de l'Empire que projette le César chrétien, légiste et théologien, signant ainsi l'isolement de la romanité d'Orient et le futur partage de l'Europe entre l'Ouest et l'Est. Elle connaîtra une vingtaine de répliques significatives et ne s'éteindra que près de trois siècles plus tard, en ayant occasionné entre-temps la mort d'au moins 25 à 50 millions de personnes, soit un tiers à la moitié de la totalité des populations touchées au cours de cette période. De cette pandémie aussi, l'on est autorisé à dire que, sans elle, le sort du monde eût sans doute été différent.

C'est cependant la Grande Peste, que le romantique XIXe siècle baptisera Peste noire, qui installe la maladie dans la conscience collective. Dès sa diffusion, prononcer son nom suffit d'ores et déjà à susciter une telle panique qu'elle en deviendra l'archétype de la terreur épidémique. Surgie en Asie Centrale à l'orée du XIVe siècle, probablement en territoire kirghize, empruntant la route de la soie qui fourche entre le Levant et le Pont, elle déborde sur la mer Caspienne où elle frappe en 1346 le comptoir que les Gênois ont créé à Caffa et qui est alors assiégé par les Tartars de la Horde d'Or. Quelques mois plus tard, on la signale dans les ports de Méditerranée et, peu de temps après, dans ceux de l'Atlantique. Envahissant littéralement l'Europe, le « fléau universel » va anéantir, en moins de cinq ans, environ un tiers de la population, soit à peu près 25 millions de personnes, n'épargnant aucune contrée, même insulaire – 80 % de morts à Majorque, 60 % à Londres – et tuant huit Parisiens par jour lors de son pic dans la capitale des Valois qui compte alors 200 000 âmes.

Comme l'Antiquité, le Moyen Âge reste désarmé face aux « pestes » – à tous les sens du terme. La notion de contagion n'est pas ignorée – on sait que le contact des malades ou des objets qu'ils ont touchés peut communiquer le mal –, mais la théorie explicative de ces constatations emprunte au modèle du poison qui tourne à l'obsession : c'est le « miasme ». On imagine que ces maladies terrifiantes traduisent une pourriture de la terre ou des marais – chacun a d'ailleurs noté la fréquence de la malaria aux abords des étendues d'eau stagnante, sans songer à incriminer les moustiques qui y pullulent. Il s'exhale ainsi dans l'air, pense-t-on, des particules vénéneuses, des liqueurs méphitiques que les vents chassent et répandent partout. L'air est « corrompu » et, pour preuve, les morts sentent mauvais. Leur décomposition prompte et répugnante signale la nature maligne des miasmes qui se sont introduits en eux et qu'ils répandent à leur tour comme un ultime et funeste présent à ceux qui vivent encore. À leur dernière heure, les saints embaument, les pécheurs empestent.

Face à cette calamité incontrôlable, l'Antiquité a livré pour tout viatique un adage pieusement transmis et fidèlement suivi par ceux qui le peuvent. Le mot d'ordre figure dans pratiquement tous les traités sur la peste. Il est naturellement repris devant l'épidémie : *Cito, longe fugeas et tarde redeas*, c'est-à-dire « Pars vite, longtemps et reviens tard. » Ce qui n'a pour seul effet tangible que d'aller propager ailleurs la maladie. La fuite individuelle n'est pas le confinement, elle en est même l'exacte antithèse. Mais l'alerte donnée, les villes se vident et, d'abord, des riches qui ont une « campagne ». Dès la Grande Peste, Boccace, dans *Le Décameron*, dépeint les sentiments contradictoires qui agitent les populations tentées par la réclusion volontaire ou, au contraire, exaltées par le désir de préserver leur liberté :

> Réunis et renfermés dans les maisons où il n'y avait point de malades et où ils pouvaient vivre le mieux ; usant avec une extrême tempérance des mets les plus délicats et des meilleurs vins ; fuyant toute luxure, sans se permettre de parler à personne, et sans vouloir écouter aucune nouvelle du dehors au sujet de la mortalité ou des malades, ils passaient leur temps à faire de la musique et à se livrer aux divertissements qu'ils pouvaient se procurer. D'autres, d'une opinion contraire, affirmaient que boire beaucoup, jouir, aller d'un côté et d'autre en chantant et en se satisfaisant en toute chose, selon son appétit, et rire et se moquer de ce qui pouvait advenir, était le remède le plus certain à si grand mal. Et, comme ils le disaient, ils mettaient de leur mieux leur théorie en pratique, courant jour et nuit d'une taverne à une autre, buvant sans mode et sans mesure, et faisant tout cela le plus souvent dans les maisons d'autrui, pour peu qu'ils y trouvassent choses qui leur fissent envie ou plaisir.

La frayeur réveillant les vieilles haines, on cherche des coupables, les « semeurs de pestes » qui enduisent les portes de quelque chrême, non plus saint, mais diabolique, et déposent dans les fontaines publiques les ferments de la mort. Nombre de pogroms spontanés, de bûchers improvisés, dont les Juifs sont les plus fréquentes victimes, rythment les effervescences populaires que la peur ne manque pas d'attiser. Comme on le voit, le Moyen Âge n'est pas si loin de nous.

Hors le saisissant vide démographique qu'elle produit sur le court et moyen terme, la Peste noire illustre à un degré inégalé les conséquences morales, politiques, économiques et sociales des pandémies. S'ensuivent, de manière contradictoire, une vague de fatalisme et un engouement pour le spiritualisme, un affaiblissement de la papauté et un renforcement des princes, un vaste transfert patrimonial et un renouvellement du commerce, un renforcement des hiérarchies et un mouvement de contestation populaire. L'ordre ancien tout entier est remis en cause et le bouleversement est aussi bien religieux que culturel. Le dépeuplement atteint aussi les monastères, refuges traditionnels du savoir en Occident, et la baisse en qualité du clergé séculier discrédite l'Église romaine. En bref, le monde bascule et, tandis que Byzance s'enfonce dans le passé, se dessinent les contours de la future Réforme.

Quarantaine et masques

Le souvenir de la Grande Peste va dès lors hanter la mémoire de l'Europe. Les siècles suivants, le mal contagieux revient, mais sans prendre une dimension pandémique. Comment le guérir puisque, lorsqu'il frappe même localement, il laisse derrière lui le même paysage de désolation. Le 13 juin 1564, Charles IX accompagné de Catherine de Médicis arrive à Lyon ou l'on meurt du « bubon ». Les cimetières débordent de morts et d'agonisants entassés. On jette les cadavres dans le Rhône. Ambroise Paré, son médecin, accompagnant le roi, Catherine de Médicis lui demande de rédiger un traité sur le sujet. Il s'exécute et décrit la capitale des Gaules comme une ville abandonnée, sans administration ni nourriture, sans soins ni charité où règne l'anarchie et le crime. Les magistrats ont fui. Les prêtres ont déserté. On lapide les médecins, les apothicaires et les barbiers qui soignent les malades et qu'on accuse d'infecter les gens. Dans *De la Peste*, Paré se fait à son tour le chroniqueur du dérèglement des mœurs que l'épidémie provoque. Mais il se montre aussi un observateur qui tâche de percer le secret du « mal occulte » et en livre une description fine en l'état des connaissances dont il dispose :

> Il convient premièrement de déclarer comment se produit la fièvre dans la maladie pestilentielle : quand la personne a attiré cet air pestilent par inspiration du nez et de la bouche au moyen des poumons et autres parties dédiées à ce faire, les pores et petits trous du cuir,

cavités des artères et veines, [...] cet air est attiré et conduit en toute la masse sanguinaire et aux humeurs qui sont plus aptes à recevoir un tel venin et à le convertir en sa qualité vénéneuse et, comme de la chaux vive sur laquelle on jette de l'eau, s'élève une vapeur putride qui est communiquée aux parties nobles, principalement au cœur, lequel bouillonne en ses ventricules, et cette ébullition appelée fièvre est communiquée à tout le corps par le moyen des artères, voire jusqu'en la substance des parties les plus solides que sont les os, les échauffant si fort qu'ils semblent brûler, causant diverses altérations selon la diverse température et nature de l'humeur, et c'est alors qu'advient un combat entre le venin et nature, laquelle si elle est plus forte, le chasse loin des parties nobles, et cause par dehors sueurs, vomissements, flux de sang, charbons ou pustules et éruptions, mais aussi flux de ventre, flux d'urine, évacuation par transpiration.

La science ne se contente plus de mener des constats empiriques, mais s'essaie à théoriser. À l'orée des Temps modernes, les médecins, en dépit de leur habituelle impuissance, ne sont pas tous les pantins ridicules que Molière s'est plu à caricaturer. Surtout, la théorie des miasmes, qui peut inspirer des comportements plus positifs et surtout plus courageux et plus charitables que la fuite, encourage, à défaut de traitement, toute une attitude de prévention.

Le premier volet, lui aussi intuitif, mais utile et bénéfique, est la quarantaine. La pratique a une assonance biblique quoiqu'elle provienne plutôt de la théorie hippocratique des « jours critiques » : pertinent ou non, ce long délai de quarante jours excède en effet la plupart des périodes d'incubation afférentes aux grandes infections épidémiques.

Dès le Moyen Âge, quoi qu'il en ait été du savoir médical alors prévalent, on a appris à éloigner les lépreux des centres urbains et lors de l'explosion du « mal noir », on n'a pas hésité à « séquestrer » les pestiférés. Les routes du commerce, celles de la mer tout particulièrement, connaissent aussi, et à raison, des mesures restrictives de mise à l'isolement. Aussitôt qu'en 1377, la quarantaine portuaire est édictée à Raguse. En 1468, la République de Venise construit un établissement de transit pour les voyageurs malades ou suspects de porter une infection sur l'îlot de Lazaretto qui va donner son nom à ce type d'institutions. Au XVe siècle, en France, certaines villes ont un « capitaine de la peste » et, à partir du XVIe siècle, les navires désirant mouiller dans un port doivent exhiber une « patente nette » s'ils sont en provenance d'un port non contaminé, « brute » s'ils arrivent d'un pays où sévit la peste. Nous n'avons donc pas inventé la fermeture des frontières.

La seconde innovation durable n'est autre que le masque. En 1619, alors que la peste bat son plein à Paris, Charles Delorme, médecin du Roi, confectionne le premier costume destiné à se garantir contre les miasmes : un ample manteau à manches longues et un masque dont les yeux étaient protégés par des écrans de cristal et pourvu d'une sorte de long bec que l'on fourre de parfums divers. Si la théorie des émanations est erronée, l'effet de la protection est réel et peu de médecins contractent la maladie : les puces atteignent difficilement les praticiens dissimulés sous leur robe et protégés par leurs gants de cuir, tandis que le long appendice facial de leur cagoule leur procure un filtre sans doute rudimentaire, mais en quelque façon efficace – ne dit-on pas aujourd'hui, à propos des masques « grand public », nullement certifiés, qu'ils valent « mieux que rien » ?

Représentation du masque de Delorme

Entre mer et terre

La protection des sujets sains et l'isolement des malades ainsi que des cas suspects, l'adoption d'attirails et de mesures à but de prévention : deux armes anciennes, on le voit, mais qui garderont les siècles plus tard et jusqu'à aujourd'hui toute leur pertinence et toute leur efficacité. Et ce, d'autant plus que sous l'effet des diverses vagues de mondialisations qu'elle produit, embryonnaires d'abord, systématiques ensuite, l'époque moderne et contemporaine va voir le phénomène épidémique se globaliser.

C'est en 1720 que la peste accomplit son grand retour et elle le fait en Provence. En mai, le Grand Saint-Antoine qui a quitté Marseille neuf mois auparavant, revient du Proche-Orient chargé d'une riche cargaison de soie et de coton destinée à être vendue à la foire de Beaucaire au cours du mois de juillet. Dans les cales se trouvent aussi quelques rats contaminés. Un mois plus tard, les premiers cas sont constatés. Comme trop souvent, les autorités – au premier rang desquelles l'Intendant de Provence, représentant du Roi –, soucieuses avant tout de préserver le commerce, s'adonnent au déni pur et simple du risque, puis se satisfont de le minimiser. Devant la progression inexorable de l'épidémie, on se décide à enterrer les morts dans la chaux vive, voire à les brûler. Le 31 juillet 1720, le parlement d'Aix confine les Marseillais dans les limites de la ville, mesure tardive et insuffisante qui n'enrayera pas le mal. Il faudra attendre la fin de l'année 1722 pour que la peste déserte enfin la Provence. En deux ans, sur les 400 000 habitants recensés dans la région, environ 100 000 victimes seront à déplorer, dont la moitié des 80 000 âmes que compte alors Marseille.

Parmi les nombreux monuments littéraires que les grandes épidémies ont suscités, figure le passage des *Mémoires d'outre-tombe* où Chateaubriand nous laisse une description glaçante de la tragédie phocéenne empreinte de religiosité et retentissante d'appels désespérés au Ciel :

> Le navire fatal dont parle M. Lemontey, ayant exhibé une patente nette [c'est-à-dire un certificat de non-contamination, voir plus bas], fut admis un moment à la pratique. Ce moment suffit pour empoisonner l'air ; un orage accrut le mal et la peste se répandit à coups de tonnerre. [...] Les portes de la ville et les fenêtres des maisons furent fermées. Au milieu du silence général on entendait quelquefois une fenêtre s'ouvrir et un cadavre tomber ; les murs ruisselaient de son sang gangrené, et des chiens sans maître l'attendaient en bas pour le dévorer. Dans un quartier dont tous les habitants avaient péri, on les avait murés à domicile comme pour empêcher la mort de sortir. De ces avenues de grands tombeaux de familles, on passait à des carrefours dont les pavés étaient couverts de malades et de mourants étendus sur des matelas et abandonnés sans secours. Des carcasses gisaient à demi pourries avec de vieilles hardes mêlées de boue ; d'autres corps restaient debout appuyés contre les murailles, dans l'attitude où ils avaient expiré. [...] Quand la contagion commença de se ralentir, M. de Belsunce, à la tête de son clergé, se transporta à l'église des

Accoules : montée sur une estrade d'où l'on découvrait Marseille, les campagnes, les ports et la mer, il donna la bénédiction, comme le pape, à Rome, bénit la ville et le monde : quelle main plus courageuse et plus pure pouvait faire descendre sur tant de malheurs la bénédiction du ciel ?

Prise également entre mer et terre, la troisième pandémie de peste se déclare au sud de la Chine en 1894. La révolution industrielle est là, de même que l'essor colonial. Les bateaux, qui sont désormais à vapeur, permettent des déplacements beaucoup plus rapides vers des destinations bien plus lointaines et l'ère des transports modernes facilite la globalisation des épidémies régionales en un temps record. Mais la science, de son côté, avance à grands pas. Cette même année 1894, Paris craint que la peste ne passe du Yunnan au Tonkin voisin, le nord du Vietnam actuel, qui est sous son protectorat et le ministère des Colonies demande à l'Institut Pasteur d'intervenir.

À Hong Kong, où les Anglais alors germanophiles l'ont écarté de l'hôpital où s'entassent les morts, Alexandre Yersin, un jeune pastorien, prélève clandestinement des bubons sur des cadavres de pestiférés après avoir soudoyé les marins chargés de les enterrer. Par l'examen au microscope, il parvient à identifier le germe de la maladie. Trois ans plus tard, en 1897, à Nha Trang, dans la succursale l'Institut Pasteur qu'il a fondée, il met au point le premier sérum anti pesteux. Afin de rendre hommage à sa ténacité, le bacille, qu'il a d'abord nommé *Pasteurella pestis*, sera rebaptisé *Yersinia pestis* en 1974.

La guerre contre le « mal noir » n'est pas pour autant immédiatement gagnée. Partie du Yunnan, la peste s'étend en quelques années à l'Inde, au Vieux-Continent, au Maghreb, et apparaît bientôt à l'autre bout du monde : à Suez en 1897, à Madagascar en 1898, à Pretoria et même à San Francisco en 1899. Le monde, sidéré, connaît un retour accéléré de la grande terreur. L'Asie, l'Europe, l'Afrique, l'Amérique et l'Océanie sont désormais étroitement liées par un environnement épidémiologique devenu commun.

La maladie des rois et des gueux

Il n'y a pas que la peste toutefois. On estime qu'en Europe, au XVIIIe siècle, la variole a tué soixante millions de personnes, causant un décès sur dix. Elle n'épargne personne et que l'on soit roi ou gueux, puissant ou faible lui est indifférent, de même que l'âge lui importe peu, même si elle marque une tragique prédilection pour les enfants. Ainsi aux deux extrémités du Vieux-Continent et bornant l'âge de la rationalité triomphante, le tsar Pierre II et le roi Louis XV seront tous deux terrassés par la « petite vérole », le premier à Moscou en 1730, le second à Versailles en 1774.

Connue depuis l'Antiquité, due à un Poxvirus, la variole déclenche, au sein d'un tableau fébrile, une éruption généralisée de pustules qui finissent par se dessécher, mais laissent d'innombrables cicatrices indélébiles. Surtout, elle peut se compliquer d'une atteinte multi viscérale, dont la redoutable encéphalite, qui aboutit à la mort dans environ 20 % des cas. Transmise d'homme à homme – il n'y a pas de réservoir animal – par voie respiratoire, elle évolue sur un mode endémique, rythmé par des phases de recrudescence, à partir du XVIe siècle en Europe. Cent ans plus tard, elle constitue une infection très commune, portant une lourde responsabilité létale.

Il faudra tout le talent de Zola, qui s'est documenté dans les annales cliniques les plus froides, pour dire le sentiment qu'imprime dans l'inconscient collectif, le spectacle des hécatombes dues aux maladies épidémiques. En cette fin du XIXe siècle, le chroniqueur implacable résume l'immoralité d'un Second Empire chargé de tous les péchés en racontant les derniers moments d'une fille publique, atteinte par la variole, et qui n'est autre que Nana, la fille de la brave Gervaise, symbole de la femme fatale et corruptrice dont toute la vie a été consacrée aux plaisirs coupables. Sous la plume du romancier réaliste, les tourments de l'épidémie apparaissent comme les ultimes convulsions d'un monde corrompu. C'est là un sentiment venu de fond des âges et qui, en temps de pandémie, autorise toutes les folies. Un vieux sentiment, mais qui paraît sans doute neuf à chaque génération qui se trouve confrontée à la même menace vitale :

> Nana restait seule, la face en l'air, dans la clarté de la bougie. C'était un charnier, un tas d'humeur et de sang, une pelletée de chair corrompue, jetée là sur un coussin. Les pustules avaient envahi la figure entière, un bouton touchant l'autre ; et, flétries, affaissées, d'un aspect grisâtre de boue, elles semblaient déjà une moisissure de la terre, sur cette bouillie informe, où l'on ne retrouvait plus les traits. Un œil, celui de gauche, avait complètement sombré dans le bouillonnement de la purulence ; l'autre, à demi ouvert, s'enfonçait, dans un trou noir et gâté. Le nez suppurait encore. Toute une croûte rougeâtre

partait d'une joue, envahissait la bouche, qu'elle tirait dans un rire abominable. Et, sur ce masque horrible et grotesque du néant, les cheveux, les beaux cheveux gardant leur flambée de soleil, coulaient en un ruissellement d'or. Vénus se décomposait. Il semblait que le virus pris par elle dans les ruisseaux, sur les charognes tolérées, ce ferment dont elle avait empoisonné un peuple, venait de lui remonter au visage et l'avait pourri.

Mais la variole est aussi la maladie qui va être à la source d'un moyen de prévention lui-même promis au plus fabuleux avenir : la vaccination.

L'affaire a commencé par une technique plus hasardeuse quoique souvent bienfaisante : la variolisation. Connue en Chine depuis le XIe siècle, elle se répand dans l'Empire ottoman et, de là, est importée en Europe au tout début du XVIIIe siècle par Lady Mary Montagu, l'épouse de l'ambassadeur britannique auprès de la Sublime Porte. Elle consiste à inoculer, par une scarification superficielle, du pus prélevé sur une pustule de varioleux : on développe alors une forme très mineure de la maladie, rapidement résolutive, sans dommage ni séquelle, mais surtout immunisante. Voltaire s'en fait le propagandiste dans les *Lettres anglaises*, rédigées lors de son exil à Londres, de 1726 à 1728, mais l'un des risques de cette méthode reste toutefois qu'elle peut déclencher une véritable variole, parfois mortelle. La Condamine, scientifique pince-sans-rire, déclare : « La variole nous décimait, la variolisation nous millésime ! »

On a mille fois conté l'histoire d'Edward Jenner. Lui-même adepte de la variolisation, mais également conscient de son danger potentiel, ce médecin de campagne dans le Gloucestershire observe qu'une maladie proche de la variole, mais bénigne, la vaccine, contractée par les jeunes paysans au pis des vaches (d'où son nom), semble les immuniser contre la variole. Après bien des hésitations, il s'essaie à l'utiliser comme un préservatif sans les dangers de la variolisation et y réussit en 1796. Le succès est européen et, en quelques mois à peine, la solution est adoptée. Pour la première fois dans l'histoire de l'humanité, en l'absence de tout traitement curatif, on a inventé le modèle d'un traitement préventif qui, confirmé un siècle plus tard par les prodigieux travaux de Pasteur sur le charbon et la rage, fera entrer l'infectiologie dans une ère totalement nouvelle : celle de l'éradication des maladies épidémiques.

La variole en sera du reste la première victime. Plus aucun cas n'a été signalé depuis 1977 à l'échelle planétaire et, le 8 mai 1980, l'Organisation mondiale de la Santé (OMS) a pu déclarer que la variole a disparu de la surface de la Terre.

Mais rien n'est jamais simple pour la conscience humaine. La décision universelle de détruire les stocks de virus variolique va être exécutée partout, sauf dans deux laboratoires de virologie, l'un à Atlanta, l'autre à Moscou, Guerre froide oblige ! Aujourd'hui, si le premier demeure bien identifié et certifié par les États-Unis, il est à craindre, concernant le second que la désintégration de l'URSS et la fuite subséquente des cerveaux n'aient favorisé la dispersion des échantillons en vue d'une éventuelle guerre virologique. Rien ne permet de l'exclure alors que la vaccination antivariolique a été entre-temps abolie.

L'hypothèse, quoique peu vraisemblable, n'est pas si farfelue, car l'on a déjà pensé utiliser la variole comme d'une arme biologique. Au XVIIIe siècle, en Amérique du Nord, lors des guerres inter-coloniales, les Anglais ont tenté, semble-t-il sans résultat, de contaminer les émissaires d'une ligue indienne en recourant à des couvertures infectées. Il ne semble pas, fort heureusement, que la tentative ait été fructueuse. Des projets plus massifs ont été esquissés pendant et après la Deuxième Guerre mondiale, notamment au Japon et en Russie, mais n'ont jamais connu de commencement d'exécution. On estime cependant qu'en cas d'épidémie provoquée, 95 % des sujets non vaccinés – soit la plupart des gens de moins de 40 ans – développeraient la maladie et que le taux de mortalité serait de 30 à 50 %.

Pourquoi les hussards vont-ils sur les toits ?

Qui dit peste, dit choléra selon l'adage populaire rappelant qu'il n'y a pas lieu de choisir entre eux. C'est ce qu'apprend la Sérénissime déjà noyée sous les eaux dormantes en 1911. Là encore, que l'on préfère Thomas Mann ou Luchino Visconti, le chant monodique de phrases à l'enroulement tout en nuances ou le lyrisme triomphant d'images sublimées par la musique de Gustav Mahler, une nouvelle épidémie frappe au cœur de l'Europe. Elle entraîne à sa suite le traditionnel cortège de malheurs et de malentendus dont Mann livre, dans *Mort à Venise*, un tableau qui laisse une impression d'autant plus cruelle qu'il est d'une minutieuse et laconique exactitude.

> On dissimula les deux [premiers] cas. Mais la semaine suivante il y en eut dix, il y en eut vingt, trente, et cela dans différents quartiers.

Un habitant des provinces autrichiennes, venu pour quelques jours à Venise en partie de plaisir, mourut en rentrant dans sa petite ville d'une mort sur laquelle il n'y avait pas à se tromper, et c'est ainsi que les premiers bruits de l'épidémie qui avait éclaté dans la cité des lagunes parvinrent aux journaux allemands. L'édilité de Venise fit répondre que les conditions sanitaires de la ville n'avaient jamais été meilleures et prit les mesures de première nécessité pour lutter contre l'épidémie. Mais sans doute les vivres, légumes, viande, lait, étaient-ils contaminés, car quoique l'on démentît ou que l'on arrangeât les nouvelles, le mal gagnait du terrain ; on mourait dans les étroites ruelles, et une chaleur précoce qui attiédissait l'eau des canaux favorisait la contagion. Il semblait que l'on assistât à une recrudescence du fléau et que les miasmes redoublassent de ténacité et de virulence. Les cas de guérison étaient rares ; quatre-vingts pour cent de ceux qui étaient touchés mouraient d'une mort horrible, car le mal se montrait d'une violence extrême, et nombreuses étaient les apparitions de sa forme la plus dangereuse, celle que l'on nomme la forme sèche. Dans ce cas, le corps était impuissant à évacuer les sérosités que les vaisseaux sanguins laissaient filtrer en masse. En quelques heures le malade se desséchait et son sang devenu poisseux l'étouffait. Il agonisait dans les convulsions et les râles. Une chance pour lui si, comme il arrivait quelquefois, le choléra se déclarait après un léger malaise sous la forme d'un évanouissement profond dont il arrivait à peine que l'on se réveillât. Au commencement de juin les pavillons d'isolement de l'Ospedale civico se remplirent sans bruit ; dans les deux orphelinats la place venait à manquer, et un va-et-vient macabre se déployait entre le quai neuf et San Michèle, l'île du cimetière. Mais la crainte d'un dommage à la communauté, la considération que l'on venait d'ouvrir une exposition de peinture au jardin public et que les hôtels, les maisons de commerce, toute l'industrie complexe du tourisme risquaient de subir de grosses pertes au cas où, la ville décriée, une panique éclaterait, tout cela l'emportait sur l'amour de la vérité et le respect des conventions internationales, et décidait les autorités à persévérer obstinément dans leur politique de silence et de démentis.

Toutes les caractéristiques sociales et politiques des épidémies sont concentrées dans ce moment d'anthologie : le déni initial des autorités, leur discours rassurant qui se heurte à l'aggravation constatée de jour en jour, leur affirmation que tout est sous contrôle alors que presque rien n'est prêt, leur hésitation à prendre enfin les mesures qui s'imposent – par peur d'agiter la panique populaire, mais aussi de bouleverser l'économie locale –, puis l'émotion qui monte quand se forment les convois funéraires toujours plus nombreux.

Autre attestation littéraire, en résonnance avec la précédente, on ne saurait omettre la fuite éperdue, la cavalcade sans fin d'Angelo, le *carbonaro* épique peint par Jean Giono. Le hussard qui court sur les toits pendant qu'au sol la maladie ravage la Provence en ces années 1832-1834 est un emblème de la désorientation et souvent de la déraison qui étreint le corps social confronté à un pic de contagion. Mais c'est aussi un révélateur selon Giono lui-même qui commentera ainsi la métaphore : « Le choléra est un réacteur chimique qui met à nu les tempéraments les plus vils ou les plus nobles. » On pourrait en dire autant de toutes les épidémies, en tous les temps et en tous les lieux. Et de nos jours encore.

Le choléra est une toxi-infection, une gastro-entérite majeure conduisant à une sévère déshydratation. Strictement limitée à l'espèce humaine, la forme classique de la maladie conduit à la mort dans plus de la moitié des cas et ce, en l'espace de quelques heures à trois jours. Apparu lors de la transition néolithique, comme d'autres infections humaines, le choléra a accompagné la naissance des civilisations agraires au nord du sous-continent indien où il est décrit dès le Ve siècle avant J.-C. Il aurait du reste contribué à la chute de la civilisation de l'Indus qui s'éteignit vers la fin du Ier millénaire de notre ère.

C'est bien des siècles plus tard pourtant, en 1817, mais dans la même région que la première pandémie de choléra se déclare. Les mouvements des troupes du colonisateur britannique vont précipiter sa diffusion dans la gigantesque péninsule, du Pendjab au Kerala. Selon un schéma désormais acquis, les navires de commerce prennent le relais et vont le transporter d'abord vers la Chine, puis la Russie, le Japon et jusque sur les côtes d'Afrique de l'Est. Cette première pandémie prend fin en 1824. La deuxième éclate en 1826. Partie de la même région que précédemment, elle va cette fois gagner l'Europe, puis l'Amérique du Nord.

En France, comme ailleurs en Europe, la mortalité est très élevée et l'on comptera à la fin plus de cent mille morts. L'épidémie descend du nord au sud de l'hexagone et le recouvre entièrement en trois ans tandis que de Toulon, emporté par les militaires dans leurs bagages, elle gagne l'Algérie qui est alors en pleine conquête. Au début, l'incrédulité domine et on en vient à soupçonner le gouvernement d'avoir empoisonné les puits ou les vivres ! La réalité s'impose vite devant l'amoncellement des cadavres. La crainte est alors d'être enterré vivant, car, lors de certaines crises motrices ou nerveuses, les malades paralysés semblent déjà morts et les inhumations se font à la hâte.

La politique n'est jamais loin des microbes, bacilles et autres virus. À Paris, qui est sévèrement touchée et qui aura à pleurer près de vingt mille morts, le choléra atteint Madame Adélaïde, la sœur du roi Louis-Philippe, et François Guizot, le ministre de l'Intérieur. Mais tous deux heureusement en réchappent. Ce n'est pas le cas de Casimir-Périer. Le président du Conseil, qui vient de réprimer la première révolution des Canuts, à Lyon, en novembre 1831, est abattu par la maladie le 16 mai 1832. Le « monarque-citoyen » ne nommera son successeur qu'en octobre et ouvre ainsi, en pleine crise sanitaire, une crise institutionnelle.

Le 1er juin, le général Jean Maximilien Lamarque, député prisé des Parisiens qui siège à la gauche de la Chambre tout en étant rallié au principe dynastique, succombe à son tour sous le rouleau compresseur de l'épidémie. Ses funérailles le 5 juin entraînent un soulèvement populaire préparé par la mouvance républicaine. Durement réprimée, l'insurrection signe la fin des espoirs libéraux qu'a suscités la Monarchie de Juillet, laquelle n'a pourtant que deux ans d'existence. L'effervescence épidémique a, une fois de plus, réveillé la colère du peuple.

Le choléra a saigné, sur tous les plans, la capitale. Mais le préfet Rambuteau, précurseur du baron Haussmann et militant de l'hygiénisme, commence à remodeler la ville dans le but de la fortifier autant contre les épidémies que contre les émeutes. Un réseau d'égouts fait son apparition. Toute l'Europe suit, notamment Barcelone sous la houlette d'Ildefons Cerda.

De cette crise majeure, Émile Littré fera une recension d'une rare justesse dans son étude sur « le choléra à Paris ». Cette étude viendra s'insérer dans la collection de textes qu'il publiera, entre 1830 et 1860, dans *La Revue des Deux Mondes* et qui portera sur une variété de pathologies alors énigmatiques telles que la peste, la variole, la danse de Saint Guy, la suette, la fièvre jaune et dans laquelle il inclura, plus surprenant, les loups-garous !

> Ces grandes épidémies, qui sortent tout à coup des profondeurs du monde ; ces foules d'hommes qui expirent à mesure que le souffle de la maladie court sur les populations et en couche une partie ; ces morts mystérieuses, objets d'insuffisantes hypothèses pour le savant… tout cet ensemble forme un de ces spectacles qui restent dans le souvenir et dans l'histoire des peuples.

Londres n'est pas plus épargnée que Paris. C'est lors de la troisième pandémie, la plus importante des six enregistrées entre 1817 et 1923, que John Snow, un médecin anglais, rapproche en 1854 la transmission de la maladie des conditions sanitaires effroyables qui règnent dans la capitale anglaise et soupçonne l'existence d'un agent circulant dans l'eau. La bactérie *Vibrio cholerae* sera finalement identifiée par Robert Koch en 1884. Cette même année, le mal ravage pour la dernière fois Marseille et la Provence après avoir débarqué d'un bateau en provenance d'Indochine et amarré à Toulon. À nouveau la cité phocéenne est isolée et son port ruiné.

Un vaccin sera développé entre 1885 et 1892, mais, de nos jours encore, le choléra sévit de façon endémique en Afrique et dans d'autres zones défavorisées. Haïti en 2010, le Yémen en 2017, ont ainsi connu des vagues mortifères de choléra qui demeure de la sorte un marqueur de la misère des populations abandonnées à l'insalubrité.

Une grippe qui n'était pas espagnole

Que n'a-t-on pas encore dit sur la « der des der », sur la terrible « apocalypse » westphalienne des nationalités avec ses alliances à détentes multiples et ses déclarations de guerre en cascade aboutissant à l'explosion de 1914, sur la « grande boucherie » dont le bilan s'établit en 1918 à huit millions de morts et plus de dix millions d'infirmes et d'invalides, sur le « triomphe final de la paix » qui préfigura dès 1919, et le Congrès de Versailles, un autre conflit mondial ?

Pour l'épidémiologiste, le bilan des tranchées ressort néanmoins modeste – malgré toute son absurde cruauté – au regard des conséquences de la pandémie grippale qui, au même moment, s'abat sur le monde. De nos jours encore, les statistiques demeurent incertaines et les estimations varient considérablement, mais elles sont toutes impressionnantes : sur le milliard huit cents millions d'individus que compte alors la planète, le virus aurait affecté un tiers à la moitié d'entre eux et causé de quarante et cinquante millions de morts, chiffres que doublent certains experts. Au plus fort du pic épidémique, au sein de l'hémisphère nord, 25 % des malades admis quotidiennement dans les hôpitaux y décèdent. Rien qu'en France, la grippe fait 250 000 victimes – au nombre desquels, on l'a parfois oublié, Guillaume Apollinaire et Edmond Rostand en France, Max Weber, Egon Schiele, Franz Kafka en Allemagne, tandis qu'aux États-Unis, elle emporte le pionnier du cinéma John H. Collins, les frères Dodge, constructeurs automobiles au patronyme devenu générique, sans oublier Frederick Trump, le grand-père de l'actuel président américain. Parmi les épisodes dramatiques de l'histoire de l'humanité, la pandémie grippale de la Grande Guerre rivalise sans peine avec la peste de Justinien ou la peste noire.

La grippe semble connue depuis l'Antiquité si l'on suit la description que livre Hippocrate du mal mystérieux, mais aux troublantes ressemblances, qui ravage la cité thracienne de Perinthos en 412 avant J.-C. Diverses recensions commencent à être plus clairement établies à partir du XIIe siècle et ce ne sont pas moins de trois pandémies par siècle, en moyenne, qui se trouvent attestées et étudiées de la Renaissance à aujourd'hui.

Parmi les plus récentes figurent celles qui ont marqué l'avènement des Lumières et côtoyé la Révolution française. La pandémie de 1781-1782 part de Chine, se diffuse bilatéralement en Inde et en Russie, rejoint l'Europe, déborde là encore doublement sur la Méditerranée et l'Atlantique et, de Grande-Bretagne, arrive aux États-Unis. Si sa cadette de 1788-1789, qui la suit tout au plus de six années, débute pour sa part plutôt en Russie, elle connaît immédiatement un développement comparable qui se déroule à une vitesse analogue.

En 1802, à Paris, c'est Bonaparte qui doit traiter une épidémie de grippe menaçante. Mais le Premier Consul sait combien compte l'art d'anticiper. L'année précédente, en 1801, il a doté la capitale d'un Conseil général des hospices de Paris et son Préfet de police a mis en place un Conseil de la salubrité publique. Et comme souvent, il se trouve des auteurs visionnaires qui, à force de vouloir alerter les autorités, rencontrent la faveur du grand public. Le volumineux *Essai sur la contagion et les maladies contagieuses* signé Jean Joachim François Cattet et Jean Baptiste Jospeh Gardet connaît un beau succès tant que l'épidémie progresse lentement. Mais le nombre de victimes s'accroît exponentiellement, les jeunes sont les plus touchés, et l'opinion s'abandonne à la panique. Le 3 février 1803, un espion à la solde du camp monarchiste écrit à ses commanditaires en exil : « Effroyable mortalité à Paris. Le nombre de victimes est si grand qu'on ne peut suffire à les enterrer ». Une commission scientifique est constituée sous l'autorité de Jean Nicolas Corvisart. Méconnaissant le mécanisme du virus, ses membres ont de surcroît à subir les entraves de la bureaucratie. Corvisart comprendra la leçon et se montrera bien plus efficace pour organiser la lutte contre la variole en 1807 et le typhus en 1814. Une chanson de l'époque dit cependant combien le spectre de la mort est venu troubler les jeux de l'éros, les séquelles psychologiques d'un dommage épidémique n'étant pas les moindres :

Femmes, voulez-vous éprouver.
Il règne, dit-on, dans Paris,
Une étonnante maladie ;
La grippe est son nom, mes amis.
Chacun doit craindre sa furie,
Car j'ai vu gripper un époux,
Tyran de sa femme jolie.
Si la grippe en veut aux jaloux...
Ah ! que n'est-ce une épidémie !
Lucile voit le jeune Armand
Lui jurer l'amour le plus tendre ;
Hélas, son cœur fut inconstant
Et la grippe vint la surprendre.
Amis, tremblons pour la beauté ;
Car si l'affreuse maladie
Attaquait l'infidélité...
Ah ! grand dieu, quelle épidémie !
Tranquille, couché sur son or,
Du sort loin d'avoir à se plaindre,
Un usurier pour son trésor
Croyait n'avoir plus rien à craindre.
Mais la grippe vint lui ravir
Ses richesses avec la vie...
Que des gens l'on verra mourir
De cette étrange épidémie !
Contre elle pour se prémunir,
Il faut aimer sans jalousie ;
Être heureux et savoir bannir
Toute inconstante fantaisie ;
Chasser le vil amour de l'or
Et les passions ennemies...
Mais l'on sera longtemps encor
Grippé par ces épidémies.

Une pandémie grippale se déclare à nouveau en 1889. On constate alors que le rythme de ces épisodes massifs s'accélère. On en déduit aussi que l'intensification des échanges internationaux sous l'effet d'un commerce grandissant et la concentration des populations du fait de l'urbanisation croissante en sont les premiers facteurs.

La grippe dite « espagnole » de 1918-1919 frappe d'autant plus les esprits qu'on ignore son mode de circulation et que les mesures appropriées pour s'en protéger ne sont prises ni suffisamment tôt ni suffisamment amples. En outre, l'étendue de sa diffusion réclamerait une concertation internationale évidemment illusoire en temps de conflit.

On ne s'accorde toujours pas sur les raisons qui l'ont fait qualifier d'espagnole – ce qui ne justifie aucunement. L'Espagne, non belligérante, mais bel et bien touchée par l'épidémie, qui atteint 8 millions de ses habitants, communique librement sur les progrès de la maladie alors que dans les pays engagés militairement, la censure s'oppose à toute information susceptible d'enrayer l'effort de guerre et de renseigner l'ennemi. D'où l'appellation, selon le principe « le premier qui dit la vérité... » Là où les Britanniques parlent de *Flanders grippe*, « grippe des Flandres », et les Allemands de *Blitz katarrh*, « catarrhe éclair », le surnom de *Spanish Lady*, « Dame espagnole », que les Américains confèrent à la maladie finit par s'imposer.

Or, la pandémie semble avoir pour berceau d'origine les États-Unis, plus précisément le Kansas et un camp où des milliers de jeunes militaires sont réunis pour un long stage de préparation. En mars 1918, en quelques heures, une centaine de soldats présentent un syndrome grippal atypique. Ils sont plus de cinq cents quarante-huit heures plus tard. Un mois plus tard, en avril, les troupes américaines débarquent en Europe et la grippe est signalée à Rouen dans un cantonnement britannique. Immédiatement, elle se répand partout en Europe, puis, à partir de juin, de gagne l'Asie et l'Océanie. Depuis la Chine, elle rebrousse chemin, traverse le Pacifique, frappe l'ouest des États-Unis, augmentant en virulence au fur et à mesure de sa progression et manifestant une mortalité notablement accrue. Toutefois, ce bond est probablement lié à une surinfection par la bactérie *Haemophilus influenzae* dont on croit, un moment, qu'elle est la cause même de la grippe. Outre les complications, les répliques sont également au rendez-vous. La deuxième vague débute en septembre 1918, atteint son pic pandémique en octobre puis connaît deux mois de relative atténuation avant qu'entre décembre 1918 et janvier 1919, n'advienne sur quelques semaines une troisième vague plus modérée. Certains pays seront encore touchés en 1919 et 1920 et, en juillet 1921, le dernier cas sera signalé en Nouvelle-Calédonie.

La maladie ressemble, au début de la pandémie, à une grippe banale, mais au fil de son développement elle s'aggrave nettement avec un syndrome hyper fébrile et une toux asphyxiante. Nombre de patients meurent alors rapidement dans un tableau de pneumonie hémorragique.

Les réactions des autorités politiques et sanitaires seront diverses. Aux États-Unis, les réunions publiques sont interdites dans plusieurs grandes villes où les églises, les salles de spectacle et les bars sont fermés. De nombreux commerces et des usines n'ouvrent plus qu'à mi-temps. Des hôpitaux de fortune sont installés dans des bâtiments publics, des établissements scolaires, de lieux de culte.

En France, l'état de guerre et la censure de l'information rendent malaisée une mobilisation générale de la population contre l'épidémie. L'Académie Nationale de Médecine refuse pendant plusieurs mois de considérer l'épidémie comme dangereuse, ce qui retarde d'autant l'adoption de mesures préventives. Aucune mesure générale et obligatoire n'est décrétée avant l'automne 1918. Aucun plan systématique n'est arrêté. Aucune concertation n'est mise en œuvre. L'autorité centrale conseille aux préfets de fermer les écoles et les théâtres, de décourager les rassemblements publics, de désinfecter les transports, mais tout est laissé à l'initiative locale. Quant aux consignes de distanciation physique, elles sont appliquées dans les hôpitaux, mais ne font pas l'objet de recommandations à l'ensemble de la population. Les médecins de leur côté se sentent impuissants comme le relatera dans ses mémoires le docteur Barbier, proprement désespéré.

> Nous nous trouvions vraiment en face d'une grande épidémie, devant laquelle nous nous sentions impuissants. Certains, même, devant la gravité des symptômes et l'allure foudroyante de la maladie, allèrent jusqu'à penser à la peste, au choléra. *La grippe de 1918-1919 dans un service de l'Hôpital Saint-Antoine*

Comme si une épidémie ne suffit pas, une autre se réveille. La peste vient en effet frapper aux guichets portuaires de Marseille en août 1919 à Marseille puis aux portes de Paris en mai 1920. À Clichy, une jeune femme médecin, responsable du laboratoire de l'hôpital Bretonneau, Yvonne de Pfeffel, seule femme admise au concours dix ans plus tôt, découvre le bacille. Cette fois les autorités ne reproduisent pas les erreurs précédentes, mais continuent à cacher la vérité à la population. Chargé de traiter la crise, Albert Calmette, l'inventeur du BCG, proteste déjà contre « les économies malfaisantes » qui touchent la santé publique.

Si l'on veut, par analogie, assimiler un état de pandémie réelle à un état de « guerre » symbolique, encore faut-il préciser qu'en temps de (vraie) guerre, la lutte sanitaire aura été insuffisante et inefficace. La priorité ne sera pas allée à préserver la santé civile, mais à soutenir le front militaire. En revanche, un effet collatéral de la crise épidémique aura sans doute été que les presque 450 000 morts allemands qu'elle a causés, ont pesé dans la décision de demander l'armistice.

La seule retombée positive de la grippe espagnole tiendra dans la soudaine prise de conscience internationale des menaces pandémiques. Dès 1928, la Charte de la Société des Nations souligne la nécessité de créer un Comité International d'Hygiène, préfiguration de l'Organisation mondiale de la Santé (OMS) fondée en 1948. La peur générale suscitée par la maladie, l'appréhension concrète des incomplétudes de la science, le constat de la rétention ou la manipulation de l'information en haut lieu engendrent en revanche une méfiance croissante de l'opinion occidentale envers les autorités et les médias. Les événements politiques de tous ordres que va connaître la France au cours de l'entre-deux-guerres – montée des extrêmes, émeutes de rue, dénonciation des « voleurs » et des « menteurs » – n'y sont peut-être pas étrangers.

À la fin des années 1990, l'analyse d'échantillons anatomiques qui avaient été prélevés jadis sur les poumons de patients décédés de la grippe espagnole et avaient été bien conservés depuis ont permis, grâce à la biologie moléculaire, d'identifier un virus A/H1N1 – une variété communément responsable des épidémies saisonnières sans gravité notable, sauf manifestement cette fois-là comme il en était allé et il en ira dans d'autres cas.

De grippe en grippe

L'*influenza*, selon le nom qui lui fut donné au XVIIIe siècle, de l'italien *influenza di freddo*, « sous l'influence du froid », la grippe donc, est une maladie infectieuse fréquente et contagieuse causée par certains virus à ARN de la famille des orthomyxoviridés : il existe trois grands types de virus influenza : À, B et C. Les lettres H et N que le public a appris à connaître lors des épidémies récentes, désignent deux molécules de la membrane du virus. Les chiffres qui les distinguent correspondent aux sous-types de ces molécules. Les virus de type A, les plus fréquents et les plus virulents, et aussi de type B, donnent notamment des grippes saisonnières, mais seuls les virus de type A peuvent déclencher des pandémies grippales.

Dans les pays tempérés, les virus circulent en alternance dans l'hémisphère nord, provoquant des épidémies entre octobre et avril, puis dans l'hémisphère sud où les épidémies s'observent d'avril à octobre. Cette alternance saisonnière et géographique est mise à profit, chaque année, pour préparer un nouveau vaccin – seul moyen efficace de prévention – contre un virus fréquemment muté, en étudiant celui qui sévit dans une moitié du monde avant de gagner l'autre.

De temps à autre, des pandémies correspondent à l'émergence d'un nouveau sous-type de virus grippal dont les organismes humains n'ont aucune mémoire immunitaire – et ce, même dans les pays où la pratique vaccinale est satisfaisante. D'où leur diffusion rapide et étendue, avec souvent des tableaux cliniques nettement plus graves que d'ordinaire. Par ailleurs, lors d'une vague pandémique, le caractère saisonnier classique de l'affection n'est pas toujours observé. Enfin, il faut rappeler que la grippe « commune » est chaque année responsable d'une surmortalité chiffrée à plusieurs milliers – ce qui ne veut pas dire que toutes ces morts sont dues à la grippe elle-même, mais aussi à des comorbidités qui se sont aggravées à l'occasion de cette infection.

La triste célébrité de la pandémie grippale de 1918-1919 ne doit pas faire oublier les deux autres qu'a connues le XXe siècle : la « grippe asiatique » de 1957-1958 et la « grippe de Hong Kong » de 1968-1969.

La première, de type A (H2N2) apparaît début février 1957 à Kweichow, dans le sud-ouest de la Chine. Elle gagne Singapour en février 1957, atteint Hong Kong en avril, où elle fait 250 000 malades en peu de temps, touche les États-Unis en juin où elle provoque entre 70 000 et 120 000 morts, fond en juillet sur la région Pacifique, l'Afrique où l'Égypte et le Soudan sont particulièrement frappés, la côte ouest puis toute l'Amérique du Sud et arrive en août et septembre dans la plupart des pays d'Europe Centrale, à commencer la Roumanie, la Grèce, pour apparaître finalement début 1958 dans les îles Britanniques. La seconde vague sera accompagnée d'une plus grande mortalité que la première, la majorité des cas fatals se situant entre septembre 1957 et mars 1958. On estime qu'elle aura été responsable au total d'environ un à deux millions de morts, dont environ 15 000 en France.

La grippe de Hong Kong, quant à elle, se répand dans le monde entier à partir de l'été 1968 et jusqu'au printemps 1970. Causée par une souche réassortie H3N2 du virus H2N2 de la grippe A, elle provient également de Chine, soit d'une région du plein sud, soit plus à l'ouest de la province du Yunnan. Le virus est isolé en juillet 1968 à Hong Kong, d'où le nom qui lui fut donné.

Un congrès scientifique international – et non une assemblée évangélique –, le cinquième du genre sur la médecine tropicale et le paludisme, qui se tient au tout début septembre 1968 à Téhéran, alors indemne de grippe, va contribuer à sa diffusion. Des cas de grippe apparaissent parmi les congressistes dès le 7 septembre, premier jour de la réunion. Puis, l'épidémie s'étend rapidement à toute l'Asie du Sud-Est, l'Inde et l'Australie. Après la pause de l'été 1969, l'épidémie s'aggrave de nouveau en décembre 1969 et janvier 1970, avant de retomber au printemps de la même année.

À l'échelle mondiale, le bilan de la pandémie sera d'environ un million de morts, dont 18 000 décès directs et un excédent de mortalité de plus de 40 000 personnes en France. Est-il si curieux que nous ayons oublié cet épisode ? L'information de l'époque en donne un reflet singulier : en juillet 1968, *Le Monde*, citant l'Institut Pasteur, écarte « un caractère de quelconque gravité » et, le 18 décembre 1969, titre que « L'épidémie de grippe paraît régresser en France » tandis que pour *Le Figaro* elle « reste stationnaire ». Et tant pis si la deuxième vague bat alors son plein, d'autres événements politiques et sociaux sollicitent l'attention des Français : l'après-68, l'arrivée au pouvoir de Georges Pompidou, la conquête de la lune en direct et en mondovision, le tout en l'absence de réseaux sociaux et chaînes d'info continue pour distiller en boucle 24 h/24 le moindre fait inquiétant. Mais surtout, l'espérance de vie moyenne de vie n'est pas supérieure à 70 ans et les décès par milliers de « personnes âgées » – qu'on n'appelle pas encore les « seniors », acteurs triomphants du millénium – victimes privilégiées de la grippe, ne sauraient susciter l'émotion collective, tant ils paraissent même « naturels » – autres temps, autres mœurs…

L'avenir des pandémies : le « péril jaune » ?

Si la globalisation marchande n'est actée que depuis quelques décennies, la mondialisation des épidémies constitue une réalité bien plus ancienne. C'est délibérément que, dans la brève histoire qu'on vient d'en lire, ont été retenues seulement les plus exemplaires au regard du passé, les plus vivaces dans la mémoire présente, les plus instructives aussi pour l'avenir. Mais avons-nous entendu les leçons qu'elles recèlent ?

Nous sommes définitivement entrés dans l'ère des pandémies. Elles sont sans doute appelées à devenir la toile de fond de l'histoire humaine. Il faudra vivre avec cette évidence, même si elle heurte une époque qui a cru conjurer le temps des périls et convoquer la fin de l'histoire. Et prendre la mesure des deux nouvelles qui viennent de nous advenir : la première est que l'histoire perdure dans son irrémédiable dimension tragique ; la seconde est que l'avenir présente des défis plus gigantesques que tous ceux que l'humanité a relevés jusqu'à aujourd'hui.

Ni angélisme, ni catastrophisme. Nul besoin de rejoindre le camp des nouveaux golems qui pensent que la biologie est promise à « anéantir un à un tous les dangers viraux » comme dans un jeu vidéo ou le camp des effondristes qui souhaitent « extirper le virus humain de la nature » ! Le transhumanisme a ses partisans, la *deep ecology* les siens. Elle n'est, elle aussi, qu'un anti-humanisme foncier sur fond apocalyptique. Mais la nature n'est pas une fin en soi. L'humanité doit faire front : sans elle, le monde n'aurait pas de sens, car il ne serait plus pensable.

Quel monde, dès lors, se dessine devant nous ?

D'une part, la source de ces épidémies globales se situera le plus souvent en Chine ou en Asie du Sud-Est pour des raisons à la fois biologiques et culturelles. Par le passé, nombre d'agents infectieux de ces phénomènes ont eu comme réservoirs des animaux sauvages, en majorité des rongeurs ou de petits mammifères, qui pullulent dans ces régions. La consommation de viande sauvage, qui fait partie de pratiques coutumières, a facilité la transmission de ces germes à l'espèce humaine – et ce processus est extrêmement ancien. Sous le coup du changement climatique, de la surexploitation des ressources, de la déforestation subséquente, qui poussent une partie de la faune sauvage vers les concentrations urbaines, et donc humaines, le rapprochement s'accélère. La globalisation des échanges fait le reste. Il y aura donc des conclusions géopolitiques à tirer de cet état de fait.

D'autre part, si la lutte contre les pandémies repose sur l'identification scientifique des agents infectieux responsables, la mise au point, si elle est possible, de traitements médicamenteux efficaces et, bien sûr, de vaccins qui sont la solution idéale, ce dispositif ne peut suffire. Comme la pandémie actuelle le montre, ces agents vont se renouveler à échéance régulière, nous ramenant chaque fois au point de départ, ou presque. Réorganisée à l'échelle internationale, la recherche sera sans doute capable de répondre de plus en plus vite à chaque menace nouvelle – et on a vu comment les connaissances sur le Cov2 ont progressé de façon éblouissante en moins de deux ou trois mois. Mais cette célérité restera en deçà de l'urgence absolue où se trouveront plongés des pays entiers en quelques semaines à peine et qu'il s'agira de gérer dans l'instant.

C'est là que, manifestement, le bât blesse. La variable d'ajustement sera la résilience du système de soins, la solidité et la réactivité des structures hospitalières, ce qui suppose des plans suivis ainsi que des moyens adéquats, adaptés et constamment disponibles. Or, un tel plan ne s'improvise pas. Mais il se prépare longtemps à l'avance, comme si la prochaine pandémie était pour demain. Même dans les grandes nations économiquement et médicalement développées, on a vu que le choc a été rude et la catastrophe menaçante.

Tel sera le levier essentiel des combats futurs.

Il nous faut nous préparer à cette échéance et nous préoccuper de cette échéance sans délai avant le nouveau chapitre qui va inévitablement s'ouvrir dans notre nouveau monde.

Un monde qui, sans doute, a précisément commencé à Wuhan, en Chine, au cours de l'automne 2019.

AUTOPSIE DU COVID 19

La pandémie qui a frappé la France est due à un virus dont la famille est connue depuis longtemps, grâce à une jeune chercheuse écossaise, sans diplôme, June Almedia. Elle inventera une méthode révolutionnaire et en 1964 découvrira les Coronavirus. Cependant, la nouveauté de celui qui nous occupe à présent a résidé dans le comportement inhabituel de ce nouveau variant, les conditions énigmatiques de sa transmission, l'obscurité des premiers moments de l'épidémie, les incertitudes de son expression clinique, et la rapidité, enfin, avec laquelle on a fait toutes sortes de découvertes surprenantes à son sujet, à mesure que nous apprenions d'une épidémie qui se développait sous nos yeux.

Que sait-on d'essentiel, à présent du SARS-Cov2 et de la maladie qu'il entraîne, le Covid19 – que l'Académie française recommande officiellement de mettre au féminin : selon elle, on devrait désormais parler de « la » Covid19 ?

Au-delà des acquis virologiques et cliniques déjà suffisamment solides après quelques mois de pandémie, et dont on trouvera une brève synthèse ci-dessous, il demeure également en suspens quelques questions qui conditionnent son devenir et auxquelles il faudra répondre pour agir de façon appropriée.

SARS-Cov2 et Covid 19 : l'origine du virus

Les coronavirus existent depuis des millions d'années et ont accompagné l'évolution de certaines espèces animales qui en ont été les hôtes habituels. Leur longue histoire illustre cette communauté des germes infectieux qui s'est peu à peu établie entre les hommes et certains animaux et s'est surtout renforcée depuis l'époque néolithique.

Au fil du temps, plusieurs virus, et notamment plusieurs types de coronavirus, sont devenus pathogènes pour l'espèce humaine. Il existerait environ 5 000 variétés de coronavirus, dont 500 sont liées aux seules chauves-souris.

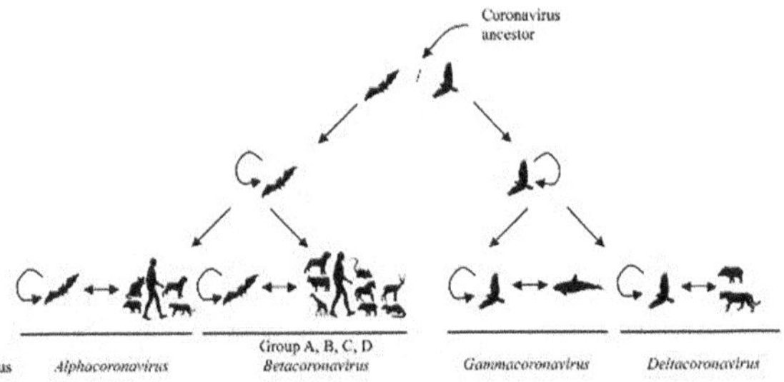

Sept types de coronavirus sont susceptibles d'infecter l'homme. Ils sont d'ailleurs à l'origine de 15 à 30 % des rhumes communs, sans gravité.

Trois variétés, d'apparitions plus récentes, ont cependant entraîné des épidémies d'une gravité considérable :

- le SARS-Cov [SARS : Syndrome respiratoire aigu sévère], responsable entre 2002 et 2004 d'une épidémie apparue en Chine, dans la région de Canton, en novembre 2002 ; provenant de la civette palmiste (un petit mammifère sauvage habituellement consommé par les Chinois), son réservoir d'origine était la chauve-souris ; il a infecté environ 10 000 personnes avec un peu moins de 10 % de décès, surtout en Chine, à Taiwan et en Asie du Sud-Est ; l'OMS considère qu'il est aujourd'hui éradiqué.
- Le MERS-Cov [MERS : Syndrome respiratoire du Moyen-Orient], à l'origine d'une épidémie apparue en Arabie saoudite en 2012, son réservoir étant le dromadaire, le germe étant transmis par la consommation du lait cru ; entraînant une mortalité de 35 %, il a fait environ 500 morts ; le virus circule toujours dans la région, mais n'a jamais pris de dimension pandémique : son éradication supposerait notamment un changement d'habitudes culturelles ;
- Le SARS-Cov2, apparu en Chine du Nord à la fin de l'année 2019 ; présent aussi chez la chauve-souris et transmis par elle au pangolin, un mammifère insectivore (une sorte de fourmilier à écailles) régulièrement chassé en vue de sa consommation par les hommes – on se le procure sur des marchés « sauvages » (*wet markets*) sans aucun contrôle sanitaire d'aucune sorte ; il est à l'origine de la pandémie actuelle.

L'histoire de la pandémie en cours demeure à faire et des enquêtes internationales ne manqueront pas, dans les mois et les années à venir, de tenter d'élucider nombre de points encore obscurs. Il reste, comme le montre la chronologie détaillée publiée ci-après, que dès le mois de septembre 2019, les premiers cas apparaissent en Chine et que, dès le mois de novembre, le virus est parvenu en France.

Les événements vont ensuite s'accélérer d'une façon foudroyante.

Clinique de la Covid19

La contagiosité de la maladie due au virus (c'est cette maladie que l'on nomme « Covid19 ») est bien plus élevée que celle de la grippe saisonnière. On l'exprime par le désormais classique R0, c'est-à-dire le nombre moyen de personnes qu'un malade est susceptible de contaminer à son tour. Dans la grippe habituelle, ce R0 est de 1,3 en moyenne – le Covid19 montre un R0 à 2,5-3 si rien ne s'oppose à la transmission. C'est donc une affection significativement contagieuse : l'objectif majeur de la lutte contre l'infection, en l'absence de traitement curatif à court terme, sera donc de réduire ce R0 par l'adoption des mesures barrières, de la distance physique et du port aussi fréquent que possible du masque – c'est le trépied incontournable de la lutte antivirale dans les circonstances actuelles.

L'incubation, c'est-à-dire la période pendant laquelle le patient infecté ne manifeste aucun symptôme est en moyenne de 5-6 jours, avec des extrêmes de 2 jours à 12 jours – d'où la « quatorzaine » d'éviction des patients suspects, la probabilité d'une infection étant très faible si au bout de 14 jours aucun signe clinique évocateur n'est apparu. Mais rien n'est aussi simple : des durées d'incubation de plusieurs semaines (une trentaine de jours) ont été signalées ; bien qu'exceptionnelles, elles sont l'une des inconnues de l'infection.

La question de la contagiosité pendant l'incubation – ce qui s'observe dans certaines maladies infectieuses – reste discutée pour la Covid19 : la possibilité d'excréter du virus dans les 24 heures qui précèdent l'apparition des signes cliniques n'est pas à exclure.

Mais le plus important, en matière de contamination, est que précisément une proportion importante de patients infectés ne manifestera jamais aucun signe clinique, tout en étant, évidemment, excréteurs du virus. La proportion de « porteurs sains », mais évidemment contagieux – même s'ils le sont sans doute moins que les patients « symptomatiques » – serait d'environ 50 % de la population atteinte, ce qui est considérable. Ces cas, s'ils ne sont pas dépistés, permettent donc une circulation silencieuse du virus et ont justifié, dans certains pays, une politique de dépistage biologique systématique : encore faut-il en avoir les moyens organisationnels et disposer d'un nombre suffisant de tests, ce qui n'est actuellement pas le cas de la France.

Le tableau clinique d'une Covid19 symptomatique est habituellement peu impressionnant : une fièvre modérée (38°), des céphalées, une asthénie générale, avec des signes respiratoires plus ou moins marqués, de toux, d'oppression ou de point douloureux thoracique. On a surtout signalé des signes nouveaux, hors de la sphère respiratoire, notamment l'anosmie (perte des odeurs) ou l'agueusie (perte du goût). Parfois des signes ORL (évoquant une rhino-pharyngite) ou digestifs (diarrhée) sont au premier plan : y compris en période épidémique, il peut alors être difficile de les rattacher rapidement au SARS-Cov2, d'où un possible retard diagnostique, facteur de dissémination du virus, ou exposant le patient à ne consulter que tardivement lorsque peuvent apparaître des signes de gravité.

Dans 80 %, l'évolution est simple et les signes régressent en une semaine environ, laissant souvent une fatigue, classique dans les suites d'une virose. Même ces patients symptomatiques peuvent, passer inaperçus, car la modestie de leurs manifestations cliniques ne les aura pas incités à consulter. Ils ont, eux aussi, en toute tranquillité, répandu le virus.

Mais certains patients vont développer, généralement après 5 à 7 jours d'évolution, une forme d'aggravation parfois rapide : la fièvre élevée ou persistante, les douleurs marquées et surtout les difficultés respiratoires d'importance croissante sont les signes d'alerte qui nécessitent l'hospitalisation à bref délai. Il s'agit habituellement de la conséquence d'une réaction inflammatoire disproportionnée qui atteint les poumons : l'inflammation, mécanisme naturel de défense de l'organisme, bienfaisante au début de la maladie et susceptible de la vaincre devient ici une sorte de maladie en soi, un processus à l'origine physiologique qui se retourne contre le patient lui-même.

15 % de l'ensemble des cas vont entraîner une hospitalisation, et 5 % feront une forme grave.

Dans les cas graves, la détresse respiratoire aiguë est au premier plan, et c'est la cause habituelle, mais pas unique, des décès en réanimation : chez beaucoup de patients dont l'évolution est défavorable, des défaillances multiviscérales, notamment rénales, hépatiques ou cardiaques, se surajoutent aux signes purement respiratoires.

C'est ici qu'il faut souligner le surrisque considérable que font peser sur certains patients les comorbidités que sont, au premier plan l'obésité, mais aussi les antécédents cardio-vasculaires ou respiratoires, le diabète, et d'une façon générale toutes les causes de dépression de l'immunité – soit en raison d'un déficit lié à une maladie préexistante, soit à un traitement, une chimiothérapie en cours par exemple. Il faut enfin souligner le rôle de l'âge : 90 % des décès s'observent chez les patients de plus de 65 ans.

La mortalité a été évaluée en fonction des sources actuellement disponibles et l'estimation a beaucoup varié, car les chiffres produits n'étaient pas toujours comparables – ni toujours absolument fiables : située à 3,4 % par l'OMS en compilant des données internationales, elle serait en France plus proche 0,6 %. De cette faible mortalité, si on la compare aux grippes saisonnières, on ne doit cependant pas conclure, comme l'ont fait à la légère certains commentateurs, que cette épidémie n'est pas grave – ce que l'on a entendu dire au début, quand on parlait de « grippette » – car sa contagiosité importante (son R0) change la donne : si le pourcentage de létalité demeure faible, appliqué à une population de plusieurs millions de personnes, elle engendre des dizaines de milliers de morts.

Diagnostic de la maladie

Dans toute maladie infectieuse, le diagnostic dit « de certitude » est apporté par des tests biologiques, s'il en existe. Il en est de même pour la Covid19 : certains tests existent déjà, mais leur disponibilité est encore restreinte.

Rappelons qu'il existe deux types de tests bien distincts :

- Les tests virologiques (PCR), qui mettent en évidence l'ARN du virus et signent une infection actuelle. Ce sont donc des tests diagnostiques qui joueront un rôle important dans la phase de déconfinement, pour repérer les clusters et reconnaître les sujets infectés ;
- Les tests sérologiques, dont il existe plusieurs variétés, certains étant réalisés en laboratoire de biologie médicale, d'autres étant des « auto-tests » (les TROD) dont la validation est en cours par les autorités de santé. Ils ne permettent pas de

certifier une infection en cours, mais, selon leur technologie particulière, de trouver des anticorps pouvant témoigner d'une infection récente, ou des anticorps neutralisants qui conférant théoriquement une véritable protection contre l'infection. Leur place dans la stratégie de prise en charge du déconfinement devra être précisée. Leur intérêt épidémiologique à terme sera en tout cas indéniable.

Au plus haut de la phase épidémique, un diagnostic d'imagerie par scanner s'est en partie substitué au diagnostic de certitude biologique : l'atteinte respiratoire donne en effet un tableau très évocateur. Il faut du reste souligner que, pendant cette même phase, beaucoup de patients atteints ne furent pas hospitalisés. On s'est alors fondé sur une approche probabiliste : en période de pic épidémique, tout tableau clinique compatible avec la Covid19 était étiqueté comme tel et pris en charge en conséquence.

Traitements disponibles

Dans les formes modérées, seul un traitement symptomatique est envisageable : contre la douleur et la fièvre, essentiellement.

Dans les formes ayant nécessité une entrée en réanimation, outre les mesures générales dans de tels cas, c'est la lutte contre l'asphyxie qui est au premier plan, depuis le simple apport d'oxygène par un masque, jusqu'à la ventilation assistée et profonde, pouvant nécessiter l'anesthésie du patient.

Un débat, où les considérations purement scientifiques n'ont malheureusement pas toujours primé, s'est élevé au sujet des traitements médicamenteux, préventifs ou curatifs. Cette préoccupation était évidemment légitime, mais elle nécessitait de se fonder sur des études contrôlées et des essais cliniques satisfaisant aux exigences méthodologiques et critiques de la médecine moderne. Le contexte d'urgence invoqué par certains pour prescrire des traitements téméraires, dont l'efficacité était justement problématique et les possibles effets adverses parfois connus, ne pouvait justifier d'abandonner aussi brutalement les principes qui gouvernent heureusement de nos jours les progrès constants de la thérapeutique en médecine humaine. Le cas de la choloroquine est exemplaire : le résultat final de toutes les études menées montre que les autorités de santé semblent avoir eu raison de ne pas admettre que, dans une sorte d'aventurisme médical motivé par la panique, on ait mis à bas les exigences méthodologiques que plusieurs décennies de succès ont consacrées (même si la recommandation initiale semblait bien plus mesurée que l'interprétation qui en a été faite). Une controverse prospère encore autour de la choloroquine ou de ses dérivés, un antipaludéen de synthèse possédant in vitro – c'est-à-dire en laboratoire – un pouvoir antiviral, mais également connu pour son action anti-inflammatoire mise à profit dans certaines maladies chroniques. Le 23 mai 2020, le ministre français de la Santé a demandé au Haut Conseil de santé publique (HCSP) de reconsidérer l'autorisation provisoire qui avait été donnée de prescrire, de façon encadrée, ce médicament contre le virus, dans l'attente du résultat des études.

Des dizaines de molécules ont été testées et le seront encore – sachant que nombre de virus sont peu accessibles aux traitements médicamenteux simples. De toutes les études publiées à ce jour, le plus souvent dans des revues médicales « peer reviewed » – c'est-à-dire garantissant la rigueur scientifique des procédures utilisées – il ressort qu'aucun traitement actuellement connu ne semble vraiment en mesure de modifier sensiblement l'évolution d'une Covid19, ni du reste d'en prévenir l'apparition.

Divers espoirs ont été suscités par des antiviraux classiques ou plus récents, sans résultat réellement probant au moment où l'on écrit ces lignes. Des données très récentes semblent cependant favoriser l'un d'eux, le tocilizumab, mais ces données préliminaires nécessiteront sans doute des confirmations plus solides. Des molécules appartenant à d'autres classes pharmacologiques, et notamment à visée anti-cytokinique – les cytokines étant des facteurs impliqués dans l'inflammation majeure si préjuciable dans les formes graves – sont encore à l'étude. Des essais sont également en cours avec du plasma de patients guéris – susceptibles de contenir des anticorps spécifiques dirigés contre le coronavirus. On notera qu'on semble de plus en plus s'acheminer vers des processus de bi ou tri thérapies, tant la géométrie variable du virus, qu'il s'agisse des populations ciblées ou des organes atteints, semble montrer une capacité d'adaptation inédite, et sans mutation génomique majeure. Et notamment d'avoir particulièrement ciblé les travailleurs essentiels, ceux du front, médical comme logistique. Plus jeunes, moins favorisés, issus des minorités.

Les questions en suspens

Deuxième vague.

Une épidémie évolue classiquement en quatre phases, la dernière étant celle de sa disparition. Elles produisent, selon le nombre de personnes atteintes et de nouveaux cas journaliers, une courbe en cloche :

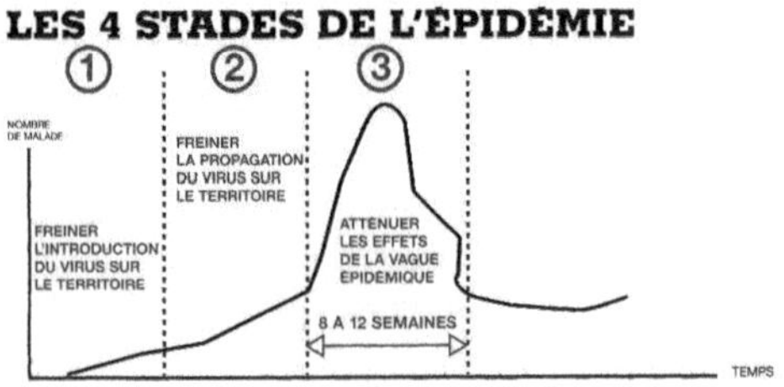

(Source : France24)

À chaque phase de la courbe, une stratégie différente est appliquée. Depuis le 11 mai 2020, la France est entrée dans la phase de déconfinement progressif (le confinement strict ayant été la réponse adoptée pour contrer le virus pendant la phase 3). Plusieurs options s'ouvrent désormais afin de juguler une hypothétique, mais toujours possible, « deuxième vague ».

Ce rebond épidémique est classique et s'est souvent observé au cours de l'histoire. Il est a priori imprévisible – car à tout moment, cette épidémie peut aussi s'évanouir plus ou moins brutalement. La diminution de la circulation du virus, uniquement liée au confinement de six semaines, ne l'a nullement éliminé : il circule toujours au sein de l'ensemble de la population, mais d'une façon atténuée.

Trois facteurs principaux pourront jouer :

– La saisonnalité, classique dans les viroses respiratoires, est parfois invoquée pour inspirer un relatif optimisme. Il faut cependant retenir, en premier lieu, que cette variation saisonnière, avec une nette atténuation au cours de l'été, ne s'est pas toujours observée dans les pandémies. En outre, le virus circule activement et s'est répandu dans des pays d'Asie du Sud-Est, mais aussi au Brésil, durement touché, et dans certains pays d'Afrique – bien que les données soient encore fragmentaires en l'état actuel des choses : la température n'est donc pas, à ce jour, un facteur déterminant à l'égard de ce coronavirus. Il est clair qu'on ne peut se reposer sur cette hypothèse, certes parfaitement acceptable sur le plan théorique, mais parfaitement aléatoire néanmoins.

- De fait, la simple levée du confinement va mécaniquement relancer les contaminations. Pour les maîtriser, la compliance du public à l'égard des recommandations des autorités sanitaires est donc une donnée majeure pour l'avenir à court terme : le respect des gestes barrières, de la distanciation physique et le port du masque – que l'Académie de médecine a recommandé en toutes circonstances – contribueront significativement à l'extinction de l'épidémie. C'est cependant, là encore, une donnée incertaine compte tenu de la réaction d'une partie de la population au sortir d'un long confinement, et des blocages psychologiques ou idéologiques qui s'observent ici ou là.
- Une arme nouvelle, qu'il n'a pas été possible de déployer au commencement de l'épidémie en France – à la différence de ce qui s'est produit dans d'autres pays – est la lutte active contre la transmission en brisant les chaînes de contamination et démantelant les « clusters », c'est-à-dire les nouveaux foyers de l'infection. Cette lutte repose sur le testing de tous les sujets symptomatiques – un dépistage plus large et plus systématique n'étant pas envisageable en l'état –, puis la recherche, le « traçage » des personnes ayant été en contact récent avec eux, et enfin l'isolement de ces dernières dans une quatorzaine encadrée. Une telle politique a des chances d'aboutir si elle peut être menée avec rigueur pendant une durée suffisante, ce qui suppose une logistique adaptée sur tout le territoire, une disponibilité réelle des tests, la possibilité concrète d'offrir des options de quatorzaine, et enfin l'acceptation de cet isolement temporaire par les personnes concernées. En quinze jours de déconfinement, des dizaines de clusters ont été détectés et traités, mais ils reposent sur le repérage initial de cas symptomatiques. Combien d'autres sont-ils encore, à ce jour, silencieux ?

On a souvent évoqué « l'immunité collective » ou de groupe, qui correspond en effet à une donnée épidémiologique connue. Au-delà d'une certaine proportion de la population déjà infectée, ayant donc développé des anticorps naturels contre le virus, ce dernier ne trouve plus suffisamment de portes d'entrée pour se répandre, et sa diffusion s'interrompt – l'épidémie avec elle. Toutefois, cette proportion, classiquement évaluée à 50-60 % de la population, est telle qu'elle aurait déterminé, compte tenu d'une mortalité qualifiée de « faible », à 0,6 % environ en France, plusieurs centaines de milliers de morts sur de longs mois : c'est une issue à la fois illusoire et inacceptable. De plus, si le renforcement d'immunités individuelles semble se confirmer, des réactivations du virus ou des effets secondaires de très longue durée nécessitent d'être prises en compte. Et jusqu'à présent, aucun dispositif connu n'a permis de constater une « immunité collective » pour des coronavirus.

En outre, deux facteurs sont ici à prendre en compte : le premier concerne le pourcentage de diffusion pour atteindre l'immunité collective ; des études récentes, à confirmer, suggèrent qu'il pourrait être moindre pour le SARS-Cov2 – on a évoqué environ 30 %, notamment en raison d'une possible immunité croisée avec d'autres coronavirus ayant déjà circulé dans la population. Toutefois, et c'est le second point, tout repose aussi sur la qualité de l'immunité acquise par l'infection naturelle, en particulier l'apparition d'anticorps neutralisants, véritablement efficaces contre la réintroduction du virus dans le même organisme, et sur la durabilité de cette immunité acquise. Ces points sont encore profondément incertains en ce qui concerne la Covid19.

Vaccination.

La clé de l'avenir est évidemment détenue par le vaccin éventuel que l'on pourra développer.

Depuis le début de la pandémie, de nombreux projets de recherche ont été mis en œuvre, adoptant des points de vue différents. Le développement d'un vaccin – on n'en a jamais développé contre un coronavirus – demande en moyenne douze à dix-huit mois et se heurte parfois à des obstacles liés aux particularités structurales du virus. Il devra surtout produire ces fameux anticorps neutralisants sans lesquels aucune efficacité n'est possible. Rien n'est donc acquis à court terme.

Toutefois on a de bonnes raisons de penser que des vaccins expérimentaux seront disponibles dans le cours de l'année 2021. Si un ou plusieurs candidats-vaccins finissent par s'imposer, il restera à régler les problèmes liés à leur coût – et donc à leur financement – et aux modalités de vaccination de la population-cible, en tenant compte notamment en France de l'existence d'un lobby « antivax », souvent irrationnel, mais puissant et organisé, qui fait des ravages dans une opinion publique déjà déboussolée par les querelles entre médecins au sujet de l'épidémie et de son traitement. Selon une enquête récente, un quart environ de la population française refuserait cet éventuel vaccin. Une sorte d'écho de l'épisode américain de 1976 contre la peste porcine, qui mobilisa massivement les États-Unis contre une pandémie qui n'aura pas lieu, en accélérant sans grand respect des protocoles la mise au point d'un vaccin qui provoquera des effets secondaires rares, mais spectaculaires. Il faut noter que lors de précédents épisodes épidémiques (notamment le VIH), les traitements se sont fortement améliorés sans qu'un vaccin soit encore trouvé.

Syndromes post-covid.

La pandémie une fois jugulée, un nouveau chapitre de la pathologie risque de s'ouvrir : ce que l'on peut nommer les « syndromes post-Covid ».

On a rapporté au cours de la progression de la pandémie plus d'une centaine d'observations d'un syndrome inflammatoire a tropisme vasculaire, proche de la maladie de Kawasaki, chez des enfants dont une proportion significative avait été infectée par le SARS-Cov2, sans du reste développer de forme grave – laquelle est exceptionnelle chez les sujets très jeunes. Les données encore fragmentaires doivent être étudiées et confirmées. De nouveaux cas apparaîtront peut-être, nous faisant découvrir peut-être sur le long terme les effets prolongés d'une infection hors-norme.

De même, plusieurs équipes médicales ont signalé, cette fois plutôt chez des femmes de quarante ans et plus, un syndrome mal défini, associant notamment gêne respiratoire, oppression thoracique, tachycardie. Tous ces patients, actuellement indemnes de toute infection, avaient développé préalablement une Covid19. La nature et les causes de ce syndrome sont à ce jour inconnues.

De plus, de nombreux malades subissent durant de longues semaines des effets secondaires de toutes natures qui démontrent que ce virus est aussi une infection de longue durée.

Enfin, il faut rappeler qu'une surmortalité a été observée en France depuis le début de la période épidémique, en dehors des morts directement attribuables à la Covid19. Il s'agissait de personnes porteuses d'affections chroniques diverses (diabète, cancers, maladies cardio-vasculaires) nécessitant un suivi médical régulier, que la situation sanitaire avait éloignées de leurs médecins et qui ont aggravé leur état. Le bilan de cette « deuxième vague » non infectieuse ne pourra être fait que dans les semaines et les mois à venir.

La seule certitude acquise à la fin du mois de mai 2020, au moment où la rédaction de cet ouvrage s'achève, est le bilan provisoire suivant :

- Plus de sept millions de personnes dans le monde ont été officiellement touchées par le virus, ayant occasionné plus de 400 000 décès. En France, on compte plus de 150 000 cas confirmés – en réalité bien davantage, si l'on considère une mortalité de à 0,6 %. Il faut en effet souligner que ces chiffres de cas confirmés ne représentent en fait qu'une faible fraction du nombre réel de personnes atteintes, notamment parce que, dans environ 50 % des cas, l'infection est totalement inapparente. En outre, les chiffres provenant de certains pays, dont la Chine, doivent être pris avec prudence.
- Plus de trois cent mille malades ont trouvé la mort dans le monde, dont environ trente mille en France – dans ce décompte, ne sont pas inclus un certain nombre de décès à domicile, les patients concernés n'ayant pas été admis en milieu hospitalier. En dehors de la Chine qui a connu officiellement moins de cinq mille décès, ce qui ne laisse d'interroger, les États-Unis en sont à près à 100 000 décès dus à la maladie Covid19 et le Brésil comptera plusieurs dizaines de milliers morts au sortir de l'épidémie. Et que ses effets, en Afrique, en Inde, et dans les pays qui pensent être immunisés « nationalement » se feront sentir de manière décalée.

UNE GESTION DE CRISE
À GÉOMÉTRIE VARIABLE

La chronologie d'une crise est souvent le seul élément rationnel permettant d'en détecter l'émergence, l'évolution, la trajectoire, et éventuellement la disparition. Et par la même de valider les mesures prises pour y répondre eu égard aux connaissances de l'époque.

C'est ce processus, contrôlable et vérifiable à tout moment, qui offre les meilleures capacités d'évaluation de la réponse publique à la pandémie subie en 2019/2020.

Une chronologie détaillée de la crise 2019/2020

18-27 octobre 2019. Les jeux mondiaux militaires rassemblent près de 10 000 sportifs sous l'uniforme, provenant de 110 pays à Wuhan. Un certain nombre d'athlètes indiqueront plus tard avoir connu des symptômes proches du COVID 19.

16 novembre 2019. Une étude rétrospective française à Colmar identifie un premier patient, cinq mois avant la date officiellement retenue pour le début de la pandémie sur le territoire national.

17 novembre 20. Le patient 1 chinois (le patient zéro est encore inconnu), un homme de 55 ans, est identifié rétrospectivement – 37 jours avant l'alerte donnée par la docteure Ai Fen, directrice du service des urgences de l'hôpital central de Wuhan, qui le signalera le jour de Noël au Docteur Li Wenliang, lequel diffusera le **30 décembre 2019** à 17 h 43 puis 18 h 42 sur Wechat (réseau social chinois très populaire), l'information qui sera ensuite rendue publique par Pékin, le lendemain (soit 24 heures de délai seulement).

16 décembre 2019. Une patiente admise dans un hôpital de Wuhan pour une pneumonie fait l'objet d'un examen approfondi. Un virus de type SARS est identifié.

21 décembre 2019. Des échantillons de même type sont prélevés sur quatre, puis une vingtaine de nouveaux cas.

27 décembre 2019. Le laboratoire VisionLabs séquence ce virus encore inconnu et l'apparente au SARS. À la demande de la municipalité de Wuhan, les échantillons seront détruits. En France, le premier patient COVID-19 est admis à Bondy. Il ne sera détecté qu'en mai 2020 après une analyse approfondie de ses prélèvements.

30 décembre 2019. La docteure Ai Fen reçoit le message suivant concernant le deuxième (le premier était arrivé le 18 décembre, le second le 27 du même mois) de ses malades soignés pour infection pulmonaire : « Coronavirus. SARS. 46 bactéries » et le diffuse sur son WeChat. La reprise de l'information sur WeChat par le docteur Li Wenliang permet de largement répandre l'information sur l'apparition d'un nouveau coronavirus. Le CDC chinois à Beijing est officieusement informé.

31 décembre 2019. La commission de la santé de Wuhan publie un communiqué sur la situation et l'OMS est informée.

3 janvier 2020. La revue Science puis la BBC signalent un *mystérieux virus* à Wuhan et souligne qu'il pourrait s'agir d'un Coronavirus. Les médecins de Wuhan sont interpellés et condamnés pour propagation de fausse nouvelle. (Ils ont été réhabilités le 4 février par la Cour Suprême de Chine.)

6 janvier 2020. Alerte médicale à Taiwan. Mesures de contrôle des visiteurs et traçage des cas.

8 janvier 2020. *Sciences et Avenir* publie son premier article : « Ce virus d'origine inconnu ».

9 janvier 2020. Premier décès officiel à Wuhan d'un malade du COVID-19.

11 janvier 2020. Signalement d'une infection d'infirmière à l'hôpital central de Wuhan. Instruction par les autorités locales de truquer le diagnostic.

12 janvier 2020. L'OMS déclare l'existence d'un nouveau coronavirus en Chine. Elle le nomme 2019-nCoV et considère « *qu'il n'y a pas de preuve évidente de transmission interhumaine* ». La Chine partage la séquence complète du génome du nouveau coronavirus, qui sera séquencé en France par l'Institut Pasteur le 31 janvier. La Chine diffuse un premier séquençage génétique du virus.

13 janvier 2020. Un premier patient de 61 ans décède à Wuhan, et un premier cas importé de Wuhan est découvert en Thaïlande.

14 janvier 2020. Première alerte du ministère de la Santé en France.

15 janvier 2020. La commission de la santé de Wuhan indique pour la première fois que : « La possibilité d'une transmission limitée entre humains ne peut être exclue, mais le risque d'une transmission interhumaine continue est relativement faible. »

18 janvier 2020. Le PC de Wuhan organise une grande fête populaire.

20 janvier 2020. L'envoyé spécial du Président XI à Wuhan, le professeur Zhong, signale publiquement que la Mairie de Wuhan a menti sur l'ampleur de l'épidémie. Début du filtrage des visiteurs chinois à Taiwan, mesures de test généralisé et de confinement ciblé de la population. Wuhan, puis une grande partie de la province du Hubei (environ 60 millions d'habitants) sont placés en quarantaine. Derniers avions français en provenance de Wuhan sans contrôle.

21 janvier 2020. La ministre française de la Santé déclare : *« Le risque d'introduction en France est faible, mais ne peut être exclu. »* Première hospitalisation d'un américain de retour de Chine aux États-Unis.

22 janvier 2020. Une équipe chinoise signale dans *Journal of Medical Virology* que le « 2019-nCoV » pourrait infecter l'humain. **Le même jour**, Wuhan est mise en quarantaine, mais deux jours seulement avec le Nouvel An chinois, alors que des millions de Chinois circulent déjà dans tout le pays et hors de ses frontières.

24 janvier 2020. L'OMS publie un communiqué lénifiant et ne recommande aucune *unecessary restriction* au trafic international.... Elle demande toutefois « *à tous les pays* » de mettre en place des mesures pour détecter les cas dans les arrivées de voyageurs en provenance de Chine. Ouverture officielle des congés du Nouvel An chinois (du 24 au 29 janvier). **Le même jour**, en France, l'INSERM publie une étude sur les risques de diffusion du Coronavirus en France... La ministre indique que : « *Le risque d'importation depuis Wuhan est quasi nul, le risque de propagation du coronavirus dans la population est très faible.* » Quelques heures plus tard, le ministère de la Santé signale les trois premiers cas en France. L'un des patients, d'origine chinoise, décédera à Paris le 14 février.

28 janvier 2020. Vœux à la presse de la ministre de la Santé. Pas un mot sur le coronavirus.

30 janvier 2020. Le comité d'urgence de l'OMS propose de lancer une Urgence de santé publique de portée internationale (pour la sixième fois dans son histoire). **Le même jour** une étude allemande publiée par le NEJM indique la possibilité de patients asymptomatiques. Mais le document est fortement critiqué et retiré. Seuls les docteurs Fauci aux États-Unis et son correspondant chinois indiquent croire fortement à cette hypothèse.

31 janvier 2020. Rapatriement de centaines de français en provenance de Chine. Ils sont mis en quatorzaine.

5 février 2020. La revue *Science* souligne la présence d'une forte proportion de patients asymptomatiques sur 565 Japonais rapatriés de Wuhan et testés à leur retour. Le risque d'une pandémie majeure est souligné…

15 février 2020. Grande célébration religieuse baptiste à Mulhouse. Point de départ de l'épidémie dans l'est de la France et de diffusion sur le territoire.

11 Mars 2020. L'Italie entre en confinement.

15 Mars 2020. Premier tour des élections municipales en France.

16 mars 2020. Fermeture de tous les établissements scolaires et universitaires en France.

17 mars 2020. Annonce du confinement en France.

8 Avril 2020. Levée progressive du confinement à Wuhan.

11 Mai 2020. Sortie progressive du confinement en France.

Indicateur de mortalité cumulée (SPF)

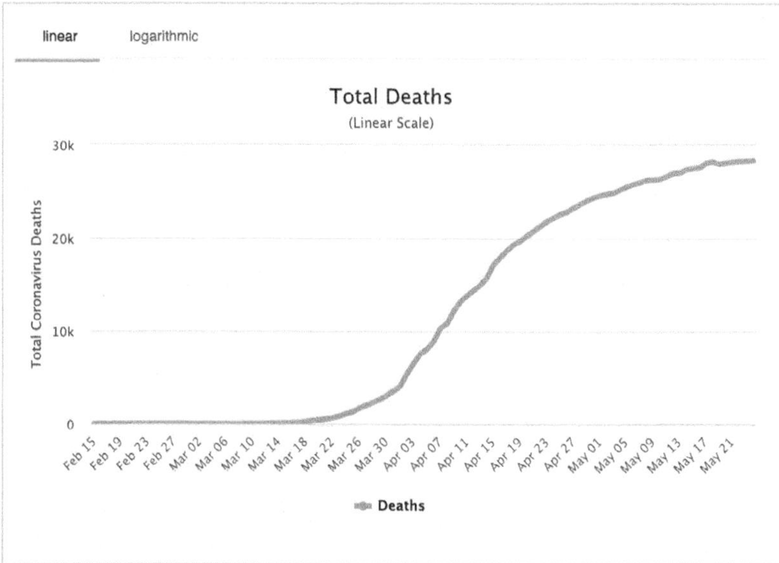

Indicateur de mortalité quotidienne (SPF)

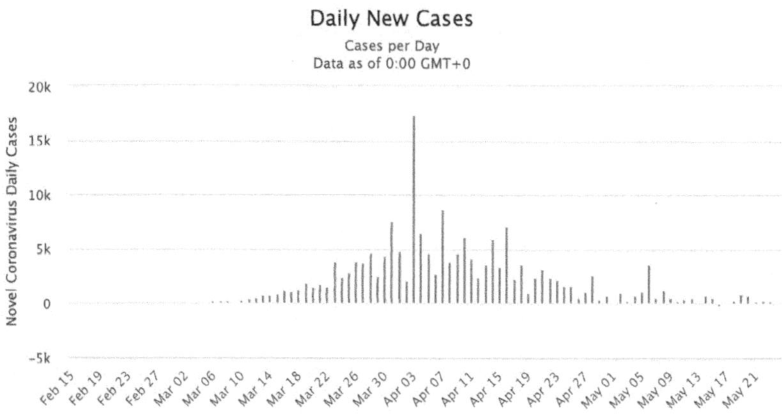

Indicateurs de surmortalité en Europe (EuroMomo)

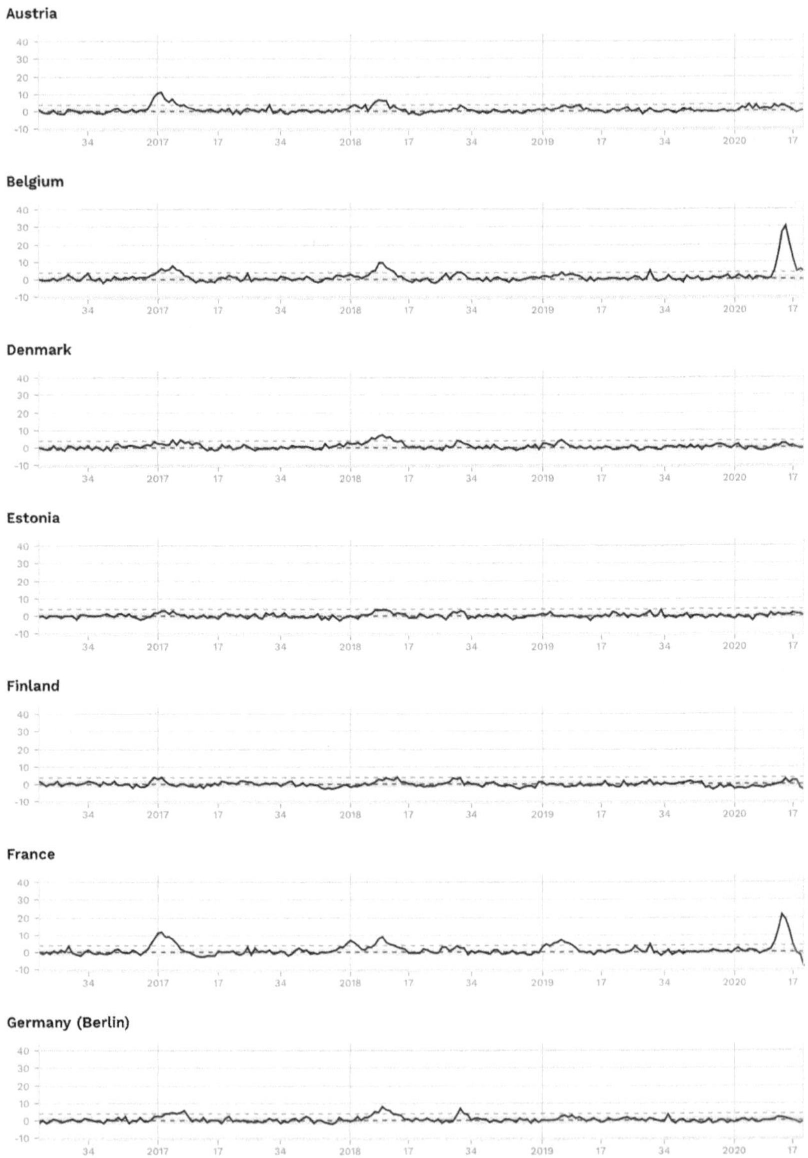

Greece

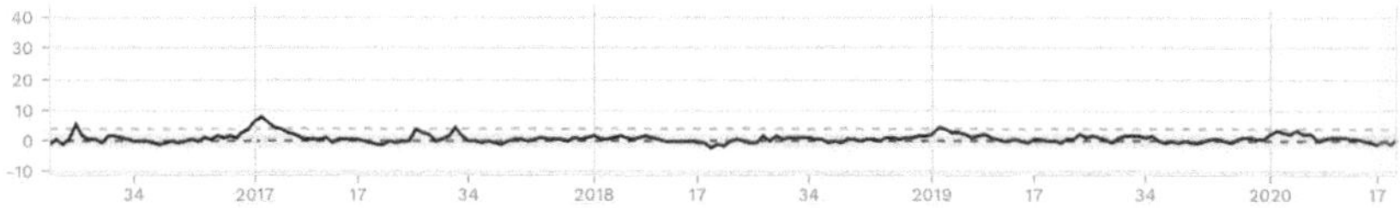

Hungary

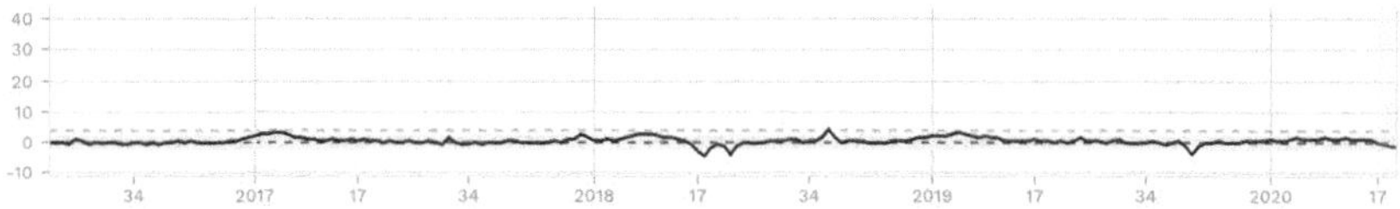

Ireland

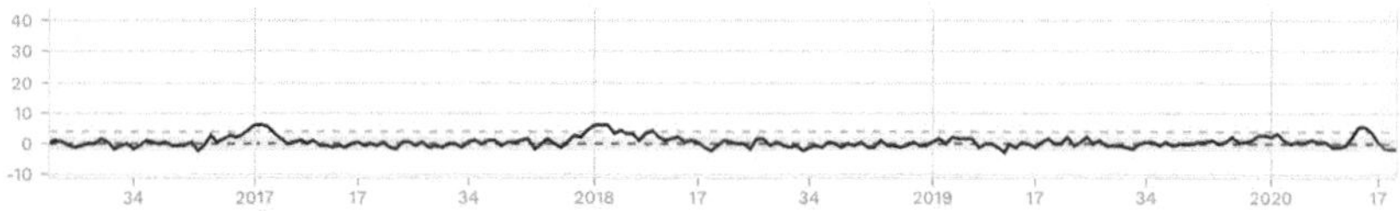

Italy

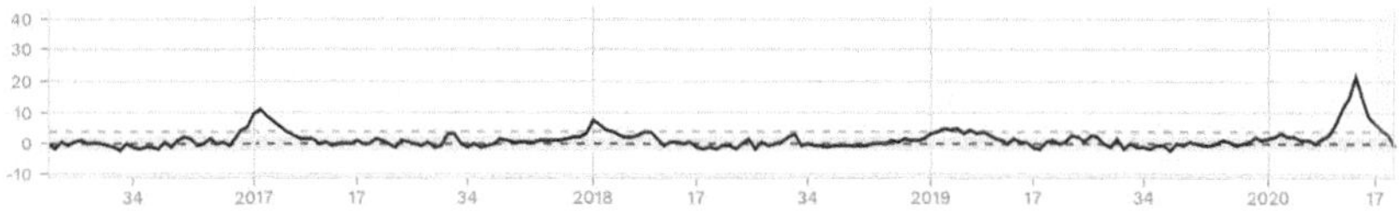

Luxembourg

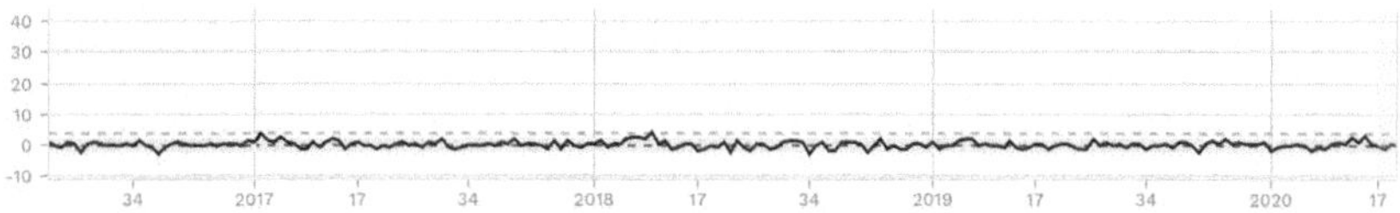

Malta

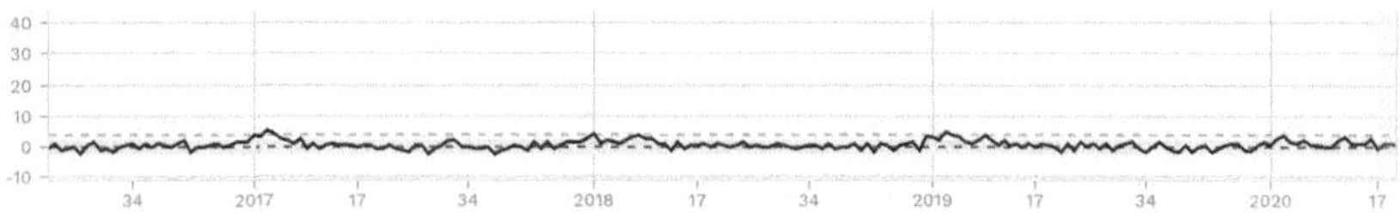

Netherlands

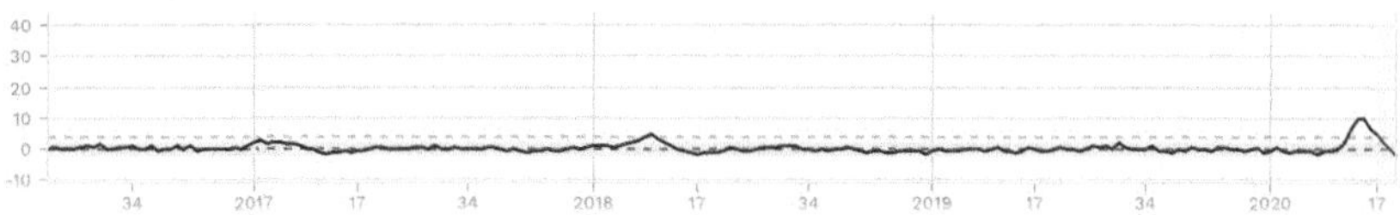

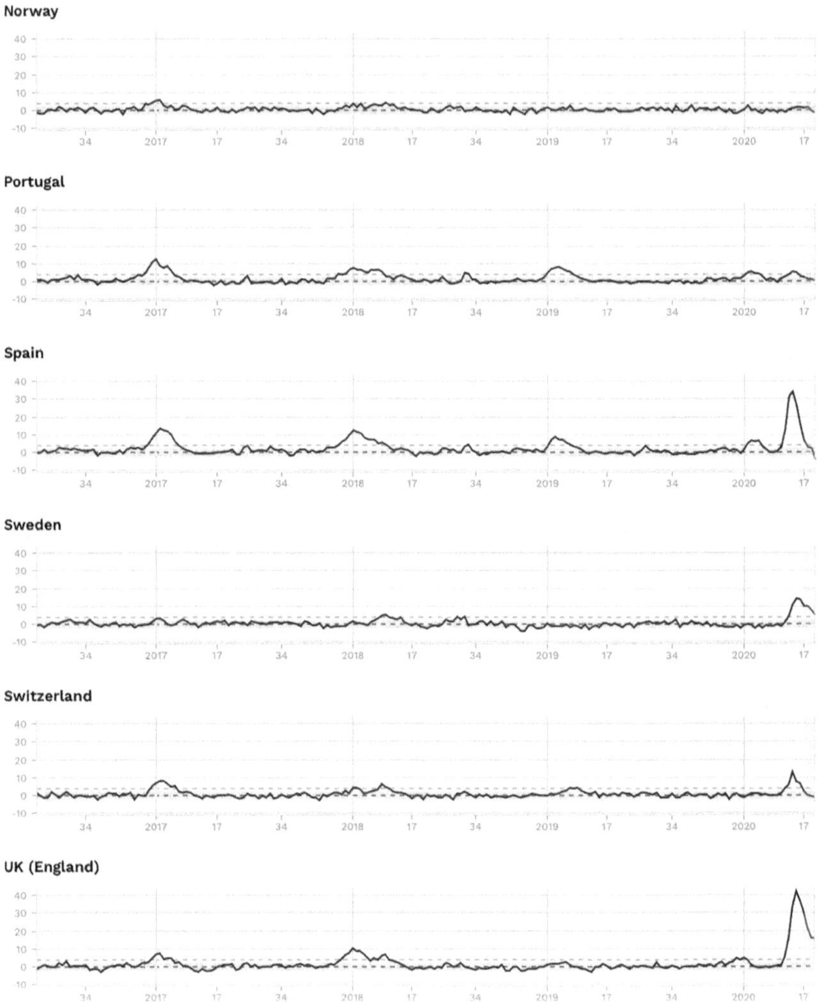
Norway
Portugal
Spain
Sweden
Switzerland
UK (England)
40
30
20
10
0
-10
34
2017
17
34
2018
17
34
2019
17
34
2020
17

HISTOIRE D'UNE PANDÉMIE ANNONCÉE
Des documents pour comprendre

C'était le 30 janvier 2020. Le professeur était d'humeur chagrine. Il venait d'envoyer l'estimation qu'il avait finalisée avec son alter ego américain. Elle projetait une pandémie mondiale de grande ampleur.

Il l'avait diffusée à son réseau académique, et parmi celui-ci, à un collègue et ami des Arts et Métiers. Une vieille institution qui continuait de rassembler des universitaires de carrière et des experts professionnels pour enseigner tout au long de la vie. Depuis la Révolution française, l'Abbé Henri Grégoire avait permis qu'on y enseigne tout ce dont l'université classique ne voulait pas. À peu près donc tout ce qui n'était pas le droit canon, la médecine non-intrusive ou la philosophie. Chimie, Mécanique, Physique, Technologie, Gestion, Criminologie y avaient trouvé leur place. Un certain Louis Pasteur y terminera ses études.

Le confrère du professeur suivait le dossier chinois avec beaucoup d'attention. Il enseignait en Chine, avait participé au programme de préparation des Jeux olympiques de Beijing, et gardé de très bonnes relations avec l'entourage du Président Xi dont on disait qu'il l'avait rencontré avec des mandarins du régime chinois juste avant son arrivée au pouvoir. Il aurait aussi travaillé à la coopération antiterroriste entre la France et la Chine sous plusieurs administrations. Il trouvait souvent que son collègue, qui était autant connu pour son intelligence que son caractère impétueux, exagérait. Il se décida toutefois à transmettre ces quelques feuillets de calculs mathématiques et statistiques à des collègues épidémiologistes puis à ses contacts dans la communauté du renseignement.

Certes, la présidence Hollande avait démantelé l'outil de détection précoce inventé par Jacques Chirac (qui s'amusait à l'appeler IRMA), fortement développé par Nicolas Sarkozy, et maintenu en semi-clandestinité par l'action conjuguée de Manuel Valls et Jean-Yves Le Drian, avant d'être définitivement oublié par le « Nouveau Monde ». Mais il restait un peu partout des responsables de l'État qui gardaient un lien avec des éléments de cette équipe brillante et diverse, d'origines et d'opinions multiples, qui avait autant intrigué l'administration Obama que celle du futur Président chinois.

Une sorte de réseau international de prévention et de gestion des crises s'était informellement mis en place depuis le début des années 2000. Ensemble ils avaient vécu le 11-septembre, les attentats, les épidémies, la montée des périls aussi bien dans les mondes virtuels que dans la réalité physique. Ils savaient qu'il n'y avait plus besoin de passer un miroir pour que les conséquences des actions menées dans les uns passent dans l'autre, et rarement pour le meilleur. Chacun faisait semblant d'ignorer les dures nécessités de protection de sa souveraineté nationale respective pour travailler sur des sujets communs. L'antiterrorisme les avait rapprochés et la plupart des crises de l'après 2001 n'avaient pas démenti ce besoin de coopération globale. Chinois, Américains et Français sentaient venir la crise épidémique. Chacun faisait face à sa propre culture administrative. Comme le disaient amusés les Américains aux Français : « Vous avez inventé la bureaucratie. Nous l'avons beaucoup perfectionnée. »

Américains et français avaient donc décidé d'aborder en douceur et pédagogiquement le sujet de ce nouveau Coronavirus, y compris avec leurs propres administrations.

Bien que poliment, parfois avec un moment de gêne, mais intrigués malgré tout, leurs interlocuteurs en activité dans les différents appareils des États, ne crurent ni les chiffres ni les projections pandémiques. On vivait encore dans l'option « Grippette ».

Pourtant, comme pour les activités terroristes d'avant 2001, les États n'avaient pas manqué d'alertes ni d'outils. Mais ils n'en avaient guère tenu compte, ou avaient oublié. Comme souvent, la compilation tue l'analyse.

Dans les années 70, des plans opérationnels de gestion de crise avaient été préparés avec les développements du terrorisme contemporain ou de l'épisode douloureux de la grippe de Hong Kong. Ils dormaient tranquillement dans les coffres-forts des ministères régaliens. Plus personne ne les consultait. Leur mise à jour ne passionnait pas les foules. Leur coût potentiel affolait les comptables. En gestion de crise aussi la mode emporte la compétence.

Un épisode oublié : la campagne contre la peste porcine de 1976 aux États-Unis.

Comme le rappelle Michael Rosenwald, dans le *Washington Post* le 1er mai 2020, la dernière fois que le gouvernement a cherché un vaccin « à vitesse de distorsion », ce fut un fiasco.

Gerald Ford était président. C'était en 1976. Au début de cette année-là, une nouvelle souche mystérieuse de grippe porcine apparut à Fort Dix dans le New Jersey. Un soldat était mort et beaucoup d'autres gravement malades. Les meilleurs médecins spécialistes des maladies infectieuses du pays étaient en alerte. « Ils étaient bien conscients des ravages de la grippe de 1918, et ce virus semblait être étroitement lié », a écrit Max J. Skidmore dans son livre *Présidents, pandémies et politique*. « Les responsables s'inquiétaient d'une répétition de la tragédie, ou de la menace d'une pandémie peut-être encore plus virulente. »

Ford s'empressa de trouver une réponse, en consultant Jonas Salk et Albert Sabin, les scientifiques à l'origine du vaccin contre la polio. Fin mars, il annonça un plan audacieux pour que le gouvernement fédéral produise le vaccin et organise sa distribution. Chaque Américain, promettait M. Ford, allait être vacciné.

Le gouvernement n'avait jamais tenté une telle entreprise, tant par son ampleur que par sa rapidité.

Presque immédiatement, ce fut le chaos. Selon M. Skidmore, professeur à l'université du Missouri à Kansas City, les assureurs étaient préoccupés par la responsabilité et refusaient de couvrir les coûts. Les fabricants avec lesquels le gouvernement voulait s'associer avaient des préoccupations similaires, ce qui incita le Congrès à adopter une loi d'exonération de responsabilité.

Un fabricant produisit deux millions de doses avec la mauvaise souche. Au fur et à mesure des tests, d'autres problèmes scientifiques apparurent – même s'il y avait peu de signes, voire aucun, qu'une pandémie était en train de se matérialiser. En juin, les tests montrèrent que le vaccin n'était pas efficace chez les enfants, ce qui provoqua une querelle publique entre Salk et Sabin, pour savoir qui devait être vacciné.

Mais Ford n'en fut pas découragé. Il ordonna la poursuite du programme de vaccination, annonçant des plans visant à vacciner un million de personnes par jour d'ici l'automne – un calendrier sans précédent que le gouvernement eut du mal à respecter.

Et puis d'autres problèmes apparurent. On signala des décès sporadiques qui pouvaient être liés au vaccin. Des cas de syndrome de Guillain-Barré firent également leur apparition, et sont encore cités aujourd'hui par le mouvement anti-vaccins. La panique s'installa, des dizaines d'États interrompirent les vaccinations.

En décembre, le programme tout entier fut arrêté. Presque immédiatement, à la manière de Washington, les scientifiques et les représentants du gouvernement se retournèrent les uns contre les autres, avec des allégations selon lesquelles Ford avait agi de manière imprudente, dans un but politique, sans savoir avec certitude si une pandémie allait se déclarer – un jeu de prédiction impossible, selon ses défenseurs.

« Si cela avait été le cas, a écrit M. Skidmore, le programme de vaccination contre la grippe porcine aurait été immédiatement rétabli. » L'analyse risque/bénéfice – un nombre relativement faible de cas de syndrome de Guillain-Barre contre une mortalité généralisée due à la grippe – aurait été différente.

Malgré les problèmes, M. Skidmore et d'autres historiens reconnurent la rapidité du programme face à la bureaucratie gouvernementale typique. L'infrastructure mise en place par l'équipe de Ford permit d'identifier rapidement les effets secondaires. Et finalement, Ford reçut le soutien initial des plus grands experts mondiaux en matière de vaccins – Salk et Sabin.

Le programme semblait « clairement avoir été fondé sur le souci du bien public », a écrit M. Skidmore, « et non sur un avantage politique ».

Le rapport Raoult sur le Bioterrorisme, 17 juin 2003

En 2001, le 11–septembre interpelle les gouvernements sur les capacités à endiguer un hyperterrorisme naissant. L'explosion de l'usine AZF souligne les enjeux de la protection des populations dans des espaces fortement industrialisés. Une alerte à l'Anthrax venue des États-Unis renforce les préoccupations.

Le 28 août 2002, les ministres Claudie Haigneré et Jean François Mattéi chargent le professeur Didier Raoult « une mission sur la lutte contre le bioterrorisme. Le voici :

Les maladies infectieuses et les épidémies ont joué jusqu'au XXe siècle un rôle majeur dans l'histoire humaine, représentant la plus grande cause de mortalité et occasionnant des épidémies qui ont changé le cours de l'histoire, depuis la peste d'Athènes qui a décimé la population athénienne pendant la guerre du Péloponnèse, la grande peste noire qui, au XVe siècle, a tué 30 % de la population européenne, puis le typhus pendant la campagne de Russie napoléonienne qui a été responsable d'environ la moitié des morts de la retraite de Russie, la grippe espagnole qui, en 1918, a tué autant que la Première Guerre mondiale (vingt millions de morts), jusqu'aux maladies transmises par les poux qui, pendant la guerre puis la révolution bolchévique en Russie, ont été à l'origine de trois millions de morts.

À côté de ces grandes épidémies, les maladies infectieuses ont trouvé de nouvelles opportunités dans les changements de notre écosystème et se sont particulièrement développées dans les hôpitaux sous la forme d'infections nosocomiales. L'hygiène, l'augmentation du niveau de vie dans les pays les plus développés, associées à la vaccination puis, à partir de la Seconde Guerre mondiale, à l'usage des anti-infectieux, ont fait reculer les maladies infectieuses et ont été corrélées à une augmentation spectaculaire de l'espérance de vie. Les maladies infectieuses en 1995 n'étaient plus responsables que de 30 % de la mortalité globale dans le monde. Toutefois, ce chiffre cache en réalité qu'elles restent la première cause de raccourcissement de vie, car elles frappent indistinctement les sujets jeunes et les sujets âgés, à la différence du cancer ou des infections cardiovasculaires.

L'effacement des grandes maladies infectieuses identifiées dans le courant du XXe siècle (recul de la tuberculose, disparition de la variole, quasi-disparition de la polyomyélite, de la diphtérie) a pu laisser penser que le problème était résiduel. Or, les épidémies sont des phénomènes chaotiques, mal prévisibles et mal contrôlables. Un changement radical s'est fait dans l'esprit de la population avec l'apparition du SIDA dans les années 1980 où on a vu apparaître une maladie dont l'ampleur ne cesse d'augmenter, qui s'est propagée extrêmement rapidement dans le monde entier et qui a constitué le paradigme de l'épidémie nouvelle totalement imprévue.

Depuis cette époque, et grâce à l'intervention aux États-Unis de l'Institute of Medicine, qui a défini le concept de maladies émergentes en 1992, une mobilisation de la communauté scientifique, essentiellement américaine, mais aussi internationale, s'est faite autour du problème des maladies infectieuses émergentes qui a permis en une vingtaine d'années l'identification de deux cents microorganismes pathogènes nouveaux, ceux-ci étant soit anciens, mais identifiés de façon récente grâce au progrès technique, soit entièrement nouveaux.

Cinq problèmes majeurs ont pu être identifiés :

1° – Les grandes épidémies que l'on croyait oubliées réapparaissent au cours des désastres sociaux, en particulier des guerres civiles, survenant dans le monde. Ainsi, dans les dix dernières années du XXe siècle, l'incidence mondiale de la peste a augmenté (singulièrement à Madagascar) ; le choléra qui avait été pendant longtemps limité à l'Asie et à l'Europe, s'est maintenant étendu au continent africain dans les années 1970 et au continent américain dans les années 1990 avec un nombre toujours croissant de cas et de morts. La diphtérie (pourtant bien contrôlée par la vaccination) a explosé dans les années 1990 dans l'ex-URSS après la baisse de la vaccination de même qu'en Algérie. Enfin, les maladies transmissibles par les poux sont réapparues ; la plus grande épidémie de Typhus depuis la Deuxième Guerre mondiale a commencé au Burundi, au Rwanda et au Congo et continue d'évoluer et la fièvre des tranchées s'est installée en zone urbaine dans les pays développés, y compris en France (Paris, Lyon et Marseille). Ainsi, on a pu constater le retour des grandes maladies infectieuses, témoignant d'une baisse du contrôle social et d'une baisse de la vigilance vis-à-vis de ces pathogènes. Les moyens de contrôle de ces maladies sont pourtant extrêmement simples, basés sur la qualité des services sociaux, la vaccination et la politique de gestion nationale de l'hygiène.

2° – Les infections nosocomiales se développent dans l'écosystème hospitalier. Dans ce domaine, la France se situe à une place particulièrement mauvaise, comparée aux autres grandes nations. On estime que 500 000 personnes souffrent d'infections nosocomiales par an dont 10 000 meurent.

3° – L'explosion des résistances des microorganismes aux antimicrobiens est préoccupante. Ainsi, des résistances sont apparues, y compris pour des microorganismes extrêmement banals, avec une course entre l'ingéniosité pharmaceutique humaine et les microorganismes qui n'a pas laissé de vainqueur définitif. Le staphylocoque est devenu au fur et à mesure des découvertes de l'industrie pharmaceutique successivement résistant aux Sulfamides, à la Pénicilline, aux Tétracyclines, aux Pénicillines antistaphylococciques et maintenant à la Vancomycine. Les bacilles pyocyaniques sont aussi devenus résistants dans un certain nombre de cas à tous les antibiotiques, à l'exclusion de la Colimycine. Les pneumocoques deviennent résistants aux antibiotiques de première ligne, Pénicilline et Macrolides. Ces microorganismes sont des agents banals d'infections qui étaient entièrement contrôlées ces dernières années. Enfin, le bacille tuberculeux présente un niveau de résistance croissant dans les pays de l'Est européen. L'augmentation rapide des résistances pose des problèmes très inquiétants. Elle résulte d'un équilibre entre microorganismes et prescription des antibiotiques. Celle-ci constitue incontestablement une pression de sélection qui favorise l'émergence de microorganismes résistants. Ces microorganismes sont ensuite éventuellement transmis de patient à patient de façon épidémique, soit directement soit, comme dans le cas du staphylocoque doré, par le truchement des soignants. La France est le pays où l'on prescrit le plus d'antibiotiques et où les niveaux de résistance aux antibiotiques sont les plus élevés.

4° – Le quatrième problème est celui de l'utilisation des microorganismes comme agent de bio-terrorisme. La première utilisation des microorganismes comme agent de guerre est extrêmement ancienne puisqu'elle remonte à l'utilisation en 1347 à Caffa par les Mongols de cadavres pestiférés, jetés par-dessus les murailles, pour infecter la population défendant la ville assiégée. Depuis, de nombreux microorganismes ont pu être proposés et ont bénéficié d'un début d'utilisation comme arme biologique. Ceci inclut, entre autres, les bactéries du typhus, de la brucellose, de la tularémie, du charbon et de la peste. Le traité de non-prolifération de 1972, signé par l'ensemble des pays, pouvait laisser espérer une disparition de l'usage de ces microorganismes comme arme de guerre. En réalité, il a été constaté en 1979 que les Russes avaient poursuivi leurs études sur le charbon à l'occasion d'une épidémie de charbon en Russie ayant entraîné une centaine de morts dans une ville qui comprenait un laboratoire militaire. Les autopsies de ces patients morts dans des tableaux de pneumonie, avec hémorragie cérébrale ont permis de mettre en évidence le bacille du charbon et le fait a été reconnu par Boris Eltsine en 1992. Par ailleurs, quelques cas de variole sont survenus chez les croisiéristes en déplacement sur la mer d'Aral, en face d'un laboratoire militaire russe. Ces cas de varioles étaient extrêmement graves, hémorragiques, et ont entraîné la mort de sujets vaccinés, sans que ces patients aient eu des contacts directs avec un sujet varioleux. Ceci laisse penser qu'ils ont été victimes d'un aérosol émanant du laboratoire militaire en question et que ce virus varioleux était particulièrement virulent. Ultérieurement, le bio-terrorisme a pris naissance avec la secte Aum au Japon. Celle-ci a utilisé le gaz sarin dans le métro et fait des tentatives d'utilisation du charbon, de la fièvre Q et de la toxine botulique. La guerre du Golfe a permis d'identifier des stocks de bacilles du charbon en Irak. Les informations récentes ont pu montrer que le réseau terroriste al-Qaïda proposait d'utiliser un certain nombre d'agents infectieux comme source de terrorisme. Enfin, quelques cas de charbon qui ont succédé à des envois postaux sont survenus aux États-Unis en 2001 et la découverte d'un stock de la toxine du ricin en Angleterre en 2003 ont concrétisé ce risque. La menace d'utilisation des agents bio-terroristes est plausible du fait que le coût de production des armes biologiques est de 2000 fois inférieur à celui des armes conventionnelles à efficacité comparable.

5° – La cinquième menace est celle de virus émergents. Les années 1970 ont permis de voir apparaître les virus des fièvres hémorragiques en Afrique et en Amérique du Sud (Lassa, Ebola, Machupo). Les épidémies ont été pour l'instant limitées, mais ont posé le problème de la manipulation d'agents extrêmement pathogènes, éventuellement contaminants par aérosols au laboratoire et qui, avec une mortalité brutale et fréquente, constitueraient une menace équivalente à celle de la grande peste du Moyen-Âge si la transmission interhumaine par aérosol devenait naturelle. Les années 1980 ont été celles du Sida et les années 1990 celles de l'hépatite C. Le risque actuel d'apparition de mutants de virus respiratoires, en particulier de la grippe, est le phénomène le plus redoutable. Un nouveau mutant grippal est apparu en 1999 à Hong Kong. Ce virus d'origine aviaire, fréquemment mortel, a rapidement pu être contrôlé, mais le prochain mutant grippal pourrait ne pas l'être. Le risque épidémique par les maladies transmises par voie respiratoire est extrêmement important, du fait de la densification de la population humaine. Actuellement, plus d'un milliard 600 millions d'hommes vivent dans des villes, dont 24 mégapoles de plus de dix millions d'habitants, la plupart se trouvant maintenant dans des pays de faible niveau économique. Entre 500 millions et un milliard de voyages par avion se dérouleront dans tous les coins de la planète au cours de l'année 2003, et la mutualisation d'un virus transmissible par voie respiratoire sera extrêmement rapide. Ce type d'événement, la mutation brutale puis l'introduction d'un virus d'origine animale dans le monde humain, sont des événements rares, chaotiques, mais qui peuvent avoir des conséquences extrêmement rapides et extrêmement dangereuses. Seule l'implantation durable de centres de recherche et de surveillance en pays tropical permettra la détection précoce de ces nouveaux agents.

Notre préparation face à ces événements chaotiques est faible ; ceci pour plusieurs raisons. Tout d'abord, parce que l'époque ne prête pas à la prévision d'événements catastrophistes (Cassandre est toujours ridicule !). Les besoins sociaux relayés par la presse sont des besoins immédiats ; ils répondent à des peurs spontanées qui sont rapidement chassées par d'autres peurs ou inquiétudes. Dans ces conditions, mettre en place un système qui permette d'éviter les conséquences dramatiques d'événements improbables et à long terme est extrêmement difficile. Il est même vraisemblable que cela soulèverait dans la presse des commentaires extrêmement négatifs dénonçant le catastrophisme, la paranoïa, voire le gaspillage. Pourtant, le coût des réactions en urgence est bien supérieur à celui de la prévention. Pour exemple, le coût généré par la prévention de l'infection par le nouveau variant de la maladie de Creutzfeld-Jacob (maladie de la vache folle) dans les hôpitaux, par rapport au bénéfice en termes de santé publique, est invraisemblablement élevé. Ainsi donc, une politique de surveillance à long terme nécessite le courage politique d'investir dans des phénomènes qui ne sont pas médiatiquement intéressants, qui sont parfois même inquiétants pour la population (construction de P4, de P3) et qui nécessitent un peu de pérennité dans les choix.

Par ailleurs, les maladies contagieuses contredisent l'évolution individualiste spectaculaire de notre société ces dernières années. En effet, la gestion des maladies infectieuses peut amener à remettre en cause la liberté individuelle. C'est le cas de l'isolement nécessaire pour éviter la contamination lorsque les patients sont contagieux, c'est le cas de la déclaration obligatoire des maladies et c'est le cas de la vaccination obligatoire dans le cadre des maladies contagieuses. Ce peut être aussi la justification de l'obligation de soins pour d'autres maladies contagieuses. Les hommes constituant une espèce unique, le comportement individuel des humains peut avoir une conséquence sur la santé de l'ensemble de la population. C'est ainsi que l'on a pu identifier un étudiant guinéen qui a importé le choléra en Afrique noire à partir d'URSS et qui a causé secondairement des millions de morts. Ainsi donc, la liberté individuelle de chacun et les choix personnels peuvent contredire les besoins de la société d'une manière très tangible.

La différence de développement qui est en train de se creuser entre les pays les plus riches et les pays les plus pauvres laisse espérer pour les plus riches que les maladies des plus pauvres resteront cantonnées dans le tiers-monde. S'agissant des maladies contagieuses, ceci n'est pas vraisemblable. L'espèce humaine est unique, les microorganismes se déplacent et toute émergence d'un nouveau pathogène dans n'importe quel pays du monde lui permettra une rapide extension sans qu'aucun contrôle ne soit réalisable aux frontières. Ceci signifie que les pays les plus riches (y compris dans le cadre du plus parfait égoïsme) doivent se préoccuper d'une manière très attentive de la santé en termes de maladies contagieuses des pays les plus pauvres. Ceci est d'autant plus vrai que la constitution progressive de mégapoles, quand elles ne sont pas associées au développement sanitaire permettant un minimum d'hygiène, va donner, par l'augmentation de la population et la promiscuité, l'opportunité pour de nouveaux pathogènes de se développer extrêmement rapidement. Les conditions dans ces mégapoles sont réunies pour permettre l'apparition de microorganismes extrêmement dangereux.

Dans la perspective de la lutte anti-infectieuse, un phénomène très inquiétant se fait jour : l'industrie investie dans la lutte des maladies infectieuses est en train de se dégager très rapidement. En effet, sur le plan international, des compagnies telles que Novartis, Glaxo, Smith-Kline, Bristol-Meyer Squibb, Eli-Lilly et Laroche-Hoffman sont en train de diminuer leur investissement ou de sortir carrément du champ des antibiotiques. La même situation peut être observée au niveau des vaccinations. Le nombre d'opérateurs susceptibles de créer des vaccins est devenu actuellement extrêmement faible. Il est vraisemblable que nous allons bientôt arriver au paradoxe que la Science proposera des stratégies vaccinales thérapeutiques originales qui ne pourront pas être commercialisées faute d'opérateurs. Ceci est lié au coût de développement de plus en plus spectaculaire qui ne permet pas de retour sur investissement satisfaisant. **L'État aura donc un rôle considérable à l'avenir, car le marché est en train de se désengager de la bataille contre les maladies infectieuses.**

Recommandations

Bioterrorisme

Mettre en place la déclaration obligatoire de tous les agents A et B de bioterrorisme (ajouter C. burnetii, Chlamydia psittacii et Burkholderia mallei).

Adopter la classification (A et B) du CDC des agents de bioterrorisme.

Créer des centres nationaux de référence médicaux pour les toxines (sarin, ricine, thallium), et les pathogènes orphelins (Burkholderia).

Créer des Centres Nationaux de Référence pour les agents d'épidémies animales et végétales.

Créer un appel d'offres commun incluant l'INRA et la pathologie vétérinaire dans le cadre d'un appel plus large sur la microbiologie et la pathologie humaine.

Mettre en place une animalerie commune, gros animaux, d'intérêt national permettant l'expérimentation pour les aérosols infectieux.

Faire entrer les centres INRA concernés par la microbiologie dans les infectiopôles, partout où c'est réalisable (Bordeaux, Montpellier, Toulouse).

Développer la recherche en microbiologie sur les agents pathogènes pour l'homme, les plantes et les animaux.

Antibiotiques

Mettre en place avec la CNAM, l'AFFSAPS et l'industrie une réflexion sur les génériques à usage indispensable (colimycine, Doxycycline, Cotrimoxazole) pour permettre le maintien de leur usage.

Organiser un financement public de l'évaluation de l'efficacité des médicaments anciens en particulier génériques, des niveaux de résistance, et des conférences de consensus. 11. Homogénéiser les recommandations thérapeutiques AMM, RMO, conférence de consensus (AFFSAPS, CNAM, SPILF, industries).

Déclencher une campagne d'information sur les risques écologiques de l'abus d'antibiotiques.

Créer des observatoires de résistances pour les pathogènes à risque.

Évaluer avec l'INRA l'impact de l'usage des anti-infectieux animaux sur la santé humaine.

Renforcer l'information sur les conflits d'intérêts, éventuellement sanctionner les manquements à la transparence dans ce domaine par une exclusion des structures en cause (AMM, comité du médicament).

Prendre en charge la formation continue des hospitalo-universitaires par les établissements.

Demander un rapport annuel sur la résistance aux principaux pathogènes aux CHU.

Nouvelles maladies contagieuses

Équiper les laboratoires P3 des laboratoires associés dans le cadre de biotox à Paris, Lyon et Marseille de mini-automates pour réaliser la biologie courante en P3 pour les malades suspects d'être extrêmement contagieux.

Désigner trois Centres de Référence pour l'isolement et la caractérisation des pathogènes extrêmement infectieux, Paris, Lyon et Marseille.

Prévoir la construction à Paris, Lyon et Marseille, pour commencer, de services complets de maladies infectieuses entièrement en P3, comportant quelques lits de soins intensifs, un minibloc opératoire, des capacités radiologiques et permettant d'isoler entièrement le service sur le plan des risques infectieux.

Équiper les aéroports internationaux d'infirmiers permettant l'isolement des patients suspects (en dépression).

Préparer un circuit d'isolement allant des aéroports et des gares jusqu'à un des trois centres identifiés (Paris, Lyon, Marseille) dans des conditions permettant d'éviter la diffusion des microorganismes, ceci à l'aide d'ambulances spécialisées.

Mettre en place les circuits d'envois de prélèvements suspects. 24. Réaliser des exercices et des simulations.

Développer l'usage des masques pour les soignants et les patients atteints de pneumopathie grave.

Vaccination hépatite B

Relancer la politique de vaccination contre l'hépatite B dans la population cible.

Faire une formation nationale sur l'innocuité du vaccin.

Revenir sur la décision d'indemniser les SEP après vaccins obligatoires.

Mission USA

Réaliser la séquence de plusieurs souches de bactéries de Bioterrorisme pour lesquelles la France est compétente.

Développer la recherche industrielle dans l'immunothérapie par anticorps.

Créer un appel d'offres sur le développement rationnel d'antiviraux.

Ouvrir le P4 français aux équipes américaines.

Développer les modèles d'infections par aérosols.

Développer l'information sur le Bioterrorisme.

Expertise

Faire une définition sur une fiche du besoin d'expert a priori avant de l'avoir choisi, avec les compétences requises. Vérifier systématiquement la compétence (CV comportant les ITEMS requis et Pub Med).

Utiliser le plus possible les questions et réponses écrites pour l'expertise.

Regrouper des commissions et des comités permanents pour en diminuer le nombre.

Ne créer de commissions *ad hoc* que pour un temps limité, défini à l'avance.

Demander aux experts une déclaration sur leurs conflits d'intérêts potentiels en précisant clairement ce qui en relève (congrès, repas, contrats, consultanat, brevets, etc.)

Créer un vivier d'experts thématiques dans les infectiopôles.

Créer un institut universitaire de médecine scientifique.

Droit et santé

Il faut créer une commission juridique afin d'envisager la mise en place de lois permettant de faire face au risque de maladies contagieuses,

Il faut créer un débat en France sur contagion et liberté.

Organisation hospitalière

Faire un discours fondateur sur le sujet afin d'alerter sur la gravité du problème.

Créer une sous-direction à la DHOS en charge du problème pour faire un état des lieux des établissements (laboratoire NSB3, chambre d'isolement, gestion des antibiotiques, objectifs en termes d'infections nosocomiales, stérilisation).

Créer des observatoires de résistance sur les organismes les plus importants.

Regrouper dans les établissements le CLIN, la commission des antibiotiques, la lutte contre le bioterrorisme.

Créer une commission ad hoc pour définir dans l'urgence des objectifs nationaux à imposer à court et moyen terme, et des indices qualité.

Mettre en place les 10 commandements de la lutte contre les infections nosocomiales.

Mettre en place des contrats d'objectifs par établissement pour la gestion des patients contagieux, la prévention des infections nosocomiales, la gestion des antibiotiques.

Structuration médicale

Développer l'information (congrès, presse, site internet) sur le bioterrorisme.

Pratiquer des exercices (contrôle de qualité, modélisation des risques de contagion, travaux pratiques) pour bioterrorisme et maladies infectieuses.

Regrouper CLIN, bioterrorisme, gestion des antibiotiques avec les médecins référents et développer une formation universitaire commune.

Contractualiser les pôles référents en incluant la gestion des poudres ayant déterminé des expositions humaines dans le cadre d'une convention et avec la création d'une UF spécifique.

Ajouter Toulouse, Montpellier et Necker aux centres référents biotox.

Identifier et, si besoin, créer des Centres Nationaux de Référence pour tous les agents pathogènes de classe A et B en y affectant spécifiquement un budget décent.

Créer un comité national compétent pour la gestion pratique des risques biologiques (sous l'égide de l'InVS ou de la DGS).

Nommer au ministère de la Santé un coordinateur unique ayant autorité sur l'ensemble des services.

Stratégie et prévention

Commander 60 millions de doses de vaccin contre la variole, dont une partie en conditionnement individuel sur culture cellulaire.

Vacciner les personnels soignants des équipes dédiées en prévoyant une indemnisation des accidents en commençant par les primovaccinés (plus de 30 ans).

Prélever du sérum chez les vaccinés pour constituer des stocks d'immunoglobulines anti-vaccinales.

Diffuser un large débat public sur les intérêts et les inconvénients de la vaccination contre la variole.

Entraîner des équipes sur tous les sites pour les préparer à un besoin de vaccination massif contre la variole.

Sanctuariser définitivement les stocks de vaccins (anciens et nouveaux).

Créer un CNR variole-vaccine (pour étudier les effets indésirables, la réponse immune).

Vaccination

Rembourser tous les vaccins dont l'utilité est démontrée.

Implanter des régulations réciproques entre pays du G8 pour limiter les coûts de développement.

Mise en place d'un fonds national d'indemnisation des aléas vaccinaux.

Développer l'information (média, écoles, études spécialisées) sur les vaccins.

Créer un Centre National des vaccinations chargé de surveiller ce niveau vaccinal et d'informer le public.

Créer des centres de vaccinovigilance collectant les effets réels ou supposés des vaccins.

Spécialiser l'antenne AFFSAPS de Lyon dans les vaccins.

Créer un pôle vaccin dans l'infectiopôle lyonnais.

Surveiller par DO les maladies protégées par les vaccins.

Créer une consultation annuelle de prévention vaccinale personnalisée.

Créer un observatoire des coûts de la prévention.

Surveillance

L'InVS doit investir massivement dans l'information et l'éducation.

Il faut développer le potentiel de l'InVS sur place.

Il est indispensable d'y mettre en place une surveillance sur la mortalité, une déclaration par syndromes et sur la consommation de molécules à activité anti-infectieuse (pharmacosurveillance) afin de détecter les événements anormaux. 80.Il faut délocaliser des équipes de l'InVS dans le cadre de la création des infectiopôles sur les thèmes donnés afin de développer une expertise et une compétence dans les infectiopôles qui aura un intérêt national.

Il faut rendre obligatoire la déclaration des infections causées par les agents A et B de bioterrorisme et par les agents prévenus par la vaccination.

Il faut distinguer trois niveaux de références : des centres nationaux par microorganismes des observatoires de résistances des centres de référence par pathologie

Il est souhaitable de mettre à plat l'ensemble des besoins réels avant le prochain appel d'offres (2005) ; (créer un centre mycoplasme).

Il faut financer de façon raisonnable les centres de références.

Il faut regrouper dans les infectiopôles quand ils existent, Centres de Référence, CIRE et ORS.

Il faut rationaliser les implantations des Centres de Références avec le potentiel recherche et les Centres Collaborateurs OMS.

Il faut demander dans les activités des Centres Épidémiologiques de l'État (dont InVS) la production d'articles scientifiques sur les thèmes publiés dans des revues internationales.

La recherche

Il faut confier à l'Observatoire des Sciences et Techniques une évaluation financière des différents champs de la recherche médicale et, plus particulièrement, une évaluation précise des domaines de la recherche pour la Microbiologie et les Maladies infectieuses.

Il faut poser la question du financement général de la recherche médicale et afficher les grands thèmes de recherche médicale déterminés par le Pays.

Il faut une augmentation très rapide du financement de la recherche médicale et afficher celui de la recherche en Maladies Infectieuses et Microbiologie.

Il faut réfléchir à un renforcement très significatif du financement de l'INSERM.

Il faut développer, par l'OST, une culture de l'évaluation de la production scientifique des pôles et des thèmes prioritaires pour le pays.

Il faut développer l'appel à l'expertise internationale.

Il faut réaliser un appel d'offres scientifique dans lequel le domaine du bioterrorisme soit clairement identifié.

Il faut, par une démarche active, encourager un certain nombre de partenaires, en associant un financement, à mettre en route une recherche sur les microorganismes qui ne sont pas, actuellement, couverts par la recherche française. Ceci devrait inclure l'INRA avec un pôle sur les Burkholderia, le CNRS, l'armée et l'Institut Pasteur sur les Pox virus en général. Par ailleurs, les alpha virus devraient faire l'objet de travaux de recherche, peut-être dans le cadre des équipes lyonnaises.

P4 français

L'état doit assurer la gestion et l'entretien du P4 lyonnais.

Il faut, dans son périmètre, prévoir des bureaux pour les investigateurs associés.

Il faut créer une formation diplômante pour les utilisateurs.

Il faut mettre au point et valider les techniques de contamination des virus dangereux.

Il faut faire un appel d'offres d'utilisation du P4, gratuite pour les équipes françaises, et payante pour les équipes étrangères.

Il faut constituer une collection de virus extrêmement pathogènes dans le P4.

Renforcer l'axe bioterrorisme

Créer une direction spécifique pour la recherche en maladies infectieuses et le bioterrorisme, éventuellement dans le cadre d'un institut rattaché à l'INSERM.

Créer un comité ad hoc pour évaluer les besoins structurels par site et créer les infectiopôles.

Prendre en charge le P4 de Lyon avec une gestion par l'INSERM et aide à la construction de laboratoires NSB3 et A3.

En matière de séquençage, réserver 20 % des capacités du centre national aux organismes pathogènes pour l'homme. Affecter des moyens spécifiques aux 2 génopoles (Pasteur et Marseille), investir dans le domaine.

Créer des souchiers pour les microorganismes associés aux cellules (avec l'Institut Pasteur) et une collection de prélèvements.

Développer les modèles expérimentaux, en particulier d'infection par aérosol.

Développer la recherche thérapeutique dans les Instituts (en particulier, avec le CNRS et dans le monde industriel).

Mettre en place un appel d'offres ouvert de 20 M€ permettant le recrutement de personnels et d'étudiants, dans le domaine du bioterrorisme en réservant la moitié du budget à des applications pratiques.

Faire un appel de 20 M€ à destination des industriels et des Start-up pour développer la recherche diagnostique et thérapeutique.

Infectiopôles

Créer rapidement 7 infectiopôles à Paris (Necker, IPP), Marseille, Lyon, Lille, Bordeaux, Toulouse et

Montpellier avec un financement (PHRC et ministère de la Recherche).

Faire réaliser un projet par site intégrant les forces en présence et en développant des thèmes spécifiques.

Créer des ensembles épidémiologiques dans ces infectiopôles associant CIRE, ORS, CNR et créer les Centres de Référence manquants.

Délocaliser des forces de l'InVS dans ces pôles.

Créer des Centres de Référence par exemple par syndrome :

Pneumonie sévère à Lyon, Maladies tropicales à Marseille, Maladies transmises par les arthropodes à Marseille Maladies sexuellement transmises à Bordeaux, Mycologie médicale à Lille.

Créer un comité de pilotage national et un comité d'évaluation international.

Confier le développement de la recherche sur les agents de bioterrorisme orphelins aux infectiopôles avec les moyens afférents : Tularémie à Marseille, Chlamydia psittaci à Bordeaux Burkholderia à Toulouse, Pox virus à Lyon.

Développer les collections locales des infectiopôles : Phages à Toulouse, Rickettsies à Marseille, Virus émergents à Marseille/Lyon Charbon à IP Paris, Peste à IP Paris, F. tularensis à Marseille.

Il faut créer des infectiopôles Outremer en réunissant Institut Pasteur, IRD et SSA et en choisissant un seul site par continent.

Il faut demander à l'IRD de respecter les engagements de l'État et de localiser des forces en médecine tropicale à Marseille.

Rapport sur la gestion de l'épidémie de SRAS de 2003, Institut de Veille sanitaire, avril 2004

En 2003, l'épidémie de SRAS apparut ; et la France vécut aussi un exceptionnel épisode de canicule, notamment pour les populations âgées.

Dès 2004, l'Institut de Veille sanitaire, sous la plume de Dounia Bitar et Julien Emmanuelli, soulignait, dans son rapport sur la gestion du SRAS, les enjeux d'une préparation à une crise à venir. Presque tout ce qui posera question en 2019/2020 était déjà clairement exploré. Ce d'autant plus que l'épidémie de chikungunya s'annonçait, qu'on craignait une pandémie grippale, qu'on parlait de la méningite, et qu'on n'oubliait pas la grippe aviaire. Voici des extraits de ce rapport :

7. Analyse critique de la gestion épidémiologique du SRAS en France : recommandations liées à la crise

Au total, le dispositif mis en place en France après le déclenchement de l'alerte internationale a permis d'identifier sept cas probables de SRAS, soit 1,6 % de l'ensemble des signalements. Le rapport coût/bénéfice des mesures mises en œuvre pourrait être discuté au vu de ce résultat, mais il faut souligner qu'aucun cas de transmission secondaire n'a été identifié, ni parmi le personnel soignant ni parmi l'entourage des cas probables.

Au niveau de l'InVS, le système de surveillance mis en place n'a pas pour objectif d'évaluer l'efficacité de l'ensemble du système de gestion. Par exemple, les délais d'intervention ne peuvent être analysés, le recueil de données n'incluant pas les étapes précédant l'arrivée du signalement à l'InVS. Nous avons néanmoins pu décrire dans ce rapport quelques situations spécifiques révélatrices des limites du dispositif, tant sur le plan épidémiologique que sur un plan plus global concernant la gestion de la crise sanitaire. D'autres sources de données devraient être envisagées si une analyse plus exhaustive était demandée.

Les recommandations qui suivent s'appuient sur le bilan effectué à travers ce rapport ainsi que sur diverses discussions qui ont eu lieu après la fin de l'épidémie.

De manière générale, les alertes successives concernant des cas sporadiques survenus depuis juillet 2003 à Singapour, à Taiwan et en Chine, ainsi que la récente poussée épidémique de 9 cas observés à Pékin en avril 2004 confirment la nécessité d'une vigilance permanente.

7.1. Engager la réflexion sur l'éthique au cours d'une crise sanitaire

Sur le terrain, les débats sur le sujet restent vifs après la fin de l'alerte, les interlocuteurs interviewés mettant souvent en avant la question de l'éthique dans la prise en charge des patients, notamment les conditions de leur isolement.

La survenue du SRAS et la mise en place de mesures d'isolement drastiques soulèvent d'importantes questions éthiques. Respect des libertés individuelles et protection du public, devoir de soigner et protection des soignants, restriction des déplacements et protection de l'économie des pays : autant de sujets qui ne peuvent, ni ne doivent, être opposés. Plusieurs articles récemment parus [4 ; 5] proposent des synthèses critiques en discutant de l'éthique dans les cadres suivants : la quarantaine, la confidentialité, la mission de soignant, les dégâts collatéraux, la globalisation des échanges (cf. extraits, annexe 3).

Au-delà de la contradiction fondamentale entre isolement et libertés individuelles, le besoin d'un outil juridique définissant les critères et les modalités de la quarantaine suscite de nombreuses questions. Dans le cas d'une épidémie d'une plus grande ampleur, la qualité des liens entre les épidémiologistes chargés du suivi et les personnes mises en quarantaine serait certainement moins bonne, la gestion plus difficile et les « échappements » plus nombreux.

Dans cette perspective, un cadre juridique s'impose. À cet effet, le législateur a prévu un décret autorisant la contrainte en cas de refus de la quarantaine, dans le cadre du code de la santé publique, article L.3114-4 : « Lorsqu'une épidémie menace tout ou partie du territoire ou s'y développe, et que les moyens de défense locaux sont reconnus insuffisants, un décret détermine, après avis du Conseil supérieur d'hygiène publique de

France, les mesures propres à empêcher la propagation de cette épidémie ». Ce décret peut être publié en cas de nouvelle épidémie justifiant la mise en œuvre de mesures de restriction des libertés individuelles. Il est renforcé par l'article 3110-1 du projet de loi relatif à la politique de santé publique de 2003 qui introduit « la prescription, dans l'intérêt de la santé publique, de toute mesure proportionnée aux risques courus et appropriée aux circonstances de temps et de lieu, afin de prévenir et de limiter les conséquences des menaces possibles sur la santé de la population ».

Comme dans toute crise sanitaire, la tentation est grande de rechercher l'information directement à la source, en court-circuitant des systèmes fonctionnels et en générant un dédoublement des activités. Durant la crise SRAS, les équipes hospitalières ou de laboratoire déjà débordées se trouvent parfois dans l'obligation de communiquer les mêmes informations, successivement à l'InVS et à la DGS. Cette situation se produit à plusieurs reprises malgré une répartition des tâches définie en rapport avec les missions spécifiques de chaque institution, et malgré des rappels répétés à la DGS sur ces dysfonctionnements.

La multiplicité des partenaires implique une communication constante et une coordination rigoureuse. Malgré ces contraintes, cette multiplicité garantit *in fine* une meilleure approche sur le terrain. Dans la nouvelle version du protocole de prise en charge du SRAS (DGS, avril 2004), le circuit de liaison entre les différents partenaires cherche à mieux respecter l'équilibre entre décentralisation et efficience, tant le nombre d'acteurs de santé publique est important.

7.2. Améliorer la coordination

Comme dans toute crise sanitaire, la tentation est grande de rechercher l'information directement à la source, en court-circuitant des systèmes fonctionnels et en générant un dédoublement des activités. Durant la crise SRAS, les équipes hospitalières ou de laboratoire déjà débordées se trouvent parfois dans l'obligation de communiquer les mêmes informations, successivement à l'InVS et à la DGS. Cette situation se produit à plusieurs reprises malgré une répartition des tâches définie en rapport avec les missions spécifiques de chaque institution, et malgré des rappels répétés à la DGS sur ces dysfonctionnements.

La multiplicité des partenaires implique une communication constante et une coordination rigoureuse. Malgré ces contraintes, cette multiplicité garantit *in fine* une meilleure approche sur le terrain. Dans la nouvelle version du protocole de prise en charge du SRAS (DGS, avril 2004), le circuit de liaison entre les différents partenaires cherche à mieux respecter l'équilibre entre décentralisation et efficience, tant le nombre d'acteurs de santé publique est important.

7.3. Améliorer le dispositif opérationnel

Ces améliorations dépassent le cadre du SRAS et devraient permettre de répondre à tout autre phénomène infectieux émergent. Elles portent notamment sur les capacités et la qualité de l'isolement dans les services d'infectiologie des centres hospitaliers de référence ainsi que sur les conditions de décentralisation de la prise en charge clinique dans les hôpitaux de 2e ligne. Suite à l'expérience de 2003, des améliorations sont d'ores et déjà prévues et certaines déjà mises en œuvre par les institutions concernées. La question des laboratoires mérite toutefois une discussion spécifique.

La recherche de coronavirus du SRAS est centralisée dans les deux Centres nationaux de référence initialement consacrés aux virus influenzae : le CNR région Nord (Institut Pasteur, Paris) et le CNR Lyon. En phase d'épidémie, un grand nombre de prélèvements y sont envoyés, ce qui provoque une saturation des capacités d'analyse. Par ailleurs le CNR région Nord, en tant que partenaire du réseau international coordonné par l'OMS se trouve souvent débordé et difficile à joindre, ce qui ralentit parfois les prises de décision sur la levée de l'isolement. Ces difficultés aboutissent à la décision de définir les prélèvements prioritaires en concertation avec l'InVS.

En outre les prélèvements pour recherche de SARS-coV doivent répondre à un conditionnement spécifique. Or, de nombreux prélèvements arrivent au CNR à peine emballés ; d'autres portent une étiquette correspondant à une autre maladie (type gastro-entérite), etc.

Ces dysfonctionnements incitent à établir un bilan de la gestion des examens de laboratoire, depuis le prélèvement jusqu'à son résultat.

La décentralisation des examens spécifiques au SARS-coV (sérologies et PCR) dans des laboratoires de référence de niveau de confinement P3, répartis sur l'ensemble du territoire national, est prévue dans le plan de réponse de la DGS. Cette décentralisation doit toutefois être entourée de précautions. Selon le rapport du Professeur D. Raoult consacré au bio terrorisme en 2003, certains laboratoires ne seraient pas encore en conformité avec la réglementation.

Ces préoccupations sont partagées au niveau international : les deux cas de SRAS contaminés au niveau de laboratoires manipulant ou ayant manipulé du SARS-coV (Singapour, août 2003 et Taiwan, décembre 2003) sont survenus dans des pays où le niveau de formation et de technologie est comparable à celui de la France (cf. rapport d'évaluation du laboratoire de Singapour. La nouvelle flambée de cas de SRAS survenue à Pékin en avril 2004 renforce ces craintes. L'OMS a élaboré des recommandations très précises dans le but de réduire les risques de réémergence du coronavirus du SRAS à partir d'un laboratoire. Des critères stricts et standardisés de définition du niveau de confinement P3 doivent ainsi être développés en priorité, tant au niveau national qu'international. Enfin, le risque de résurgence du SRAS à partir de laboratoires est intégré dans les dispositifs d'alerte de nombreux pays, y compris la France.

7.4. Améliorer le dispositif de surveillance épidémiologique

Au niveau de la surveillance et de la gestion épidémiologiques d'une épidémie de SRAS ou d'un autre phénomène infectieux émergent, de nombreuses améliorations et recommandations s'imposent également.

Au début de l'épidémie, la centralisation des compétences permet d'optimiser la coordination et de bâtir une expertise au jour le jour. Par la suite, la surveillance s'organise à un échelon déconcentré en partenariat actif avec les acteurs locaux (Ddass et Cire). Cette expérience de la surveillance en deux temps gagnerait à être reproduite en cas d'émergence d'une nouvelle pathologie infectieuse.

Les fiches de recueil de données individuelles établies par l'InVS ont un taux de remplissage variable selon les items. Par exemple, le pourcentage de données manquantes pour l'âge atteint 28 % des signalements. Le taux de remplissage, très bas pour les cas rapidement exclus pour une exposition non avérée, s'améliore dès qu'une exposition potentielle est suspectée et/ou que la symptomatologie clinique est fortement évocatrice du SRAS, impliquant un suivi sur une durée plus longue et une amélioration progressive du recueil d'informations.

La nature des données à recueillir doit être discutée, pour le SRAS comme dans l'optique de l'émergence d'un autre phénomène infectieux. Ainsi, en prenant l'exemple de l'âge, il semble que la communauté scientifique se soit contentée des premières observations indiquant que les enfants étaient rarement atteints ; en raison de nombreuses autres priorités, l'accent n'a pas été mis sur cette information. Il est donc important de pouvoir disposer d'une fiche de recueil exhaustive, acceptable et standardisée. Des discussions ont actuellement cours au niveau international au sein du groupe de travail des épidémiologistes coordonné par l'OMS, afin de développer une base de données minimale en vue d'une résurgence de SRAS ; cette base de données devrait pouvoir être adaptée à d'autres phénomènes infectieux émergents.

La baisse du nombre de signalements en France après le pic de la première semaine peut être imputée à une meilleure connaissance des risques d'exposition chez les médecins signalant les cas possibles (meilleur triage des « vrais » cas possibles) tout autant qu'à une baisse réelle du nombre de cas, liée à la réduction considérable des voyages en Asie du Sud-Est.

Il est vraisemblable que la représentativité des signalements est satisfaisante au cours des premières semaines, en raison de l'atmosphère de crise et de la crainte des individus ayant voyagé en Asie du

Sud – Est. Par contre, l'expérience acquise par les centres 15 et les centres hospitaliers de référence en matière de gestion des cas possibles peut conduire, à la fin de l'épidémie, à des signalements tardifs : le clinicien n'informe l'InVS qu'une fois par semaine en fournissant une liste de patients possibles puis secondairement exclus, après avoir établi le diagnostic différentiel et après avoir levé l'isolement.

Cette baisse de vigilance est préoccupante, faisant courir le risque de faux négatifs. En outre elle peut s'accompagner d'un relâchement des mesures de précaution au sein du personnel soignant, comme ce fut le cas lors d'une seconde vague de SRAS à Toronto, survenue en mai 2003 quelques semaines après la fin de la première phase épidémique.

Le maintien du niveau de vigilance est basé sur la sensibilisation des cliniciens, en particulier à travers une rétro-information efficace.

La rétro-information comprend notamment la diffusion régulière du nombre de signalements et de cas retenus, sur les sites internet de l'InVS et de la DGS. Elle permet une diffusion systématique et automatisée des données élémentaires. Les notes de synthèse effectuées par le Département international et tropical de l'InVS apportent des informations supplémentaires, utiles aux partenaires dans la démarche d'évaluation du risque.

Toutefois, un partage de données plus détaillées est nécessaire avec les partenaires privilégiés, notamment les acteurs de l'épidémiologie de terrain que sont les Cire et les Ddass. Un outil informatique spécifique et sécurisé permettant un partage immédiat des informations doit être développé dans cette finalité.

La rédaction d'articles ou de protocoles d'étude et leur diffusion rapide sont indispensables. Mais ces activités passent souvent après la gestion quotidienne de l'urgence, bien que ces articles ou études apportent une contribution originale à la connaissance du germe en cause. Ainsi, l'article sur l'introduction du SRAS en France, démontrant une transmission au cours d'un trajet aérien au long cours est diffusé six mois après sa rédaction ; cet article est pourtant l'un des rares décrivant ce type de transmission.

Lors de la classification des cas probables, la communication engendre parfois des situations institutionnelles délicates à gérer. Les données nominatives relatives au patient sont connues de l'équipe d'épidémiologistes chargés du suivi des cas. Cette confidentialité partagée peut être exceptionnellement élargie aux autorités nationales ou départementales, dans le but de s'assurer de la mise en œuvre des mesures de protection autour d'un cas possible jugé « réfractaire au respect de l'isolement », ou autour de patients d'origine étrangère en situation illégale.

Pour des raisons de transparence, l'autorité sanitaire peut vouloir communiquer une série d'informations sur un patient, dont certaines sont indirectement nominatives (notamment la ville où la personne est hospitalisée et sa profession) avec le risque pour le patient d'être identifié par la presse locale. Cela s'est produit au moins une fois, donnant lieu à un véritable harcèlement médiatique du patient. Au-delà des aspects éthiques, l'impact sur l'activité professionnelle de ce patient s'est avéré désastreux. Dans ce type de situation, pour que la communication ne puisse permettre d'identifier même indirectement le patient, les caractéristiques de temps, lieu et personne doivent faire place à des informations plus globales (tranche d'âge décennale plutôt qu'âge exact, région plutôt que département ou ville, etc.).

8. Perspectives : du SRAS au risque infectieux émergent

Première épidémie du XXIe siècle d'une infection émergente, le SRAS est apparu dans l'une des régions les plus peuplées de la planète. Du fait de la densité sans précédent du transport aérien, les principaux foyers ont correspondu aux grandes places économiques et aux nœuds de communication en Asie (Taiwan, Hong Kong, Singapour), avec des conséquences économiques de grande ampleur. De nombreuses questions restent actuellement en suspens pour le SRAS, notamment en ce qui concerne l'origine de la maladie, ses manifestations cliniques et la spécificité des tests de diagnostic actuellement disponibles. Les foyers potentiels de résurgence que représentent les laboratoires de recherche sont à prendre très au sérieux.

Les points forts de la gestion de l'alerte en 2003 ont été la qualité et la rapidité des collaborations scientifiques mises en œuvre pour identifier le virus, comprendre les mécanismes de son action pathogène et produire un prototype de test diagnostic. Cependant, une mobilisation scientifique rapide ne peut garantir à elle seule l'efficacité de la réponse de santé publique (mesures de contrôle et d'isolement, vaccins, antiviraux). L'émergence de risques sanitaires globaux comme le SRAS appelle des réponses tout aussi globales. La révision en cours du règlement sanitaire international devrait à terme donner un cadre juridique à l'échange d'information sanitaire entre les pays. Dans cette perspective, la France et l'Europe doivent renforcer leur présence au sein des réseaux internationaux de veille sanitaire et dans les instances multilatérales chargées de leur coordination. Par ailleurs, la réflexion sur les aspects éthiques de la gestion des crises sanitaires doit se poursuivre aux niveaux national et international.

8.1. L'importance de la veille scientifique

L'intensification des échanges internationaux, les modifications de nos modes de vie et de notre environnement sont autant de raisons de craindre la survenue de nouveaux phénomènes infectieux. De ce fait, l'anticipation du risque est cruciale et doit s'appuyer sur une veille épidémiologique incluant la surveillance des phénomènes infectieux survenant hors du territoire national ou européen. À ce titre la participation de l'InVS aux réseaux internationaux tels que le GOARN (OMS) et les réseaux européens reste plus que jamais à l'ordre du jour.

8.2. Développer les capacités d'alerte, de surveillance et d'investigation

Les acteurs de la crise sanitaire reconnaissent que l'émergence du SRAS hors des frontières nationales a facilité l'anticipation du risque et permis la mise en alerte et l'identification du premier cas importé en France. Suite à cette expérience, la question de la réactivité et de la rapidité de détection d'un phénomène infectieux émergent survenant sur le territoire national s'est posée. Ceci a conduit l'InVS et les infectiologues hospitaliers à engager une réflexion sur la pertinence et les modalités d'un dispositif de détection des pathologies infectieuses émergentes. Cette réflexion devient d'autant plus nécessaire qu'elle s'inscrit dans un contexte de multiplication et de décentralisation des partenaires impliqués dans la surveillance. Les relais locaux et régionaux, notamment à travers les Cire, doivent être systématiquement intégrés dans cette réflexion.

Un réseau d'infectiologues se met progressivement en place en coordination avec le Département des maladies infectieuses de l'InVS, suite à un séminaire qui s'est déroulé en avril 2004. Ce séminaire a jeté les bases d'un partenariat institutionnel permettant d'optimiser la remontée des signalements suspects et d'organiser l'investigation des phénomènes infectieux inexpliqués représentant une menace potentielle pour la collectivité, par leur caractère inhabituel et/ou leur diffusion rapide. La définition de maladie infectieuse émergente recouvre toute entité clinique fébrile, sortant du cadre nosologique habituel et potentiellement contagieuse, avec une notion de transmission de personne à personne ou une notion de source commune. Cette définition inclut les maladies infectieuses couvertes par le plan Biotox telles que la variole.

Le circuit de détection des phénomènes infectieux émergents doit reposer sur *tous* les services d'infectiologie et non pas exclusivement sur les CHR des plans Biotox/SRAS. Un cahier des charges devra définir les modalités de ce dispositif qui sera préalablement testé, avant son élargissement à l'ensemble des professionnels impliqués. Les partenaires clefs du dispositif comprendront dans un premier temps les cliniciens des services d'infectiologie des CHU, l'InVS et les Cire ; les modalités de l'implication d'autres partenaires seront précisées ultérieurement.

Afin d'améliorer les capacités d'investigation, les programmes de formation à l'épidémiologie d'intervention et à la gestion de crise doivent être développés et valorisés, y compris les programmes de dimension internationale comme EPIET (European Programme for Intervention and Epidemiology Training). Des formations dérivées de ces modèles existants devraient également être adaptées et rendues accessibles aux cliniciens.

8.3. Améliorer les capacités de prise en charge et de coordination

Dans l'ensemble, l'efficacité de la réponse face au SRAS a démontré les avantages d'une préparation multidisciplinaire en amont. La version actualisée du plan de réponse « Sras » est disponible sur le site internet de la DGS et diffusée auprès des partenaires européens. Ce plan conçu comme un prototype peut être adapté à d'autres phénomènes infectieux de nature épidémique.

Toutefois, dans l'hypothèse d'une épidémie de plus grande ampleur, les capacités de prise en charge hospitalière doivent être revues à la hausse, tant en termes de nombre de patients attendus qu'en termes de gestion du risque de transmission nosocomiale.

La notion d'hôpitaux de référence introduite dans le plan Biotox/SRAS n'est pas pertinente pour la gestion d'un risque infectieux contagieux naturel. Les infectiologues hospitaliers proposent que l'ensemble des services d'infectiologie soient les lieux de référence en termes d'organisation, d'expertise et d'information, conformément au cahier des charges national concernant la gestion des risques infectieux.

8.4. Améliorer les capacités de laboratoire

Pour faciliter les investigations biologiques non spécifiques permettant le diagnostic différentiel du SRAS avec d'autres infections respiratoires, un inventaire régional des capacités de laboratoire est indispensable. La réflexion doit intégrer les besoins des infectiologues (à savoir un laboratoire de type généraliste susceptible d'effectuer rapidement toutes sortes d'explorations diagnostiques), et les capacités d'expertise et de confirmation des CNR, tout en se donnant les moyens d'améliorer la qualité des circuits (prélèvement, transport, conservation, etc.) et de raccourcir les délais d'analyse.

Pour les investigations spécifiques, la centralisation de tous les prélèvements au niveau d'un CNR implique des problèmes de délais. La décentralisation des laboratoires de référence habilités à effectuer une recherche de SARS-coV devrait résoudre ces problèmes. Il convient toutefois d'insister sur le risque de contamination à partir du laboratoire et les précautions à prendre pour éviter ce risque.

Enfin, la survenue du SRAS a mis en évidence le besoin de techniques de diagnostic étiologique rapide des pneumopathies. Un des enjeux majeurs de la recherche réside dans le développement de techniques permettant d'établir avec suffisamment de spécificité le diagnostic d'infection au SARS-coV ainsi que les diagnostics différentiels. La mise en place et l'activation d'un réseau international de microbiologistes ont joué un rôle de premier plan dans l'identification du SARS-coV. Cette collaboration se poursuit actuellement dans le but d'identifier des techniques de diagnostic rapide et fiable, la confirmation d'un cas de SRAS ayant des implications majeures telles que le déclenchement d'une alerte nationale et internationale.

8.5. Développer et renforcer la recherche

Au-delà de la recherche microbiologique, le renforcement des interfaces entre les domaines de l'intervention et de la recherche est essentiel. Des projets de recherche sont actuellement en cours de conception, voire de développement aux niveaux national et international, incluant une évaluation des stratégies de prévention et de lutte mises en place au décours du SRAS.

La recherche fondamentale sur les syndromes tels que le SRAS, les encéphalopathies ou d'autres syndromes d'étiologie mal connue devient prioritaire tout comme le développement de protocoles de recherche clinique et thérapeutique adaptés à ces entités nosologiques.

La recherche épidémiologique doit contribuer à l'identification des réservoirs et des modes de transmission des infections émergentes ; des travaux de modélisation sont également nécessaires afin de préciser les modes d'importation et de dissémination de ces infections.

Par ailleurs, le SRAS a illustré le besoin de prendre en compte et d'anticiper les caractéristiques sociales d'un tel phénomène infectieux de dimension internationale : représentations, communication en urgence, rumeurs et effets de panique, etc.

Mis en relation dans une optique interventionnelle, l'ensemble de ces paramètres confèrent au SRAS une valeur de paradigme pour penser la gestion des crises sanitaires engendrées par les infections émergentes.

Le plan français de prévention et de lutte face aux pandémies grippales d'origine aviaire, 13 octobre 2004.

Le plan gouvernemental de lutte contre la pandémie grippale d'origine aviaire comporte trois volets par application du principe de précaution. Le premier volet correspond à une situation d'épidémie limitée aux animaux (grippe aviaire ou épizootie) ou accompagnée de quelques cas humains sans transmission interhumaine.

Les mesures en vigueur consistent à :

– éviter l'introduction de l'épizootie en France par l'interdiction d'importation de volaille des pays touchés et la surveillance des animaux d'élevage ;

– contrôler le plus rapidement possible la grippe aviaire par l'abattage des élevages contaminés dans les pays touchés ;

– éviter la transmission du virus à l'homme par la protection des personnes au contact des élevages infectés et l'information des voyageurs se rendant dans les pays touchés par l'épizootie ;

– détecter le plus précocement possible le premier cas humain susceptible de survenir. En France, les voyageurs sont informés à leur retour ; ils doivent impérativement, en cas d'apparition de symptômes grippaux dans les dix jours, contacter le SAMU – centre 15.

Le deuxième volet n'aurait à s'appliquer que dans l'hypothèse d'une transmission inter-humaine limitée, constatée par l'OMS. L'objectif serait alors de faire échec par tous les moyens disponibles à la venue du virus sur notre territoire.

À ce stade s'imposeraient, en coordination avec nos voisins européens de l'espace Schengen, des mesures de restriction, voire de suspension, des voyages à partir de zones atteintes, de mise en isolement des voyageurs en provenance de ces zones et de traitement antiviral préventif des personnes ayant été en contact avec des malades.

Un troisième volet est prévu en cas de pandémie, afin d'organiser une réponse adaptée du système de santé à un afflux massif de patients, en mettant rapidement à niveau notre stock de médicaments antiviraux pour faire face à toute éventualité.

Synthèse de l'instruction pandémie grippale octobre 2004/février 2005

Une instruction classifiée 1100/SGDN/PSE/PPS du 11 octobre 2004 accompagne le plan. Mais elle semble n'avoir été diffusée qu'en février 2005.

La menace d'une pandémie grippale causée par un virus de la grippe hautement pathogène, mutant ou recombinant, contre lequel la population mondiale ne présenterait pas d'immunité justifie de planifier les actions sanitaires à mener tant au niveau national qu'au niveau local.

Le plan gouvernemental « Pandémie grippale » no 1100/SGN/PSE/PPS/CD du 7 octobre 2004 et des annexes, validés par le Premier ministre et classifiés Confidentiel défense, a été transmis par CD-ROM en février 2005. Cette version reste classifiée et n'est donc pas à diffuser.

Afin de vous aider pour la mise en œuvre de ces actions et notamment pour la concertation avec les acteurs e partenaires locaux, la partie du plan non classifiée ainsi que diverses fiches techniques utiles à sa déclinaison locale (cf. sommaire en annexe 1) est publiée sur le site du ministère www.sante.gouv.fr, dans le dossier classé par ordre alphabétique « grippe », sous le thème « préparation à une pandémie grippale ».

Le plan français à ce stade comporte deux phases (0 : phase prépandémique ; 1 : phase pandémique), la phase prépandémique étant subdivisée en quatre niveaux (0 à 3). Ces niveaux ne sont pas obligatoirement dépendants et chronologiques.

Le plan et ses annexes, fondés sur l'état actuel des connaissances scientifiques et des moyens disponibles, ont pour objet d'assurer la mise en place d'un dispositif à même :

– de détecter précocement et de contenir la diffusion d'un nouveau virus grippal en prépandémie (phase 0) ; cette phase est divisée en quatre niveaux (0, 1, 2, 3), eux-mêmes subdivisés en deux niveaux (a et b) conformément au plan OMS (1999).

– d'organiser une réponse adaptée du système de santé à l'augmentation massive et rapide des besoins de prise en charge, en cas de pandémie (phase I).

Le plan comporte :

– une définition et une présentation de la problématique « pandémie grippale » ;

– un descriptif du rôle spécifique des diverses instances nationales et internationales ;

– les principes généraux d'organisation au niveau national ;

– les principaux relais et cibles des acteurs de l'information et de la communication, ainsi que les principaux vecteurs d'information ;

– le dispositif à mettre en œuvre en fonction de la menace.

Les annexes du plan seront évolutives en fonction des connaissances et des moyens disponibles. De même le plan pourra évoluer pour tenir compte des modifications introduites dans le plan OMS (version 2005).

Ceci rend nécessaire une parfaite réactivité des services et nécessite, de leur part, une bonne connaissance des mesures à appliquer en urgence.

La présente circulaire a un double objectif :

1. Cibler les actions sanitaires concernant la phase prépandémique à mettre en œuvre dès à présent au niveau local.

2. Préparer les éléments généraux d'organisation ainsi que les concertations nécessaires à la mise en œuvre de mesures qui seront à décliner au niveau des échelons territoriaux en phase pandémique.

Le ministre chargé de la santé pilote la conduite opérationnelle de l'action gouvernementale durant toute la phase prépandémique 0, le ministre de l'Intérieur assurant cette conduite opérationnelle dès que l'on passe en phase pandémique 1.

La déclinaison de ces objectifs incombe donc aux DDASS, en lien étroit avec les préfets, et en coordination avec les DRASS et ARH, ainsi qu'avec les DRASS zonales.

I. – Actions à mener en phase prépandémique

Les principales actions ici identifiées devront être déclinées sous forme de fiches actions :

I.1. Constituer une cellule grippe départementale animée par les DDASS

Décrite dans la fiche 2 (cf. sommaire en annexe I), elle a pour mission en phase prépandémique :

– d'organiser et de planifier la formation des professionnels et des institutions concernés, en liaison avec l'échelon régional ;

– de faire circuler l'information.

Dès la phase 0 niveau 3, afin de préparer localement un passage éventuel à la phase pandémique, cette cellule est renforcée (cellule grippe départementale renforcée) par les principaux acteurs départementaux concernés et vient en appui du centre opérationnel départemental piloté par le préfet (information, communication, actions préparatoires et de gestion des alertes, etc.).

I.2. Former les professionnels de santé et informer le public

Un large partage des connaissances relatives aux virus grippaux hautement pathogènes, aux risques gradués pour la santé publique en fonction de la situation épidémiologique, et à la conduite à tenir dans les différentes situations, peut contribuer à limiter la désorganisation du système de soins et les réponses sanitaires inadaptées.

Pour vous assister :

– une démarche de formation et de sensibilisation des professionnels de santé sur la gestion du risque infectieux sera mise en place au niveau national par la DGS et la DHOS. Un support accompagnera cette démarche,

– des modules d'informations élaborés par l'INPES seront disponibles et téléchargeables sur le site internet du ministère. Ces modules sont destinés à l'information des médecins et du public.

Vous étudierez au niveau régional les moyens les plus adaptés pour assurer cette formation des professionnels de santé et cette information du public.

Dans cette action, vous pourrez utilement associer : les conseils départementaux et régionaux des ordres professionnels, les représentants des professionnels médicaux et paramédicaux, les SAMU – Centres 15, les facultés, la coordination régionale des groupements régionaux d'observation de la Grippe (GROG), l'Union régionale des médecins libéraux (URML), la cellule interrégionale d'épidémiologie (CIRE), les chefs des services d'infectiologie, de biologie, de santé publique et les présidents des CLIN des services hospitalo-universitaires de votre région et de l'établissement de santé de référence zonal.

Dans le cadre de la formation délivrée aux professionnels de santé, le rappel de l'importance de respecter dans leur activité quotidienne les mesures barrières, à appliquer lors de toute prise en charge de patient présentant une infection respiratoire fébrile, est indispensable.

Il s'agit du port par le soignant de protections respiratoires individuelles (PRI) type FFP2 (EN 149), à défaut FFP1, et de lunettes de protection lors des gestes invasifs, de la prescription de masques chirurgicaux pour les patients à porter devant des tiers, de l'usage de solution hydro-alcoolique pour la désinfection des mains, et de la désinfection des surfaces.

Ceci vaut pour le virus de la grippe comme pour d'autres agents infectieux.

I.3. Renforcer les échanges entre les autorités sanitaires et vétérinaires

– veiller à préciser, pour le risque grippe à virus d'origine aviaire, les missions et les procédures d'alerte mutuelle entre les services déconcentrés DDASS/DDSV/DDCCRF, notamment conformément à la conduite à tenir devant un foyer d'influenza aviaire à virus hautement pathogène et à risque établi de transmission humaine lors d'une épizootie en France ou dans les régions limitrophes (cf. annexe 2)

I.4. Organiser la détection, le signalement et la gestion des cas humains possibles

– s'assurer de la disponibilité dans les SAMU-Centres 15 et les services d'accueil des urgences des kits de prélèvements naso-pharyngés ;

– mettre en place une concertation avec les différents acteurs impliqués dans la prise en charge de cas possibles de grippe à virus hautement pathogène, afin d'appliquer les conduites à tenir, adaptées aux différents niveaux du Plan, devant des cas possibles (cf. annexe 2) ;

– partager l'information avec ces professionnels sur les conditions de mise sous traitement antiviral (cf. annexe 1 : fiche technique « doctrine d'utilisation des antiviraux » et annexe 4 du Plan).

I.5. Veiller au respect des mesures sanitaires aux frontières

Vous veillerez notamment au respect de l'effectivité des mesures relevant de votre champ de compétence :

– mise en place dans les aéroports internationaux des dispositifs d'information des passagers se rendant ou revenant de

zones touchées par un virus grippal hautement pathogène d'origine aviaire ;

– organisation avec le SAMU et le service médical de l'aéroport de la prise en charge médicale des cas possibles arrivants

des pays concernés, en intégrant ceux en situation de rétention administrative, ainsi que du circuit de l'alerte ;

– accueil, signalement et prise en charge portuaire, en concertation avec le service des Affaires maritimes, des cas possibles signalés à bord de navires faisant escale.

I.6. Communiquer

En phase pré-pandémique, toute communication sur des cas ou foyers à l'étranger relève du niveau national. Cependant devant un cas possible importé, ou en cas de découverte de foyer d'épizootie ou de cas humains sur le territoire national, une communication locale peut être nécessaire. Elle doit être étroitement concertée avec l'administration centrale.

II. – Préparation à une phase pandémique

Les modélisations effectuées par l'InVS indiquent la possibilité de voir survenir lors d'une vague pandémique de huit à douze semaines, 9 à 21 millions de malades en France, avec 1 % d'hospitalisations pour formes sévères, à l'origine de sollicitations majeures de l'offre de soins.

Le personnel de santé sera également touché par la pandémie, soit directement par maladie, soit indirectement par la fermeture des écoles ou des cas familiaux, réduisant en parallèle cette offre.

Une circulaire interministérielle relative à la gestion de la phase pandémique est en cours de préparation.

Cependant, il convient de mener dès à présent une réflexion à chaque échelon du dispositif sanitaire sur les modalités de réponse et de gestion d'alertes sanitaires y compris en situation dégradée concernant une circulation d'un nouveau virus grippal hautement pathogène en communauté (dès le passage en niveau 3a ou 3 b du plan). La cellule départementale de lutte contre la grippe que vous aurez mise en place doit initier ces réflexions dont vous trouverez ci-dessous les principaux axes.

II.1. Mettre en condition opérationnelle la cellule régionale de coordination sanitaire

Décrite dans la fiche 2, cette cellule est activée au niveau régional par le préfet de région au moment de la phase pandémique (Phase 1) pour les aspects sanitaires et sociaux. Elle doit être prévue et préparée en amont.

Rapport de l'OPECST, Door – Blandin, 2005

Le 11 mai 2005, un rapport *de l'Office parlementaire d'Évaluation des Choix scientifiques et technologiques, commun à l'Assemblée nationale et au Sénat, est publié sous la signature de Jean Pierre Door et Marie Christine Blandin sur le risque épidémique.*

L'apparition du SIDA, plus récemment, celles du SRAS et de la grippe aviaire ont illustré le fait que l'angoisse pluriséculaire devant le risque épidémique demeure bien présente, à un tel point qu'un grand groupe de carte bancaire vient d'exclure de ses garanties (au 1er janvier 2005) : « Les conséquences des situations à risques infectieux en contexte épidémique… qui font l'objet d'une mise en quarantaine, de mesures préventives ou de surveillance spécifiques de la part des autorités sanitaires… ».

Cet exemple illustre l'intérêt de la saisine de votre Office parlementaire par la commission des affaires culturelles, familiales et sociales de l'Assemblée nationale, qui a demandé la réalisation d'une étude sur le risque épidémique.

Pour réaliser ce travail vos rapporteurs ont procédé à de nombreuses auditions, visites sur le terrain et se sont appuyés sur un comité scientifique dont les membres les ont aidés à identifier et analyser les termes de cette question dont ils mesuraient mal la complexité en s'engageant dans cette étude.

INTRODUCTION

« Il y a 25 ans, bien rares étaient les microbes dont on pouvait délivrer le corps humain, et il y en a encore quelques-uns qui nous donnent du fil à retordre... Mais ils seront battus avant l'an 2000 ! »
Sir Alexander Fleming

Cette citation d'Alexander Fleming ne se réalisera malheureusement pas à l'horizon des générations actuelles. Ce sentiment que les maladies infectieuses appartiendraient bientôt au passé a été très répandu jusqu'au début des années 80. Il pouvait s'appuyer sur l'exemple de la chute spectaculaire de la mortalité liée à certaines maladies telles que la tuberculose, passée de 50 000 décès annuels dans les années 1930 à moins d'un millier aujourd'hui.

L'expérience récente montre, hélas, que nous ne sommes pas à l'abri de crises sanitaires de grande ampleur, nécessitant des pouvoirs publics une réflexion et une préparation en amont au niveau central comme à celui des acteurs de terrain.

Le rapport qui vous est soumis n'est pas limité à l'étude des risques épidémiques potentiels, dont la presse parle fréquemment, mais aborde ceux d'aujourd'hui, car **« le risque épidémique » demeure un problème majeur de santé publique à l'échelon de la planète :** les maladies infectieuses sont responsables d'un tiers de la mortalité observée annuellement. Elles sont causées par des agents appartenant à des groupes très différents, bactéries, virus, champignons, protozoaires, parasites et même prions, pour lesquels les épidémiologies, les maladies induites et les moyens de lutte sont complètement différents.

Longtemps, les maladies infectieuses (peste, syphilis, choléra, tuberculose, variole, diphtérie, grippe, etc.) ont représenté la première cause de mortalité : dans les années 1800 et jusque dans les années 1960, scarlatine, rougeole et coqueluche étaient des pathologies si familières qu'elles étaient considérées comme des maladies caractéristiques de l'enfance. Les épidémies de choléra et de

paludisme étaient légion, ce dernier était endémique dans les régions de marais. Le choléra apparu en 1832 dans nos pays a donné quatre épidémies au XIXe siècle. Les dysenteries bacillaires étaient quasi annuelles et très meurtrières, le typhus (presque seulement en périodes de rassemblement militaire) et la typhoïde menaçaient ceux qui vivaient dans des conditions les plus précaires, la tuberculose tous les milieux. Dans les pays occidentaux, au début du XIXe siècle, les « bonnes années », sans épidémies d'envergure, le taux de mortalité était souvent quatre fois plus important qu'aujourd'hui. La science a cru, un temps, pouvoir maîtriser les maladies infectieuses… Sans mesurer que, bien souvent, ce n'était pas la médecine qui était parvenue à vaincre les épidémies, mais l'amélioration des conditions de vie et d'hygiène. En effet la salubrité des logements et l'eau courante ont fait plus contre la tuberculose et les diarrhées infectieuses que les médicaments.

À la fin des années 1970, beaucoup de responsables étaient convaincus de la disparition des maladies infectieuses dans les pays développés du Nord à un point tel que l'Assistance Publique-Hôpitaux de Paris se posait la question de la fermeture de lits d'infectiologie. Le plus grand laboratoire pharmaceutique français a d'ailleurs fermé, vers 1983, son département des anti-viraux. L'apparition du sida et l'épidémie d'hépatite C considérable que nous connaissons ont conduit à une révision de ces postulats et à une prise de conscience du risque épidémique, en particulier du fait de la facilité de transport et de diffusion de pathologies tropicales émergentes.

Nous ne sommes pas aujourd'hui débarrassés, ou en voie de l'être, des maladies infectieuses dont le poids, dans la mortalité, reste considérable. Nous vivrons toujours dans un environnement riche de tous ces agents : il y a, par exemple des dizaines de milliards de bactéries de plusieurs centaines d'espèces différentes dans un intestin humain et nous ne saurions nous en passer.

Les germes pathogènes quant à eux font preuve d'un dynamisme d'adaptation permanent : ils restent et resteront compagnons de route de l'humanité.

CONCLUSION

Au terme de ce travail, vos rapporteurs ont retenu plusieurs enseignements :

– Le risque épidémique est toujours d'actualité et le sera de plus en plus ;

– Il constitue le problème de santé le plus difficile à anticiper ;

– L'effort des pouvoirs publics est considérable et les progrès accomplis par notre système de veille et d'alerte remarquables, même si la canicule de 2003 a montré qu'il pouvait y avoir des défaillances dans ce système ;

– La politique de lutte contre le risque épidémique est globale et n'est pas limitée à des questions médicales : l'hygiène, les conditions de vie, le niveau d'information et de culture sont des paramètres fondamentaux.

Les inquiétudes de vos rapporteurs, s'agissant de l'action des pouvoirs publics, se situent à deux niveaux :

– L'information et la communication sont perfectibles, en particulier s'agissant des vaccinations ou de la prévention contre le VIH ;

– Les plans établis par les pouvoirs publics pour faire face aux risques épidémiques sont trop centralisés ; ils ne prennent pas assez en compte le rôle des maires et surestiment les moyens des DDASS.

Certains types de vaccin dont la diffusion est par nature aléatoire (par exemple ceux liés au bio terrorisme) ne peuvent être mis au point qu'avec l'appui financier des pouvoirs publics, faute de débouchés commerciaux, ce qui implique un partenariat de long terme.

L'audition publique organisée le 16 février 2005 a montré que la prise de conscience du risque épidémique était réelle. Il convient que ces bonnes dispositions ne s'étiolent pas avec le temps.

Recommandations

1. Tout migrant, en situation régulière, doit se voir proposer la possibilité de réaliser immédiatement un bilan de santé par les caisses primaires d'assurance maladie.

2. Le tableau vaccinal doit être actualisé régulièrement, dans le cadre d'une expertise publique transparente associant toutes les parties concernées.

3. Les activités des médecins libéraux au service de la santé publique doivent être reconnues et intégrées dans les conventions conclues avec les organismes d'assurance maladie.

4. La notion d'urgence absolue sanitaire devrait être précisée pour que des actions puissent être lancées par les pouvoirs publics en dérogeant à la procédure d'appel d'offres.

5. La Direction générale de la santé, placée au cœur des situations de crise, doit être soutenue pour être en mesure de faire face à ses tâches.

6. Un partenariat entre les pouvoirs publics et l'industrie des vaccins est important dans deux domaines : la préparation de vaccins contre des risques aléatoires liés au bioterrorisme et aux virus respiratoires ; dans le cadre de la coopération, une aide pour la mise au point de vaccins destinés aux pays en voie de développement et jugés non rentables par l'industrie pharmaceutique.

7. La dotation de l'État à l'Institut Pasteur doit être accrue en considération de son implication dans la recherche fondamentale et appliquée sur les maladies infectieuses.

8. Les crédits prévus pour la mise au point rapide d'un vaccin contre le charbon devraient être rapidement débloqués par le ministère de la Défense.

9. Des contrats associant l'État et les collectivités locales devraient être mis en place pour préparer la gestion des crises sanitaires majeures.

10. S'agissant des recherches engagées pour lutter contre le bioterrorisme, il est suggéré que des parlementaires membres de l'OPECST et des Commissions de la Défense du Parlement soient habilités à recevoir des informations classées « confidentiel défense » afin de pouvoir contrôler le système de riposte à ce type de menaces.

11. L'INSERM devrait diligenter une expertise collective internationale sur les effets de la vaccination contre l'hépatite B afin que le public puisse porter un jugement éclairé.

12. Une expertise collective sur les effets des antibiotiques dans l'alimentation animale au vu des phénomènes de résistance à ces médicaments devrait être conduite. La recherche en épidémiologie est déterminante dans la connaissance du risque et de son évolution. Elle doit être vigoureusement soutenue.

13. La recherche en épidémiologie est déterminante dans la connaissance du risque et de son évolution. Elle doit être vigoureusement soutenue.

14. Les clauses des contrats d'assurance décès excluant le risque épidémique devraient être réputées non écrites.

15. Il serait pertinent de prévoir l'obligation de rendre possible le nettoyage des mains avant les repas en collectivités.

LE RAPPORT LE GUEN DOOR (TOME III) DE 2006

C'est donc en 2005, alors que selon le DGS de l'époque, Didier Houssin : « il n'y avait pas réellement d'industrie du masque en France. Alors, avec Bercy, on a lancé des marchés publics pour donner naissance à cette industrie. On était dans un esprit de stock de défense », que le pouvoir politique prend pour une fois le sujet à bras-le-corps. Alors que le risque, en cas de pandémie mondiale, est que chaque pays garde sa production, le ministre de la Santé, Xavier Bertrand prévoit durant la période 2005-2010 l'achat par l'État de plusieurs dizaines de millions de masques chaque année, que l'État sera prioritaire et qu'au moins 180 millions de masques par an soient fabriqués. La première commande est confiée à sept prestataires dont une entreprise française : Bacou-Dalloz, propriétaire de l'usine de Plaintel, pour douze millions de masques. Le prix du masque FFP2 est fixé à 35 centimes l'unité, sans possibilité de variation en fonction du marché. Ce dispositif sera démantelé à partir de 2011. L'Usine de Plaintel, principal fournisseur français, sera liquidée en 2018...

Le Parlement, qu'on critique parfois pour sa lenteur ou ses joutes enflammées, mais souvent peu constructives, ne manquera pas d'apporter une nouvelle pierre à l'édifice. Ainsi, le rapport Le Guen Door du 26 janvier 2006, en trois copieux volumes, réussit une synthèse détaillée de la question : « L'hypothèse d'une mutation du virus aviaire H5N1 est aujourd'hui très sérieusement envisagée par la communauté scientifique. Les experts n'excluent pas qu'à l'occasion de contaminations successives de plus en plus nombreuses, le virus puisse subir une mutation génétique qui le rende plus facilement, mais aussi plus rapidement transmissible d'homme à homme. La propagation de ce virus muté se trouverait, au surplus, favorisée par la mondialisation du trafic aérien et la généralisation des transports collectifs en milieu urbain. Enfin, les moyens médicaux que les autorités sanitaires auraient à leur disposition seraient certainement insuffisants pour contrôler au plus vite ce qui serait alors devenue, à l'évidence, une pandémie. Si, donc, pour l'heure, la contamination humaine reste limitée à un nombre de cas somme toute réduit, comparé aux millions de personnes qui auraient pu être infectées, une épée de Damoclès reste suspendue au-dessus de nos têtes : le risque pandémique est, en l'état actuel des connaissances scientifiques et des constatations sur le terrain, impossible à écarter. La prudence impose donc d'envisager toutes les hypothèses, allant de quelques cas de contamination humaine à la pandémie. Tel est l'objectif auquel répond le plan élaboré par le Gouvernement français en 2004, et qui constitue un cas d'application du principe de précaution.

Introduction de Monsieur Jean Pierre Door et avant-propos de Monsieur Jean Marie Le Guen, députés.

Dès 1999, l'Organisation mondiale de la santé (OMS) alertait les États – membres sur le risque de pandémie grippale qui, selon elle, constituait dorénavant une menace permanente pour l'humanité et contre lequel il convenait de se prémunir au plus tôt.

La France a pris cette alerte très au sérieux et engagé un processus de préparation générale qui a abouti à un « plan de lutte contre une pandémie grippale », finalisé en octobre 2004, mais rendu public seulement en mai 2005 après avoir fait l'objet d'une mise à jour. Ce plan a pour objectifs, d'une part, de détecter l'apparition d'un nouveau virus grippal de nature pandémique et d'en contenir la diffusion, d'autre part, d'organiser le système de soins et le fonctionnement de la société une fois la pandémie installée.

L'évolution de la situation internationale depuis l'été 2005, marquée, en particulier, par la progression de l'épizootie de grippe aviaire à H5N1 dans le monde, a rendu encore plus plausible le risque de voir une pandémie éclater. En effet, la plupart des experts considèrent que plus le virus H5N1 contamine d'oiseaux, plus il a de chances de subir des mutations génétiques qui lui permettraient de s'adapter à l'organisme humain, puis de se transmettre d'homme à homme.

Dans ces conditions, le Gouvernement français a décidé de revoir le dispositif initialement prévu pour tenir compte de l'aggravation de la menace et anticiper au mieux l'arrivée d'un virus pandémique sur le territoire national. Un nouveau plan a ainsi été présenté au mois de janvier dernier, sous le titre : Plan gouvernemental de prévention et de lutte « Pandémie grippale ».

Le ministre de la Santé, M. Xavier Bertrand, qui a bien voulu réserver à la mission la primeur de ce nouveau plan, a fait observer, à l'occasion de son audition : « L'évolution de la situation montre avant tout que la France a certainement été inspirée en décidant d'améliorer son état de préparation », en insistant sur le caractère évolutif des mesures arrêtées : « Nous devons faire preuve d'humilité et nous dire que, tant qu'il sera possible d'améliorer notre plan, nous le ferons ».

La France est ainsi, depuis bientôt deux ans, en conformité avec les recommandations de l'OMS et, également, comme l'a fait remarquer le ministre à la mission, « très en avance par rapport à bien d'autres pays ». Elle sert, d'ailleurs, de référence dans le monde, les plus hauts responsables de l'OMS ayant félicité à plusieurs reprises les autorités françaises pour leur travail de préparation au risque pandémique. Au demeurant, dans un article de la revue The Lancet (20 avril 2006), qui publie les résultats d'une étude comparative des plans nationaux de vingt et un États membres de l'Union européenne, la France figure parmi les quatre premiers pays jugés les mieux préparés pour chacun des domaines envisagés (surveillance, communication, réponses du système de santé, fonctionnement des services essentiels...).

Le plan français décline un ensemble de mesures destinées à organiser les différents secteurs de la vie du pays, à commencer par celui de la santé, en fonction de la progression de la maladie, d'abord en période pré-pandémique, puis en phase pandémique.

La mission d'information avait décidé, lors de sa réunion constitutive au mois d'octobre 2005, de consacrer à l'évaluation du plan gouvernemental de préparation à la pandémie le dernier des trois rapports qu'elle avait l'intention de publier tout au long de ses travaux. On rappellera, pour mémoire, que le premier rapport procédait à un état des lieux des moyens médicaux et de protection individuelle d'ores et déjà disponibles en cas de pandémie : « Menace de pandémie grippale : préparer les moyens médicaux » ; le deuxième faisait le point sur l'épizootie de grippe aviaire dans le monde et sur la situation de la France en particulier : « Le H5N1 : une menace durable pour la santé animale ».

Le présent rapport a donc pour objectif d'analyser le contenu du plan français dans ses grandes lignes, à la lumière des conditions dans lesquelles il a été élaboré, c'est-à-dire dans la perspective d'un événement encore inédit à ce jour : d'une part, il reste largement inconnu – les pandémies de ces cinquante dernières années n'ont pas éclaté dans le contexte de mondialisation qu'on connaît aujourd'hui ; d'autre part, personne n'est capable d'en prévoir la gravité. C'est donc principalement par simulations et extrapolations que le Gouvernement a ébauché des hypothèses d'attaque du virus pandémique et évalué les moyens à mobiliser en conséquence.

Parmi ces moyens, le système de santé figure, naturellement, au premier rang : en cas de pandémie, il faudrait soigner des millions de malades qui, pour la plupart sans doute, seraient atteints d'une forme bénigne de grippe, mais dont un pourcentage non négligeable développera des complications graves nécessitant leur hospitalisation.

L'importance tant stratégique que concrète des modalités de prise en charge de tous les malades a conduit la mission à décider de concentrer l'essentiel de ses travaux à l'examen du plan sous cet angle. Elle a, à cet effet, consacré vingt-cinq réunions à l'audition, notamment :

– du ministre de la Santé et des Solidarités, M. Xavier Bertrand, qui s'est rendu devant la mission à trois reprises, le 29 novembre 2005, puis le 11 janvier et le 29 mars 2006 ;

– d'experts – le délégué interministériel à la lutte contre la grippe aviaire, le Secrétaire général de la Défense nationale, le directeur de l'Institut national de veille sanitaire, un haut responsable de l'OMS ;

– de professionnels de santé – médecins libéraux, personnels hospitaliers, directeurs d'hôpital, cadres hospitaliers.

Il est ressorti de l'ensemble de ces auditions que les personnels médicaux, toutes catégories confondues, seraient, à l'évidence, grandement sollicités. Leurs représentants l'ont assuré devant la mission : tous sont clairement conscients de la responsabilité qui serait la leur en cas de pandémie et parfaitement décidés à l'assumer pleinement, quelles que soient les circonstances.

Certains membres de la mission ont émis des doutes sur la solidité de cet engagement moral face à l'épreuve de la pandémie : ils se sont interrogés sur les capacités de résistance des uns et des autres au mouvement de panique qui pourrait s'emparer de la population, et à la tentation de fuir la contagion.

Le Rapporteur ne partage pas cette vision pessimiste du sens du devoir, en particulier chez les médecins. Le serment d'Hippocrate qu'ils ont prêté, comme la conscience aiguë qu'ils ont de l'attente, confiante, de leurs concitoyens, les conduira à assumer leurs obligations professionnelles, le Rapporteur en est convaincu. Leurs représentants l'ont affirmé avec force devant la mission et il n'y a, pour le Rapporteur, aucune raison de douter de cet engagement. Il est tout aussi confiant dans la mobilisation des autres personnels de santé, cela va sans dire.

Ceci dit, les médecins, comme les autres personnels, attendent – et n'est – ce pas légitime ? – que toutes les précautions soient prises pour garantir leur sécurité personnelle comme celle de leurs proches face au risque de contagion. Ils veulent, notamment, être assurés de disposer des matériels de protection contre le risque infectieux : masques, gants, solutions hydro-alcooliques… Ils veulent aussi que ceux d'entre eux qui le demanderont puissent bénéficier d'un traitement préventif par anti-viraux. Ces revendications sont bien normales et seront, cela va de soi, satisfaites en temps utile.

Le Rapporteur est persuadé que les professionnels de santé répondront « Présents » le moment venu, si toutes les assurances leur sont données d'une pratique médicale sécurisée. Ne perdons pas de vue, non plus, que le risque infectieux est une donnée somme toute bien « banale » dans la vie des professionnels de santé, médecins ou autres, a fortiori pour ceux qui travaillent dans les services hospitaliers des maladies infectieuses, où le risque contagieux est une donnée permanente quotidienne.

Pour compléter les témoignages recueillis au cours de ses auditions, la mission a aussi voulu savoir comment, sur le terrain, les hôpitaux se préparaient au risque pandémique et à l'afflux prévisible de malades. Une dizaine de déplacements ont ainsi été organisés à Paris et en province, principalement dans des centres hospitaliers universitaires (CHU), entre janvier et mars. Ils ont permis aux députés présents de rencontrer les acteurs de cette préparation et de visiter les locaux qui devraient accueillir, le cas échéant, les malades de la grippe. On trouvera dans le rapport une synthèse de ces visites.

Par ailleurs, le rapport est enrichi d'une contribution de Mme Bérengère Poletti, membre de la mission, sur la télémédecine : son auteur met en évidence les avantages d'un recours plus grand aux nouvelles technologies dans l'exercice de la médecine dans la perspective d'une pandémie.

S'agissant des autres principaux aspects du plan comme, par exemple, la question des transports ou le maintien de la vie économique du pays, ils font l'objet de développements dans le présent rapport.

Certains sujets ont donné lieu à quelques auditions « ciblées » devant la mission : la gestion de l'information – audition de M. Robert Namias, directeur de l'information à TF1 ; la continuité du service public de l'enseignement – audition de M. Gilles de Robien, ministre de l'Éducation nationale, de l'Enseignement supérieur et de la Recherche ; la préparation des communes et la mobilisation des équipes municipales – auditions d'un représentant de l'Association des maires de France, d'un élu d'une commune de taille moyenne et du Secrétaire général de la Ville de Paris.

Le rapport intègre enfin quelques éléments d'information fournis par les participants au colloque organisé le 15 juin sur le thème : « Grippe aviaire : état d'alerte international » et que le Rapporteur a présidé.

Pour présenter l'ensemble de ces travaux, le rapport comportera deux parties. La première, après avoir rappelé l'historique du plan français, en exposera l'objectif : organiser le fonctionnement du pays en mode dit « dégradé ». Puis le Rapporteur s'attachera à en présenter les modalités d'application : mobilisation de l'État et des collectivités territoriales, mise en œuvre de mesures barrières susceptibles de réduire le risque de contagion, enfin administration des services publics essentiels.

La seconde partie sera consacrée à l'organisation du système de santé en période pré-pandémique, puis en phase pandémique, avec un éclairage particulier sur le rôle de l'hôpital tout au long de la crise.

Au total, donc, le présent rapport offrira une vue d'ensemble du dispositif prévu pour préserver au maximum la santé humaine des conséquences de l'arrivée d'un virus pandémique.

La mission a cependant tenu, avant de parachever ses travaux, à faire un nouveau point sur l'épizootie de grippe aviaire dans le monde et sur la situation de la France, ne serait-ce que pour souligner une nouvelle fois combien les deux problématiques santé animale – santé humaine au regard de la protection contre le H5N1 sont intimement liées, la défense de la seconde restant largement tributaire de l'efficacité des moyens mis en œuvre pour préserver la première.

C'est aussi l'occasion de rappeler que le combat contre le H5N1 doit continuer, même si le risque est moins apparent en ces mois plus chauds. Loin de baisser la garde, il faut, au contraire, rester vigilant pour ne pas se laisser surprendre par d'éventuelles nouvelles flambées aviaires à l'automne prochain.

On trouvera donc, à la fin du rapport, une annexe sur l'actualité de l'épizootie de grippe aviaire. Pour ce qui concerne la France, aujourd'hui indemne de grippe aviaire, la mission a souhaité voir avec Madame Nelly Olin, ministre de l'Écologie et du Développement durable, les conséquences de l'amélioration de la situation sur le territoire national sur les conditions de pratique de la chasse, en particulier la chasse avec appelants. Elle a donc procédé à son audition, le 30 mai.

On pourra également lire une contribution de M. Alain Claeys, membre de la mission, sur l'accès à la connaissance des séquences génétiques du virus H5N1.

Son auteur fait le point sur les blocages qui rendent cet accès aujourd'hui difficile et freinent les échanges d'informations entre experts, pourtant essentiels puisqu'ils permettent de surveiller les modifications génétiques du virus et aideraient donc, le cas échéant, à la détection d'un risque de début de pandémie. Notre collègue propose quelques pistes de réflexion pour corriger les imperfections de la situation actuelle.

Enfin, la mission a décidé de publier le compte rendu de deux déplacements effectués dans des pays touchés par l'épizootie de grippe aviaire : Vietnam et Chine, à l'occasion de la Conférence internationale des donateurs qui s'est tenue à Pékin au mois de janvier ; Turquie, au mois de février, après que des cas de contamination humaine y aient été découverts. Au mois de mars, une délégation s'est rendue au Sénégal et au Mali, alors indemnes de grippe aviaire –

et qui le sont toujours aujourd'hui – pour évaluer les dispositifs de surveillance et d'alerte mis en place dans ces deux pays notamment par la France ; le compte rendu de ce voyage figure également dans le rapport.

Pour terminer, le Rapporteur souhaite attirer l'attention sur l'indispensable mobilisation de tous les Français pour faire face à la menace de pandémie grippale. À cet égard, l'organisation, annoncée par le ministre de la Santé et des Solidarités, d'un colloque sur « Éthique et pandémie grippale » au mois de septembre prochain, est une initiative dont il se félicite : il aidera à la prise de conscience par chacun de la menace qui pèse sur la santé humaine et permettra d'impulser un débat national et civique sur les enjeux de société liés au risque pandémique. De même, la tenue d'exercices de simulation dans tous les départements et les établissements de santé, souhaitée par le ministre pour la rentrée, contribuera à sensibiliser chacun au défi qu'il faut aujourd'hui relever.

On trouvera, ci-après, le texte de la lettre adressée à M. Jacques Chirac, Président de la République, le 12 juin 2006.

M. Jean-Marie Le Guen, député de Paris : « Le 8 août dernier, au retour d'une mission de l'Assemblée nationale aux États-Unis, je vous écrivais pour vous faire part de ma grande préoccupation devant les risques renforcés de pandémie grippale, l'évolution de l'épizootie de grippe aviaire et l'insuffisante préparation de la communauté internationale.

Face aux dangers que fait courir l'éventualité de la survenue d'une pandémie, vous mettiez en place, dès la rentrée de septembre, plusieurs initiatives pour mobiliser l'opinion, les pouvoirs publics et la communauté internationale.

À la suite de votre intervention, le gouvernement a activé la mise en œuvre d'une politique de précaution. Il fut, ainsi, décidé la commande et le stockage de biens médicaux utiles (médicaments, vaccins, masques, etc.). Le plan de lutte contre la pandémie fut, en partie, retravaillé et précisé. Ces premières actions ont permis à notre pays d'être reconnu comme l'un des plus avancés dans la préparation contre la pandémie.

Quelques mois plus tard, la découverte sur le territoire national de la présence du virus H5N1 et ses conséquences sur la filière avicole émurent fortement l'opinion publique. Heureusement, après une période d'inquiétude, nos concitoyens recouvrèrent, très majoritairement, leur confiance. Notre pays a pu, ainsi, surmonter cet épisode sans subir de conséquence sanitaire ni de dommages économiques de grande envergure.

Ces derniers mois, j'ai eu l'occasion, à plusieurs reprises, tant à titre personnel que comme président de la mission parlementaire sur la grippe aviaire, d'exprimer mon approbation et mon soutien à l'action engagée.

Cependant, et pour toutes les raisons que je viens d'évoquer, il est de mon devoir de vous renouveler mon adresse pour vous faire connaître mes inquiétudes concernant la mise en œuvre de notre préparation au risque pandémique.

Que ce soit dans le cadre de la mission parlementaire que je préside ou par mes contacts personnels, je constate que notre système de soins et, plus largement, la société française ne sont pas préparés à faire face à une éventuelle pandémie.

Plusieurs raisons expliquent nos difficultés. Certains de nos concitoyens, parmi lesquels se trouvent des professionnels de santé, voient leur tentation du déni l'emporter sur toute autre considération. Pour d'autres, c'est l'ampleur des tâches quotidiennes qui dissuadent de se préoccuper d'un risque qui paraît s'être éloigné et demeure hypothétique. De même, nos collectivités locales sont, à leur niveau, trop inégalement engagées dans la préparation d'un plan de lutte.

Je redoute que cette situation préoccupante ne résulte pas uniquement du délai nécessaire à la mise en œuvre du plan, mais aussi d'insuffisances dans l'approche politique. Il me semble, en effet, que le plan de lutte demeure encore peu précis dans la formulation de ses priorités et de ses responsabilités.

La première précision qu'il nous faut apporter concerne la nature de notre réponse face à la menace pandémique initiale. Celle-ci doit-elle être d'ordre médical (médicaments, vaccins, hospitalisations) ou d'ordre social (réseaux de solidarité, comportements individuels) ?

Mon sentiment est que, tant que nous manquerons de vaccin, outil décisif contre le risque épidémique infectieux, la réponse doit d'abord être sociale. Ni le médicament dont l'utilisation et plus encore la distribution sont complexes, ni les masques essentiellement disponibles pour les professionnels de santé, ni l'hospitalisation dont nous devons tant redouter l'encombrement ne fournissent à eux seuls une réponse satisfaisante. Ceci ne signifie en aucune manière que nous ne devions pas veiller à pouvoir en disposer pleinement, ce que j'ai soutenu et publiquement approuvé.

Mais c'est d'abord par la protection que procurent des comportements individuels et collectifs adéquats qu'on limitera la diffusion de l'épidémie. C'est par un voisinage attentif et un filet de surveillance médicale opérationnel que l'on pourra maintenir et soigner à domicile la plupart des malades qui ne souffriront, heureusement, que des symptômes d'une grippe habituelle. Il faut donc préparer nos concitoyens à être les acteurs principaux du dispositif primaire de vigilance. La crise pandémique sera moins une crise sanitaire majeure qu'une forte épreuve de cohésion pour notre société. C'est en développant la solidarité active de proximité qu'on fera naître la confiance.

Si l'on accepte cette stratégie de responsabilisation individuelle et de cohésion sociale, il faut alors penser que le rôle et le positionnement de l'État sont, sans doute, bien différents de la démarche hiérarchisée et administrative traditionnelle. C'est un État stratège, planificateur, pourvoyeur de logistique, mais fondamentalement animateur et non pas administrateur dont nous avons besoin pour dynamiser la réponse sociale.

La solution repose, en effet, sur la mobilisation des citoyens plus que sur celle des techniciens et des autorités qui n'interviennent qu'en complément.

J'en viens au troisième point qui suscite mon inquiétude.

Je ne crois pas que l'engagement des professionnels concernés, à commencer par les professionnels de santé, aille naturellement de soi. Le fait que certaines catégories professionnelles mobilisables disposent d'un cadre juridique plus ou moins précis organisant leur emploi n'est pas une garantie suffisante, ni pour eux ni pour la société. Ce statut juridique sera bien fragile si, auparavant, l'enjeu éthique n'est pas affirmé et les dispositions pratiques leur assurant une bonne protection mises en place. Il faudrait, dès aujourd'hui, préciser quel type de mission de service public nous attendons des uns et des autres.

Je suis convaincu qu'un tel appel rejoindrait les valeurs et la déontologie de beaucoup de nos concitoyens. Entre le volontariat qui ne correspond pas aux besoins quantitatifs et qualitatifs, et la réquisition qui ne répond en rien aux questions légitimes que peuvent se poser les professionnels, il y a une place pour un discours de vérité et de mobilisation.

Dans ce sens, je crois utile de créer, auprès du gouvernement, un comité regroupant des représentants des principaux acteurs et des forces vives de la Nation pour que soit mené, en toute transparence, le débat sur la mise en œuvre du plan.

Sur tous ces sujets, nous restons dans le non-dit, parfois, dans le mal dit. J'ignore si nous sommes d'accord sur ces orientations, mais, quoi qu'il en soit, nous n'en avons pas encore tiré les conséquences logiques. Vous comprendrez, au regard de l'importance des enjeux, que je profite de la période d'apparente rémission pour dire sans fard ce que je crois ».

La proposition de loi de Francis Giraux, 24 novembre 2006.

Le 24 novembre 2006, le sénateur Francis Giraud rédige une proposition de loi *relative à la préparation du système de santé à des menaces sanitaires de grande ampleur.*

Cette proposition de loi, ne crée pas de nouveaux mécanismes, mais vise à rationaliser l'existant en donnant un cadre juridique solide à un ensemble disparate, construit empiriquement au fil des ans.

La France a certes réalisé des progrès considérables depuis 2001 dans les domaines de la veille et de l'alerte sanitaires, mais des faiblesses importantes demeurent.

En premier lieu, aucun dispositif d'ensemble n'est prévu pour la rémunération, la protection sociale ou la couverture juridique des professionnels de santé volontaires pour se rendre en urgence sur les lieux touchés par une catastrophe ou par une épidémie.

En second lieu, la logistique relative aux produits de santé et équipements achetés et stockés dans le cadre des différents plans de traitement des crises sanitaires est assurée par la direction générale de la santé avec des effectifs humains trop réduits et dans des conditions ne permettant pas d'en garantir une gestion optimale.

Enfin, un dernier élément de faiblesse tient à l'absence de stratégie alternative dans le cas où les professionnels de santé seraient eux-mêmes massivement affectés par la propagation d'une pandémie virale ou bactériologique. Leur absentéisme serait alors un facteur aggravant de la crise.

En réponse à ce constat, la proposition de loi vise à renforcer les moyens de prévention et de gestion des menaces sanitaires de grande ampleur par la mise en place de deux instruments : un corps de réserve sanitaire qui permettra d'augmenter les ressources en personnel de santé ; un établissement public, chargé tant de l'administration de la réserve sanitaire que de la logistique des produits et équipements prévus par les différents plans de prévention et de gestion des situations de catastrophe, d'urgence et de menace sanitaires graves.

Rapport du Sénateur Jean Jacques Jegou sur l'EPRUS, 6 mai 2009.

*Le 5 mars 2007, l'État crée l'Établissement pour la préparation aux risques et urgences sanitaires (*EPRUS*) financé à parité par l'État et l'assurance maladie, dont les deux axes forts sont la création d'une réserve sanitaire et la gestion logistique des moyens de lutte contre les menaces sanitaires graves.*

Dès 2009, l'EPRUS à peine installé et qui peine à trouver sa place, doit faire face à la crise de la grippe A. L'État, disposait alors d'un stock important (estimé à 765 millions de masques) et à l'initiative de la ministre de la Santé Roselyne BACHELOT, commande massivement des stocks de précautions et dispose des moyens industriels en France, depuis 2005, grâce à l'action de son prédécesseur, Xavier BERTRAND.

À partir de 2009, le Sénat, un peu dubitatif, se penche sur l'EPRUS.

La loi du 5 mars 2007 relative à la préparation du système de santé à des menaces sanitaires de grande ampleur a créé l'Établissement de préparation et de réponse aux urgences sanitaires (EPRUS). Deux missions principales incombent à cet établissement : d'une part, la gestion administrative et financière de la « réserve sanitaire » et, d'autre part, la gestion des stocks de produits de santé constitués en cas d'attaques terroristes ou de pandémies.

En application de l'article 57 de la loi organique relative aux lois de finances (LOLF), votre rapporteur spécial a décidé de mener une mission de contrôle sur cette seconde fonction de l'EPRUS. Cette décision, prise à la suite de la discussion budgétaire de cet automne, est intervenue avant l'apparition des premiers cas de grippe A/H1N1 à la fin du mois d'avril 2009. Rattrapé en quelque sorte par l'actualité, votre rapporteur spécial a souhaité compléter ses travaux par de nouvelles auditions et déplacements au cours des mois de mai et juin.

À l'origine, outre les enjeux sanitaires – puisque, dans un avis daté du 5 septembre 2008, le haut conseil de la santé publique (HCSP) indiquait déjà qu'« aujourd'hui la probabilité de survenue d'une pandémie est élevée sans qu'il soit possible d'en prédire la date de survenue et son intensité » –, trois éléments avaient amené votre rapporteur spécial à faire ce choix.

Tout d'abord, les enjeux budgétaires de la question. En effet, si la subvention pour charge de service public versée à l'EPRUS dans le cadre de la mission « Santé » ne représente, pour 2009, qu'environ 9,4 % des autorisations d'engagement (AE) et 14,8 % des crédits de paiement (CP) inscrits sur le programme 204 « Prévention et sécurité sanitaire », la valeur du stock de produits de santé, appelé « stock national santé », géré par l'EPRUS s'élevait à 845 millions d'euros à la fin de l'année 2008, soit 1,72 % des stocks de l'État et 43 % de ses stocks civils en 2007.

En second lieu, votre rapporteur spécial rappelle que dès l'origine, votre commission des finances s'est interrogée, d'une part, sur la qualité de gestion des stocks de produits de santé constitués dans le cadre des plans « Biotox » et « Pandémie grippale » et, d'autre part, sur la gestion de l'EPRUS elle-même. Ces interrogations avaient notamment amené votre rapporteur spécial à déposer un amendement de réduction de la subvention pour charge de service public de l'EPRUS, lors de l'examen du projet de loi de finances pour 2009, afin d'engager le débat sur ces deux questions.

Enfin, 2009 constitue une année charnière pour l'EPRUS, dans la mesure où une part importante du « stock national santé » est arrivée ou arrivait à péremption.

Le but de votre rapporteur spécial n'a pas été d'apprécier la qualité scientifique des choix stratégiques opérés dans la constitution du « stock national santé », ce qui aurait nécessité le concours d'experts scientifiques et aurait davantage relevé des compétences de fond des rapporteurs pour avis. Mais il a été d'en évaluer la gestion logistique – c'est-à-dire les modalités d'acquisition, de stockage, de recensement et de renouvellement – au regard de deux notions : « la bonne administration » et l'efficience. Autrement dit en quoi la mise en place de l'EPRUS constitue-t-elle un progrès par rapport à la gestion précédemment assurée par la direction générale de la santé (DGS) ? Dans quelle mesure l'optimisation des moyens financiers alloués à cet établissement est-elle assurée ?

Certains interlocuteurs de votre rapporteur spécial ont évoqué les avancées permises ou, pour le moins, attendues de la création de l'EPRUS. Cependant, les auditions et les déplacements réalisés par votre rapporteur spécial ne lui permettent pas de porter, aujourd'hui, un jugement aussi optimiste : l'EPRUS, près de deux ans après sa mise en place, n'a pas encore relevé les nombreux défis auxquels il est confronté.

Si certaines faiblesses peuvent être imputées à la « jeunesse » de l'établissement et si les acteurs responsables de la gestion des urgences sanitaires, rencontrés par votre rapporteur spécial, semblent avoir pris conscience des lacunes du dispositif actuel, un suivi attentif du fonctionnement de cet opérateur devra être mené à l'avenir. L'épreuve du feu dans laquelle il est aujourd'hui plongé constituera un test important pour cette nouvelle structure.

Au terme de ses travaux, les pistes de réflexion de votre rapporteur spécial s'articulent autour de trois axes :

– améliorer le positionnement de l'EPRUS au sein du dispositif de gestion des crises sanitaires, en renforçant les liens avec le ministère de la Défense et le ministère de l'Intérieur et en développant la coopération européenne ;

– remédier rapidement aux faiblesses administratives et budgétaires de l'EPRUS ;

– veiller, de façon plus générale, au perfectionnement permanent du dispositif de gestion des risques sanitaires, dont l'EPRUS ne constitue qu'un maillon.

Les enjeux liés à ces différentes questions sont importants, étant donné, d'une part, le risque actuel de pandémie, qui sera l'occasion de mesurer sur le terrain l'efficacité du dispositif, et, d'autre part, le renouvellement massif des stocks stratégiques de l'État qui interviendra dans les prochaines années.

A. AMÉLIORER LE POSITIONNEMENT DE L'EPRUS AU SEIN DU DISPOSITIF DE GESTION DES CRISES SANITAIRES

Comme votre rapporteur spécial l'a déjà indiqué, l'EPRUS se situe au cœur du dispositif complexe de gestion des risques sanitaires. Si certains de ses interlocuteurs ont évoqué les améliorations permises ou, pour le moins attendues, de la mise en place de l'EPRUS, les auditions et les déplacements de votre rapporteur spécial le conduisent cependant à porter un jugement plus nuancé quant au bilan de l'action menée jusqu'alors par l'EPRUS et, plus généralement, quant à l'opportunité de la mise en place d'un maillon supplémentaire à ce dispositif, dédié à la gestion logistique du « stock national santé ».

1. Fallait-il créer l'EPRUS ?

La réponse à la question « fallait-il mettre en place l'EPRUS ? » n'est, en effet, pas évidente et appelle plusieurs éléments de réflexion.

Tout d'abord, force est de constater que l'EPRUS n'a aujourd'hui apporté que des réponses partielles aux difficultés rencontrées autrefois par la DGS et qui avaient justifié sa mise en place, à savoir :

– la professionnalisation des effectifs dédiés à la gestion du « stock national santé » : l'agence a connu une certaine instabilité et n'a achevé que très récemment l'ensemble de ses recrutements. La professionnalisation de l'équipe en place ne pourra, par ailleurs, être appréciée qu'après la gestion d'une éventuelle pandémie et la passation des marchés de renouvellement du « stock national santé » ;

– la délivrance, ensuite, d'un statut d'établissement pharmaceutique à l'organe compétent dans la gestion des stocks stratégiques du ministère de la Santé : l'EPRUS vient seulement, à la fin du mois de mars 2009, soit près de deux ans après sa mise en place, d'obtenir ce statut ;

– enfin, la rationalisation du schéma de stockage et de distribution des produits en cas de pandémie : celle-ci est encore en cours d'élaboration.

Ces difficultés sont certes, pour partie, imputables à la relative « jeunesse » de l'établissement, mais devront faire l'objet d'un suivi attentif dans les années à venir.

C'est surtout l'étroitesse du rôle de l'EPRUS qui conduit votre rapporteur spécial à s'interroger sur la pertinence de la création de l'agence. La question se pose, en effet, dans la mesure où :

– l'établissement est placé sous l'étroite tutelle du ministère de la Santé qui avait, lui-même, rencontré des difficultés importantes pour remplir les tâches qui lui incombaient avant la mise en place de l'EPRUS ;

– la gestion des stocks constitués par les différents ministères dans le cadre de leur « plan de continuité », ainsi que les stocks des collectivités territoriales, ne relèvent pas de sa compétence ;

– l'EPRUS a recours, comme le faisait auparavant la DGS, à l'Union des groupements d'achats publics (UGAP), pour la passation de certains marchés d'acquisition de produits ou de convention de stockage, fonctions qui constituent pourtant son cœur de métier.

Enfin, il convient de rappeler que l'EPRUS n'est pas, à proprement parler, une agence de sécurité sanitaire, dont la création se justifie par la nécessaire séparation des fonctions d'évaluation et de gestion du risque et l'indépendance de l'expertise scientifique. La logique de la création de l'EPRUS est en effet autre. Il s'agit, certes, de séparer la fonction d'élaboration des stratégies de réponse aux urgences sanitaires de leur mise en œuvre opérationnelle ; cependant, la notion d'expertise logistique qui est attribuée à l'EPRUS n'est pas du même ordre que l'expertise scientifique attendue des agences de sécurité sanitaire qui requiert une indépendance par rapport au gestionnaire du risque.

Ces réflexions amènent ainsi votre rapporteur spécial à considérer l'alternative suivante :

– soit l'EPRUS est un maillon essentiel du dispositif de gestion des risques sanitaires, auquel cas il convient de lui donner pleinement les moyens de remplir sa fonction et d'envisager ainsi une éventuelle extension de son champ de compétences, notamment vis-à-vis des différents stocks gérés en propre par chaque ministère ou chaque collectivité territoriale ;

– soit l'EPRUS a vocation à demeurer un simple logisticien et, dans ce cas, se pose la question des alternatives possibles à sa mise en place, notamment la professionnalisation et le renforcement des effectifs de la DGS.

Votre rapporteur spécial souhaite, à cet égard, indiquer que le ministère de la Défense gère, quant à lui, directement ses propres stocks, même si, comme l'a indiqué, à votre rapporteur spécial, Nicole Pelletier, pharmacien en chef à la direction centrale du service de santé des armées, le mode de gestion du « stock national santé » et celui du ministère de la Défense diffèrent :

– d'une part, les stocks stratégiques de la DGS sont, par définition, « dormants », sauf déclenchement d'une pandémie ;

– d'autre part, le dimensionnement du stock géré par le ministère de la Défense est, en raison de la population à laquelle il est destiné, moins important. Il représente, selon les données transmises par le ministère de la Défense, une valeur de 115 millions d'euros.

Si la question de l'opportunité de la mise en place de l'EPRUS mérite d'être posée, elle n'amène pas, à ce stade, votre rapporteur spécial à préconiser sa suppression, compte tenu notamment du risque pandémique actuel et de la relative « jeunesse » de l'établissement. Par ailleurs, il convient de rappeler que l'EPRUS exerce une seconde fonction que votre rapporteur spécial n'a pas étudiée au cours de sa mission de contrôle : la gestion de la réserve sanitaire.

Néanmoins un bilan de l'action menée par l'EPRUS devra être dressé une fois le risque pandémique passé, afin d'apprécier toute la mesure du rôle effectif dévolu à l'établissement, ainsi que la « valeur ajoutée » apportée par sa création.

2.Sans préconiser sa suppression, des améliorations sont envisageables à court terme afin de clarifier le positionnement de l'EPRUS au sein du dispositif de gestion des risques sanitaires.

À court terme, des améliorations sont cependant envisageables afin de clarifier le positionnement de l'EPRUS au sein du dispositif de gestion des risques sanitaires.

a) Une nécessaire clarification des rôles et des responsabilités de l'État, de l'AFSSAPS et de l'EPRUS

S'agissant, tout d'abord, des relations entre le ministère de la Santé, l'AFSSAPS et l'EPRUS, de nombreux interlocuteurs de votre rapporteur spécial ont appelé à une clarification des rôles et des responsabilités de ces trois acteurs. Un schéma d'ensemble envisageable pourrait être le suivant :

– il reviendrait au ministère de la Santé la responsabilité de l'élaboration des stratégies de réponse aux urgences sanitaires, ainsi que celle du statut spécifique des produits de santé constituant le « stock national santé » ;

– il conviendrait d'associer l'AFSSAPS, plus en amont, à l'évaluation du dimensionnement du « stock national santé » et à la sélection des produits. Elle interviendrait également, comme aujourd'hui, dans les études destinées à prolonger les durées de validité des produits, mais selon des modalités clarifiées et encadrées comme cela sera précisé ultérieurement ;

– enfin, l'EPRUS devrait, quant à lui, être en mesure de jouer pleinement son rôle de logisticien tout au long des étapes de la constitution du « stock national santé » : la passation des marchés, le suivi des stocks, la gestion logistique de la péremption des produits sur le terrain, la garantie de la destruction effective des médicaments ou équipements périmés. Sa participation à la phase de planification et de préparation aux menaces sanitaires semble, par ailleurs, devoir être renforcée, dans la mesure où l'établissement doit également pouvoir faire preuve de capacités d'anticipation, de réactivité et d'adaptation en cas de dysfonctionnements des plans de défense.

b) Un renforcement de la coordination interministérielle entre le ministère de la Santé, le ministère de la Défense et le ministère de l'Intérieur

Au-delà de ce schéma, votre rapporteur spécial estime indispensable de renforcer les liens et les mutualisations entre le ministère de la Santé, le ministère de la Défense et le ministère de l'Intérieur.

Ce renforcement de l'interministérialité pourrait notamment prendre la forme d'échanges d'expérience ou de regroupements de procédures d'achats. En effet, si le dimensionnement des stocks gérés par le ministère de la Santé et le ministère de la Défense n'est pas comparable, en revanche, ces deux stocks sont constitués de produits similaires.

Le renforcement des liens entre les trois ministères dans la gestion des crises s'inscrit, d'ailleurs, pleinement dans les perspectives ouvertes par le Livre blanc sur la défense et la sécurité nationale qui introduit la notion de « sécurité nationale » regroupant la défense, la sécurité intérieure et la sécurité sanitaire.

c) Le développement de la coopération européenne

Cependant, l'ensemble de ce schéma ne peut être pleinement efficace que s'il s'inscrit dans le cadre d'une coopération européenne, voire internationale, renforcée.

Or, aujourd'hui, votre rapporteur spécial note que, dans le domaine de la santé humaine, la coordination est encore embryonnaire, comme l'avait déjà indiqué notre collègue Nicole Bricq, alors rapporteure spéciale de la mission « Sécurité sanitaire », dans son rapport sur les moyens de lutte contre la « grippe aviaire » [1].

Cela tient à la fois à la préparation très hétérogène des États membres au risque de pandémie, ainsi qu'au principe de subsidiarité, en vertu duquel les questions de santé humaine, auxquelles se rattache la préparation à une pandémie grippale, relèvent pour l'essentiel de la compétence des États membres.

La santé humaine dans le droit communautaire

La santé publique est une des politiques de la Communauté européenne. Elle fait l'objet de l'article 152 TCE. Dans cet article, le principe de subsidiarité y est clairement exprimé puisque l'action de la Communauté européenne vise à « compléter les politiques nationales ».

Son champ d'action s'étend à :

– l'amélioration de la santé publique ;

– la prévention des maladies et des affections humaines et des causes de danger pour la santé humaine ;

– la lutte contre les grands fléaux, en favorisant la recherche sur leurs causes, leur transmission et leur prévention ainsi que l'information et l'éducation en matière de santé.

La Commission européenne a principalement un rôle d'encouragement à la coopération et de coordination en la matière. La Communauté européenne et les États membres doivent favoriser la coopération avec les États tiers et les organisations internationales et l'action communautaire doit « respecter pleinement les responsabilités des États membres en matière d'organisation et de fourniture de services de santé et de soins médicaux » (article 152 alinéa 5).

Pourtant, s'agissant de menaces sanitaires à caractère transfrontalier, une action européenne concertée s'avère indispensable, ce qui a notamment conduit, dès l'apparition du virus A/H1N1, les ministres européens et la Commission européenne, en lien avec l'OMS, à travailler de concert, afin de renforcer l'alerte sanitaire européenne et l'articulation des décisions nationales de réponse aux crises.

Cependant ces mesures demeurent relativement limitées. Ainsi, à l'occasion du conseil extraordinaire des ministres de la Santé de l'Union européenne, qui s'est réuni le 30 avril 2009, le virus A/H1N1 a été reconnu comme « une menace potentielle » ; les États membres ont été invités à prendre « toutes les mesures appropriées » pour protéger la santé publique conformément aux recommandations de l'OMS et ils ont été incités à coopérer étroitement entre eux et avec le secteur pharmaceutique pour faciliter le développement d'un vaccin.

Votre rapporteur spécial estime que des efforts supplémentaires doivent être fournis, tant du point de vue de la coordination entre les différents plans nationaux, des échanges d'information que des relations entre les agences nationales et européennes de sécurité sanitaire, thèmes notamment abordés par la Présidence française de l'Union européenne.

Votre rapporteur spécial encourage particulièrement la poursuite des réflexions sur la faisabilité de la mise en place d'un stock européen de médicaments.

Il rappelle, à cet égard, qu'en 2006, le commissaire européen Markos Kyprianou avait proposé de constituer un stock européen d'antiviraux en cas de pandémie grippale. Mais ce projet a été rejeté par le Conseil des ministres le 2 juin 2006.

B. REMÉDIER RAPIDEMENT AUX FAIBLESSES ADMINISTRATIVES ET BUDGÉTAIRES DE L'EPRUS

La mission de contrôle de votre rapporteur spécial l'a également conduit à identifier des faiblesses dans la gouvernance de l'EPRUS, la programmation budgétaire des moyens qui lui sont alloués et l'exercice de sa mission de gestionnaire logistique du « stock national santé ».

La prise de conscience de ces dysfonctionnements semble aujourd'hui réelle et un début de réponse a, d'ailleurs, commencé à être apporté, mais doit être consolidé :

– une convention-cadre fixant les relations entre l'EPRUS et la DGS vient d'être signée, qui devrait être complétée par une convention AFSSAPS/EPRUS/DGS, une convention EPRUS/assurance maladie et un protocole de contrôle élaboré par le contrôleur budgétaire et comptable ministériel (CBCM) auprès du ministère de la Santé ;

– un schéma directeur de stockage est en cours d'élaboration ;

– une opération de recensement et de contrôle de la qualité des stocks a été lancée au début de l'année 2009 ;

– enfin, un outil informatique efficace de suivi des stocks devrait également être opérationnel au cours de l'année.

Votre rapporteur spécial veillera à ce que l'ensemble de ces outils indispensables à une gestion efficace de l'EPRUS soit mis en place le plus rapidement possible. Il propose, par ailleurs, d'autres pistes de réflexion destinées à pallier certains dysfonctionnements actuels.

1. Stabiliser la structure administrative de l'EPRUS et poursuivre la formalisation de ses relations avec la direction générale de la santé

L'amélioration de la gouvernance de l'EPRUS pourrait, tout d'abord, passer par :

– une stabilisation et une professionnalisation des effectifs de l'agence : à cet égard, même si la comparaison est délicate, votre rapporteur spécial note que la gestion du stock stratégique du ministère de la Défense est assurée par 727 personnels (médecins, pharmaciens, administratifs, ingénieurs biomédicaux, techniciens de maintenance, préparateurs en pharmacie, administratifs-cadres de santé, techniciens de laboratoires, magasiniers, opérateurs en pharmacie, rédacteurs de marchés publics), alors que l'EPRUS ne compte que 35 personnes ;

– le renforcement de la formalisation des relations entre la DGS et l'EPRUS qui suppose notamment l'amélioration des conditions de saisine de l'opérateur. Ceci paraît d'autant plus important que la plupart des décisions prises par l'EPRUS nécessitent une demande expresse du ministère de la Santé. De ce point de vue, votre rapporteur spécial note favorablement la participation de l'EPRUS au groupe de travail, organisé dans le cadre du comité d'animation du système d'agences (CASA), sur l'élaboration d'une « charte de qualité » du processus de traitement des saisies de la DGS ;

– enfin, la signature rapide d'un contrat d'objectifs et de moyens devant permettre d'apprécier la performance de l'établissement à travers la fixation d'objectifs et d'indicateurs pertinents.

2.Affiner les prévisions de dépenses de l'agence et fiabiliser l'inventaire comptable du « stock national santé ».

S'agissant des aspects budgétaires de la gestion de l'EPRUS, votre rapporteur spécial insiste, tout d'abord, sur la nécessité d'affiner les prévisions de dépenses et les besoins de décaissements de l'agence, afin de faire en sorte que le fonds de roulement de celle-ci soit suffisant pour faire face à ses besoins, sans pour autant bloquer une trésorerie qui pourrait être utile pour l'État et la sécurité sociale.

Ceci suppose :

– un renforcement des fonctions financières de l'agence ;

– l'élaboration rapide des documents prévus dans le cadre du protocole de contrôle en cours d'élaboration par le contrôleur budgétaire et comptable ministériel (CBCM) : tableaux de bord relatifs à l'activité de l'établissement ; situation de l'exécution du budget, en recettes et en dépenses, précisant la consommation des crédits initialement ouverts ; situation des engagements ; situation de la trésorerie et de l'état des placements ; tableau prévisionnel et détaillé des effectifs de l'établissement ; état des recettes propres ; liste des marchés, commandes et baux conclus par l'établissement ;

– la finalisation rapide de la convention EPRUS/assurance maladie prévue par la convention-cadre fixant les relations entre l'État et l'EPRUS ;

– enfin, la mise en place d'une politique d'acquisition et de renouvellement pluriannuelle précise des produits du « stock national santé », ce qui nécessite également d'aboutir rapidement sur les réflexions, actuellement menées, relatives au statut des médicaments relevant des stocks stratégiques de l'État, point qui sera développé ultérieurement dans le présent rapport.

En ce qui concerne l'optimisation des moyens alloués à l'EPRUS, votre rapporteur spécial insiste, par ailleurs, sur la nécessité de veiller à une « gestion économe des marchés », ce qui peut être évalué au regard de trois éléments :

– des équipes professionnalisées : celles-ci doivent encore être renforcées, comme votre rapporteur spécial l'a déjà indiqué ;

– le respect des règles régissant la passation des marchés publics, assuré par le contrôleur budgétaire et comptable ministériel (CBCM) ;

– un prix d'acquisition comparable aux prix d'autres grands acheteurs, ce qui doit conduire à envisager un rapprochement des procédures d'achat avec le ministère de la Défense, voire à terme une coordination des achats à l'échelle européenne.

Enfin, s'agissant de la valorisation comptable des stocks, elle gagnerait à être affinée grâce à une fiabilisation de l'inventaire du « stock national santé » et un renforcement du dispositif de contrôle interne, selon les recommandations de la mission d'audit de la MAEC menée en 2006, non encore pleinement mises en œuvre. Deux obstacles majeurs empêchent aujourd'hui cette fiabilisation : les faiblesses de l'outil informatique, d'une part, et l'hétérogénéité des gestionnaires de site de stockage, d'autre part.

3. Achever rapidement le recensement et le contrôle de la qualité des stocks et aboutir dans les réflexions actuellement menées sur la mise en place d'un statut spécifique des produits relevant du « stock national santé »

En ce qui concerne, tout d'abord, le contenu des stocks stratégiques du ministère de la Santé, votre rapporteur spécial insiste sur la nécessité d'aboutir rapidement dans les réflexions menées actuellement par le ministère de la Santé sur l'élaboration d'un statut particulier des médicaments du « stock national santé », qui pourrait apporter une réponse aux problèmes posés par la péremption des produits. Selon les informations recueillies par votre rapporteur spécial, ce statut devrait en effet permettre de ne pas fixer de date de validité, mais uniquement la date de fabrication des produits, en contrepartie d'évaluations périodiques de leur qualité.

D'après les données fournies par le ministère de la Défense, cette dérogation à l'article R. 5121-138 du code de la santé publique, qui rend obligatoire l'étiquetage de la date de péremption d'un médicament, a déjà été accordée par l'AFSSAPS, en juin 2006, pour les antidotes de guerre produits par la pharmacie centrale des armées.

Votre rapporteur spécial insiste néanmoins sur la nécessité de veiller à ce que ce statut prévoie un partage clair des responsabilités entre l'État, l'AFSSAPS et les fabricants, ainsi qu'un encadrement satisfaisant des tests de stabilité effectués (échantillons extrapolables, régularité des tests).

En tout état de cause, ces réflexions ne valent que pour les futures acquisitions de l'EPRUS et ne règlent pas la question des produits aujourd'hui conservés en dépit du dépassement de leur date de validité.

En ce qui concerne, enfin, le stockage et la distribution, en cas de pandémie, des produits « stock national santé », votre rapporteur spécial insiste sur la nécessité :

– d'achever le plus rapidement possible le recensement et le contrôle de la qualité des stocks actuels ;

– d'aboutir dans l'élaboration du schéma global de stockage qui doit permettre à la fois de réduire les coûts actuels de stockage et de rationaliser l'acheminement des produits en cas d'urgence sanitaire ;

– de généraliser la signature de conventions entre l'EPRUS et ses prestataires, et rendre systématique l'élaboration de cahiers des charges précis fixant notamment les conditions de conservation exigées pour chaque type de produits stockés ;

– enfin, de renforcer l'association des acteurs locaux à la mise en œuvre des plans de réponse aux urgences sanitaires, à travers une clarification des responsabilités ainsi que des moyens d'intervention propres à chacun des acteurs.

L'amélioration du suivi des stocks passera, en outre, par la conception d'un outil informatique performant de suivi et de contrôle des produits. La mise en place d'un système d'information intégré et relié à l'ensemble des prestataires de l'EPRUS est, en effet, indispensable pour assurer l'acheminement rapide des produits en cas d'urgence sanitaire, permettre l'élaboration d'une politique pluriannuelle de renouvellement des stocks, ainsi qu'une valorisation comptable fiable du « stock national santé ».

C. VEILLER, DE FAÇON PLUS GÉNÉRALE, AU PERFECTIONNEMENT PERMANENT DU DISPOSITIF DE GESTION DES CRISES SANITAIRES, DONT L'EPRUS NE CONSTITUE QU'UN MAILLON

La question de la gestion des stocks de produits de santé ne constitue cependant qu'un maillon du dispositif de gestion des urgences sanitaires. Une autre question logistique importante concerne en effet la capacité d'accueil des établissements de santé.

Après l'apparition des premiers cas humains de « grippe aviaire », les modélisations réalisées par l'Institut de veille sanitaire (INVS) en cas de grande pandémie grippale, selon un modèle basé sur l'absence d'intervention des pouvoirs publics, faisaient en effet état d'une estimation comprise entre 9 à 20 millions de cas en France, 500 000 à 1 million de personnes hospitalisées et 90 000 à 220 000 morts[1], soit un nombre d'hospitalisations important par rapport aux capacités actuelles des établissements de santé en France. Compte tenu, de plus, de l'engorgement des services d'urgence hospitaliers et de l'inégale répartition des capacités hospitalières sur le territoire national, votre rapporteur spécial s'interroge sur la capacité de ces services à faire face à une situation pandémique, interrogations relayées par de nombreux spécialistes.

C'est pourquoi il accueille favorablement la décision du ministère de la Santé, annoncée le 15 juillet 2009, d'élargir la prise en charge ambulatoire des patients atteints du virus A/H1N1. À partir du 23 juillet, lorsqu'une personne présentera des symptômes de la grippe, elle pourra ainsi se rendre chez son médecin traitant qui assurera sa prise en charge. Ce dernier évaluera l'état clinique du patient et décidera si la prescription d'un médicament antiviral est nécessaire. Seuls les patients présentant des formes graves et les enfants de moins d'un an seront pris en charge en milieu hospitalier. Votre rapporteur spécial attire néanmoins l'attention sur les risques de propagation du virus grippal si chaque patient se déplace chez son médecin traitant, des consultations à domicile seraient peut-être plus appropriées.

Ces éléments mettent, de façon plus générale, en évidence la nécessité d'une amélioration permanente du dispositif de gestion des risques sanitaires en période « inter-pandémique ». Votre rapporteur spécial encourage, à cet égard, le renforcement des exercices de simulation de situations d'urgence sanitaire, ainsi que le développement des groupes de travail mis en place par le ministère de la Santé et réunissant les différents acteurs concernés dans la gestion des risques sanitaires.

Rapport de la Cour des comptes sur la crise H1N1, 17 février 2011

Pour sa part la Cour des comptes ne manque guère d'occasions d'émettre des avis d'autant plus critiques que la gestion du plan de vaccination massive masque l'enjeu du stock de masques. Un premier document est envoyé à la commission des affaires sociales du Sénat en septembre 2010. Le rapport public sera publié en 2011.

Il existe depuis 2004 un plan national de prévention et de lutte contre la pandémie grippale, régulièrement actualisé et utilisé pour la première fois à l'occasion de la pandémie de grippe A (H1N1). Ce document stratégique, adaptation par le secrétariat général de la défense nationale (SGDN, aujourd'hui SGDSN) et la direction générale de la santé (DGS) du « guide de préparation à une pandémie grippale » de l'Organisation mondiale de la santé (OMS), a pour vocation d'organiser la réponse des autorités en cas de pandémie grippale. Véritable vade-mecum de crise, il contient les bons réflexes à avoir, afin de n'oublier aucun aspect dans la gestion de la crise.

Par plusieurs aspects, ce plan a permis une réaction rapide de la part des autorités à partir du moment où la crise était déclarée, mais il est surtout apparu soit comme inadapté au sens où il ne contenait pas les réponses précises attendues des acteurs, soit comme beaucoup trop général et par conséquent peu utile à la décision, soit enfin comme manquant de flexibilité dans ses recommandations, dès lors perçues comme des impératifs. Il n'était par exemple pas possible de décliner les principales mesures préconisées en fonction de caractéristiques fondamentales des virus telles qu'elles sont évaluées à chaque instant au cours de la crise (taux d'attaque, vitesse de circulation, létalité, population touchée, etc.). Il s'est en particulier révélé trop rigide au regard du degré réel de gravité de l'épidémie sur le territoire national ainsi que l'a démontré la décision du gouvernement de s'en extraire en demeurant en phase 5A du plan alors même que l'OMS avait déclaré la phase d'alerte maximale de niveau 6.

À l'occasion de la révision de ce plan, l'indexation des phases du plan sur les niveaux d'alerte de l'OMS pourrait être abandonnée afin de faciliter la réaction des pouvoirs publics et de permettre une gradation des mesures adaptée à la gravité nationale de l'épidémie. La partie « vaccination » du plan pourrait être renforcée, afin d'éviter de devoir procéder en période de crise à des arbitrages qui auraient dû être anticipés, en matière juridique, budgétaire ou financière en particulier, et devrait mentionner les difficultés potentielles d'obtention ou de négociation des commandes de vaccins.

La tentation serait forte de critiquer, par un raisonnement a posteriori, les décisions prises au début du mois de juillet 2009 en matière d'achat de vaccins. La restitution de ces décisions dans leur contexte et les comparaisons entre États conduisent à modérer de telles critiques, car beaucoup de ceux dont les moyens financiers permettaient l'acquisition de vaccins ont adopté des stratégies comparables à celle de la France, bien que moins ambitieuses. Seule la Suède a enregistré un taux élevé de vaccination, du fait sans doute de l'organisation de son système de soins.

Dans les premières semaines de la crise, marquées par de nombreuses incertitudes et une réelle inquiétude, le gouvernement a pris des décisions d'engagement majeures dans un délai très court.

Ainsi, le laboratoire GSK a présenté une offre de réservation de vaccins à laquelle les autorités devaient répondre en quelques jours, sans que celles-ci puissent s'appuyer à ce stade sur une expertise sanitaire solide. Dès le 15 mai, soit trois semaines après la première alerte au Mexique, le gouvernement était engagé auprès de ce laboratoire pour une commande de 50 millions de doses. Ce n'est qu'ultérieurement que la stratégie vaccinale a été définie, non sans artificialité.

Cette décision initiale s'inscrivait dans une pure logique de précaution : il s'agissait de réserver la possibilité de mettre en œuvre une stratégie vaccinale au cas où le pire scénario viendrait à se confirmer. En l'absence d'une évaluation préalable de la menace, il semblait prudent d'envisager de tels scénarii maximalistes. Mais cette situation aurait dû inciter le gouvernement à prévoir des dispositifs souples et des stratégies de repli, tant dans les négociations d'achat de vaccins que dans l'organisation d'une campagne de vaccination de masse.

La stratégie vaccinale a été élaborée sans certitude sur la nature exacte du virus qui allait circuler en France, donc avec une idée floue de sa gravité, une mutation demeurant toujours possible. En outre, dans les cas passés de pandémies, les secondes vagues épidémiques avaient souvent été plus mortelles que les premières. (En 1968 et 1969, la première vague de la pandémie de grippe dite de « Hong Kong », relativement bénigne, avait fait place à une seconde vague particulièrement grave, tuant environ 30 000 personnes en France métropolitaine. Une pénurie de vaccins avait alors été observée.) Une telle éventualité n'a pu être complètement écartée qu'au printemps 2010.

Un virus dont la gravité est modérée peut constituer une menace globale forte, dans la mesure où il circule vite et partout, produisant un effet de masse. S'appuyant sur les projections fournies par l'Institut de veille sanitaire (InVS), qui retenait un scénario dans lequel 40 % de la population serait touchée, causant entre 16 000 et 40 000 décès directs, le gouvernement a qualifié la menace de majeure. La faible robustesse des indicateurs de gravité de la pandémie dont il disposait, comme l'incertitude sur son évolution, expliquent la réticence du gouvernement à réduire la qualification de la menace, qui est demeurée « majeure » tout au long de la crise.

L'absence très probable d'un intérêt collectif de la vaccination, visant à entraver la circulation du virus dans la population, était avérée dès le mois de juin. Certes, la remise rapide de souches virales aux industriels avait permis d'envisager l'hypothèse heureuse que la vaccination puisse commencer avant la survenue de la première vague épidémique. Un effet barrière fort aurait pu alors être obtenu, en supposant qu'une autorisation de mise sur le marché puisse très rapidement être délivrée au vaccin et que la population adhère à une campagne massive et préventive.

Toutefois, dès le 17 juin, le directeur général de la santé affirmait qu'il était très probable que les vaccins ne seraient disponibles qu'en période de vague pandémique. Or, dans ce cas, selon l'avis du haut conseil de la santé publique du 26 juin, « *la mise en place d'une vaccination au-delà de 30 jours suivant le début de la circulation active du virus en France aurait un impact très limité sur l'évolution de la vague pandémique en cours en France, quelle que soit la population ciblée* ». La vaccination, tout en demeurant pertinente, ne présentait plus sur le plan sanitaire qu'un intérêt individuel.

En dépit de ces éléments, de nombreux aspects de la stratégie vaccinale – notamment la volonté de vacciner la plus grande part possible de la population et l'appel à se faire vacciner pour éviter la contamination d'autrui – ont été imprégnés, non sans ambiguïté, de l'idée qu'une protection collective faisant barrière au virus pouvait être obtenue, alors qu'il ne s'agissait que d'une protection individuelle ou de celle d'un proche vulnérable.

Au-delà des objectifs sanitaires, le gouvernement poursuivait aussi un objectif de nature socio-économique : limiter l'impact de la pandémie sur l'activité économique et sociale du pays. Dans ce contexte, le gouvernement a souhaité pouvoir offrir une protection individuelle à tous les volontaires, quelle que soit leur vulnérabilité, dans l'hypothèse où la virulence du virus augmenterait. En outre, une couverture large répondait à la difficulté d'identifier les populations les plus vulnérables, car les cas graves concernaient des sujets jeunes et parfois sans facteur de risque.

Ainsi, le gouvernement a choisi de proposer gratuitement la vaccination à toute la population, selon un schéma à deux doses, en supposant toutefois qu'une seule dose suffirait à couvrir les plus âgés et que 25 % de la population refuserait par principe la vaccination. Un tel choix de couverture retenu par le Premier ministre le 4 juillet 2009 explique le volume de la commande initiale : plus de 90 millions de doses.

Cette décision relevait d'un choix politique. Du point de vue sanitaire, elle participait d'une logique de protection individuelle proposée à tous, quel que soit son coût, à l'inverse d'une approche de santé publique stricte qui s'efforcerait d'évaluer le seuil d'atteinte d'une protection collective et de limiter la commande à ce niveau.

Pour autant, la vaccination contre la grippe A (H1N1) n'a été rendue obligatoire dans aucun cas. Conforme à la politique actuelle de vaccination privilégiant le libre choix des patients, cette position s'inscrivait aussi dans la logique de l'abandon implicite de l'objectif de limiter la diffusion épidémique par la vaccination. Il n'était en revanche pas pleinement cohérent avec l'achat d'un nombre très important de doses de vaccin en vue d'une campagne de vaccination de masse.

La stratégie de vaccination a en définitive retenu un ordre de priorité dans l'administration des vaccins qui s'est fondé exclusivement sur des critères de nature sanitaire, classant les différents types de populations particulièrement exposées (professionnels de santé, de secours) ou vulnérables (femmes enceintes, enfants en bas âge). Avant ce choix, beaucoup d'énergie aura été dépensée inutilement pour identifier les personnes les plus utiles à la continuité de la vie sociale (production d'électricité, transports, sécurité).

La stratégie vaccinale a été mise en place au moyen d'une organisation interministérielle inédite et relativement efficace, de contrats d'acquisition de vaccins dont la négociation a souffert de sérieuses déficiences, de modalités de financement discutables) et d'une stratégie de communication insuffisamment réactive.

La campagne de lutte contre la grippe A (H1N1) a été la première crise à être organisée selon les principes issus du Livre blanc sur la défense et la sécurité nationale de 2008 conférant au ministre de l'Intérieur un rôle nouveau de coordination interministérielle de crise.

Dans ce cadre, la nouvelle cellule interministérielle de crise (CIC) a été activée dès le 30 avril 2009. Lieu d'organisation du travail interministériel et de pilotage stratégique de la crise, elle s'est réunie 43 fois en neuf mois. La direction de la planification de sécurité nationale (DPSN) du ministère de l'Intérieur en a assuré le secrétariat et organisé les travaux, de l'ordre du jour à la mise en cohérence des différents textes ministériels. L'articulation de ses missions avec celles de planification confiées au SGDSN, placé auprès du Premier ministre, et les missions de gestion de crise de la direction de la sécurité civile (DSC) au ministère de l'Intérieur, n'a pas été suffisamment claire.

La CIC a vocation à être déclinée en une formation décisionnaire (CIC – Décision), une formation d'analyse préalable de la situation, d'anticipation et de transmission des instructions à l'échelon territorial (CIC-Situation) et une formation de communication (CIC – Communication). Cette répartition des rôles s'est, dans les faits, opérée dans une confusion certaine, chaque formation étant animée par une direction différente (DPSN pour la décision, DSC pour la situation, délégation à l'information et à la communication du ministère de l'Intérieur pour la formation communication). En particulier, la CIC – Situation a eu du mal à se réunir avec régularité dans la durée et à définir son périmètre d'intervention avant la campagne de vaccination. La crise ayant un caractère sanitaire, son organisation a été partagée entre les centres de crise respectifs du ministère de l'Intérieur (centre opérationnel de gestion interministérielle de crise COGIC animé par la DSC) et de la Santé (centre de crise sanitaire CCS du ministère chargé de la santé). Cette solution a montré des limites évidentes : éloignement géographique (Asnières pour le COGIC, Paris pour le CCS) et, surtout, le maintien de deux systèmes concurrents de remontées des informations relatives à la vaccination.

La déclinaison territoriale des décisions prises au niveau des zones de défense et des départements s'est révélée insatisfaisante à plusieurs titres. Les quarante-trois circulaires, plusieurs parfois du même jour, dont plus de la moitié relatives à la campagne de vaccination, les sept arrêtés et le décret issus des travaux de la CIC ont représenté une accumulation normative excessive pour les services territoriaux de l'État. Les états-majors de zone ont certes assuré le relais des instructions nationales, ont garanti la ponctualité et la cohérence des remontées quotidiennes des données de vaccination par les préfectures. Mais ils ont surtout servi à transmettre les interrogations pratiques des acteurs locaux au niveau central de gestion de la crise, et, le cas échéant, les réponses obtenues.

Au niveau départemental, les préfets avaient reçu instruction de créer des structures ad hoc, les équipes opérationnelles départementales (EOD), inspirées des cellules habituellement mises en place pour la gestion de crise dans les départements, les centres opérationnels départementaux (COD). Les EOD, qui rassemblaient autour des services préfectoraux relevant du ministère de l'Intérieur (notamment les services interministériels de défense et de protection civiles – SIDPC) et des services déconcentrés du ministère de la Santé (DDASS) d'autres participants (caisses primaires d'assurance maladie, inspections d'académie ou collectivités locales), avaient un rôle strictement opérationnel, tandis que le pilotage stratégique départemental était confié à un comité de pilotage à la composition plus large. Dans les faits, ce sont cependant des solutions plus pragmatiques qui ont prévalu : EOD et comité de pilotage se sont souvent confondus, et dans quelques départements, les COD ont été activés dans une formation un peu amendée pour assurer un pilotage plus cohérent de la vaccination.

Le ministère de la Santé a joué un rôle à part au sein de la CIC, tout en conservant une organisation de crise propre qui a pour l'essentiel reposé sur la DGS. Si le cabinet de la ministre assurait le pilotage de l'ensemble du dispositif et élaborait les arbitrages défendus en CIC, la conception, la préparation et la mise en œuvre, des décisions prises relevaient de la DGS, et notamment du chef du département des urgences sanitaires (DUS) qui assurait la liaison avec les services territoriaux. Sans participer directement à la gestion de crise, les agences sanitaires ont été fortement mobilisées, dans le cadre habituel des réunions hebdomadaires de sécurité sanitaire ou par des demandes d'avis ou de notes. Ce fut en particulier le cas pour l'Institut de veille sanitaire (InVS) et le nouvel Établissement de préparation et de réponse aux urgences sanitaires (EPRUS), ainsi que pour l'Institut national de prévention et d'éducation pour la santé (INPES) et l'Agence française de sécurité sanitaire des produits de santé (AFSSaPS). Le haut conseil de santé publique (HCSP) et le Comité de lutte contre la grippe (CLCG) ont aussi joué un rôle de conseil du ministère, via le comité technique permanent en charge des vaccinations (CTV), formation du HCSP à laquelle le CLCG a été momentanément rattaché. In fine, ces nombreuses saisines et consultations d'agences, comités et conseils ont donné l'image d'une comitologie sanitaire trop peu lisible et génératrice de délais dans la prise de décision.

À titre d'illustration, la saisine du HCSP en date du 17 août a abouti à un avis du 7 septembre 2009 rendu public le 10. Les avis rendus en juin par le HCSP sur la stratégie vaccinale, n'ont été rendus publics qu'en septembre.

Au-delà de l'apparente complexité des niveaux de gestion, la coopération directe entre services a permis d'assurer la complémentarité des deux organisations ministérielles de crise – Intérieur et Santé – ainsi qu'en témoignent les liens entre la DGS et la DPSN, la DSC et le DUS ou le COGIC et le CCS.

L'effort administratif et humain de gestion de cette longue crise a été considérable et en partie redondant. Une répartition plus claire des compétences entre les ministères de l'Intérieur et de la Santé à tous les niveaux de la gestion de crise pourrait permettre d'optimiser les efforts consentis par les services, particulièrement dans l'hypothèse de crises qui se prolongent.

La première expérience de la nouvelle organisation interministérielle de gestion de crise a été un apprentissage précieux pour les crises à venir. Les contraintes de travail des services déconcentrés n'ont pas été suffisamment prises en compte, tant dans les délais de mise en œuvre attendus que dans la clarté et la lisibilité des mesures qu'ils devaient appliquer.

Le nouvel Établissement de préparation et de réponse aux urgences sanitaires (EPRUS), un rouage essentiel de la campagne de vaccination

Issue en 2007 d'une proposition sénatoriale, la création de ce nouvel opérateur de l'État visait à la fois à surmonter les limites rencontrées dans une gestion ministérielle directe des stocks publics de produits sanitaires et à mettre en place un nouveau cadre de mobilisation d'urgence de professionnels de santé, la réserve sanitaire.

Le législateur ayant entendu garder à l'autorité ministérielle d'importants pouvoirs propres dans la conduite de telles activités, des limites étroites ont été assignées à l'autonomie de l'établissement. Cette restriction s'est trouvée sensiblement accrue par la convention passée début 2009 entre l'État et l'EPRUS et par les instructions impératives et détaillées adressées à ce dernier en matière de négociation des marchés relatifs à la lutte contre la pandémie.

La mise en place de l'EPRUS avait par ailleurs été marquée par d'importantes hésitations ou difficultés qui se sont traduites par le départ de son premier directeur général à l'été 2008 et par un retard dans la constitution de ses effectifs, la création juridique d'un établissement pharmaceutique apte à gérer des stocks de produits de santé et le transfert effectif du pouvoir adjudicateur. N'ayant ainsi réuni qu'à la fin du printemps 2009 les conditions d'une intervention opérationnelle, l'établissement a exercé efficacement les tâches qui lui étaient confiées dans la négociation des contrats de fournitures sanitaires, puis dans la mise en place logistique de ces produits.

En revanche, les difficultés rencontrées pour la constitution de la réserve sanitaire ont conduit à mobiliser les personnels de santé pour la campagne de vaccination sous le régime usuel de la réquisition. Elles invitent à s'interroger pour l'avenir sur le caractère très contraignant des procédures légales régissant cette réserve et à envisager une décentralisation des recrutements mettant à profit le savoir-faire acquis localement dans l'expérience des réquisitions.

L'opposition à la vaccination a été majoritaire en France, comme en témoigne le faible pourcentage de personnes vaccinées alors même que l'offre vaccinale était abondante. Une grande part de cette opposition est née du décalage qui est vite apparu entre un risque jugé assez faible par les Français, et une communication, tant nationale qu'internationale, beaucoup plus alarmiste. Si les communiqués de l'OMS n'ont pas contribué à réduire ce décalage, demeurant inquiétants jusqu'en janvier 2010, la communication nationale, faute de réactivité, n'a pas réussi à convaincre.

Le désintérêt des Français pour une campagne de vaccination massive et gratuite est principalement dû au fait que la grippe A (H1N1) n'a jamais représenté une menace particulièrement forte à leurs yeux. Dès le 5 septembre 2009, moins de 50 % des personnes interrogées avaient l'intention de se faire vacciner, taux qui tombait à 14 % à une semaine de l'ouverture des centres de vaccination. L'opinion des professionnels de santé, qui sont des leaders d'opinion en matière de santé publique, a contribué à la perplexité des Français : un sondage Ipsos réalisé en septembre 2009 pour le *Quotidien du médecin* montre que seulement 50 % des praticiens avaient l'intention de se faire vacciner, tandis qu'un mois plus tard, une consultation des infirmiers par le syndicat national de ces personnels (SNPI) faisait apparaître que 65 % d'entre eux refusaient la vaccination. En la matière, la communication gouvernementale n'a pas eu de prise sur le manque d'enthousiasme durable des Français pour la vaccination.

Le manque d'anticipation et de réactivité de la communication gouvernementale a été, de l'avis de tous les acteurs, particulièrement mis en évidence face aux messages et rumeurs circulant sur Internet, principalement celles mettant en cause la fabrication des vaccins et leur prétendue nocivité. L'une des raisons de l'apparition de ces rumeurs, souvent approximatives et désormais contredites par le rapport de pharmacovigilance des vaccins pandémiques publié en mai 2010 par l'AFSSaPS, a été la durée de la crise et les incertitudes de fond. La transparence gouvernementale sur ces incertitudes, qu'il s'agisse d'épidémiologie ou de vitesse de fabrication du vaccin et d'autorisations de mise sur le marché, a été exploitée à des fins contraires sur Internet : les hésitations officielles ont ouvert un espace de débat.

Face à ces accusations et ces contre-vérités, la communication officielle, qui ne dispose pas d'une stratégie d'influence sur Internet, se trouve amoindrie, même si elle dispose par ailleurs d'arguments scientifiques et convaincants[148]. En France, une cellule spécifiquement chargée du suivi Internet et de la réaction par des argumentaires (dont l'essentiel aurait par ailleurs déjà été disponible sur le site pandémie – grippale.gouv.fr) aurait pu avoir une pertinence et une efficacité comparables à celles constatées dans d'autres pays, notamment aux États – Unis. Une seule initiative, trop tardive malheureusement, est allée en ce sens : un partenariat conclu par le SIG pour exposer des argumentaires officiels sur le site « doctissimo.fr » et ses forums, qui n'a pu être mis en place avant le 10 janvier, en grande partie en raison des délais dus au fonctionnement de la CIC-Com.

L'analyse de l'activité de cette dernière fait apparaître la longueur des circuits de validation, longueur incompatible aujourd'hui avec les impératifs d'une communication réactive. Les cabinets ministériels se sont, en raison de la sensibilité du sujet, prononcés sur tous les éléments de communication avant leur adoption en CIC-Décision, puis leur présentation et leur harmonisation en CIC-Com, les délais entre l'émission d'une idée et sa concrétisation en étaient allongés d'autant.

Le directeur du SIG alors en poste résume ces constats lorsqu'il dit que *« dans le temps d'Internet, il n'est pas question de mettre trois jours à répondre à une attaque »*. Cette difficulté peut être résolue au niveau de la planification, en faisant valider par la CIC – Décision un cadre et une stratégie de communication, comme cela a été proposé pendant la campagne de vaccination. La mise en œuvre de la communication officielle sur internet doit alors pouvoir être menée par une composante spécialement dédiée de la CIC-communication.

La vaccination ne s'est pas appuyée sur les deux piliers du système de santé français que sont l'hôpital et la médecine de ville. Les centres de vaccination ont été créés « hors sol » dans des lieux publics banalisés (gymnases, salles des fêtes).

Ce mode d'organisation est particulièrement adapté à un processus de vaccination simple devant être mené rapidement, pour toute la population, face à une menace grave.

Le gouvernement a, en l'espèce, justifié ce choix par le souhait de limiter la pression sur l'activité normale du secteur médical, la difficulté d'approvisionner et d'utiliser sans gaspillage des vaccins multidoses dans les cabinets de consultation, la nécessité d'une rigoureuse traçabilité, la séparation des flux entre patients grippés et candidats à la vaccination.

En outre, les centres de vaccination permettent de faire assumer les tâches administratives par des fonctionnaires ou des volontaires et de mobiliser une plus grande variété de médecins et d'infirmiers, afin de permettre aux généralistes de se consacrer essentiellement aux soins. Les arguments en faveur des centres étaient donc nombreux et ne se limitaient pas au conditionnement multidoses, argument qui a trop systématiquement été avancé.

Le gouvernement espérait aussi contenir les coûts d'une campagne massive. Il pensait pouvoir organiser la vaccination essentiellement par des infirmiers, mais l'autorité européenne du médicament a imposé une prescription médicale pour chaque acte. Cette décision a pesé sur le coût de la campagne et a mobilisé une ressource médicale qui aurait pu être précieuse pour dispenser les soins si la gravité de la pandémie avait été plus élevée.

En juillet 2012, revenant encore une fois sur le sujet, le rapport de la Sénatrice Fabienne Keller, tente de peser.

DIX LEVIERS D'ACTION POUR LUTTER CONTRE LES NOUVELLES MENACES DES MALADIES INFECTIEUSES ÉMERGENTES

1. **Faire prendre conscience aux opinions publiques de la globalisation du phénomène des maladies infectieuses émergentes et de l'importance des rapports Nord-Sud ;**

2. **Agir sur tous les facteurs d'émergence et de propagation des maladies infectieuses pour ralentir – ou mieux inverser – les grandes tendances observées** (urbanisation, transports, concentrations humaines, modification de l'usage des sols, déplacements de population, méthodes d'élevage, etc.) à tous les niveaux d'organisation institutionnelle (international, national, régional, local) ;

3. **Considérer la prévention de la diffusion des maladies infectieuses émergentes comme une grande cause collective de l'humanité et de ce fait empêcher et réprimer les actes qui concourent à l'augmentation des menaces** (comme les trafics alimentaires, les déplacements de population, la modification des méthodes culturales traditionnelles, la diffusion de polluants, l'introduction non autorisée d'espèces sauvages etc..) ;

4. **Faire progresser l'information des populations du Nord comme du Sud sur les pathologies, les vecteurs et les prophylaxies des maladies émergentes**, en particulier pour celles qui sont localement ou régionalement les plus menaçantes ;

5. **Inventer ou développer des méthodes de concertation pluridisciplinaires les plus larges** (santé, histoire, sociologie, communication, transports, géographes, etc.) associant des praticiens, des chercheurs ou des industriels des métiers les plus concernés pour créer des liens de confiance et faciliter la mise en place de dispositifs d'urgence en cas de pandémies ;

6. **Réintroduire des protocoles classiques de lutte contre les pandémies** (isolements, quarantaines, hygiène publique, etc.) et travailler sur les moyens de pallier aux nouvelles exigences en termes de volumes et de coûts de la sécurité sanitaire dans le domaine des transports de personnes, de biens et de marchandises ;

7. **Promouvoir de nouveaux outils d'intervention sur les maladies infectieuses émergentes** (observations spatiales, constitution de bases de données épidémiologiques avec le recours aux téléphones portables et à internet, modélisation des phases de diffusion pour les différents types de maladies, etc.) ;

8. **Réguler les mouvements de praticiens de la santé des pays du Sud vers les pays du Nord et au sein des pays du Nord entre les pays demandeurs de praticiens et les pays exportateurs de**

praticiens (notamment par la sanctuarisation de la prise en charge financière des personnels de santé dans les pays les plus démunis) pour éviter les déserts médicaux dans les zones géographiques touchées par des crises économiques ou politiques ;

9. **Soutenir et orienter la recherche sur les vaccins et les thérapeutiques des maladies infectieuses par un rapprochement des politiques menées par les organisations internationales sur les santés humaines et animales** (FAO, ONU-Habitat, OMS) et les organisations régionales ou sous-régionales ;

10. **Faire des efforts d'organisation de la logistique de terrain** pour l'acheminement des vaccins, des médicaments et le transfert de souches de pathogènes dans les zones les plus difficiles d'accès **et encourager la coopération décentralisée entre collectivités locales du Nord et du Sud**.

Le projet de loi sur l'Agence Nationale de Santé publique, par la ministre Marisol Touraine, 15 octobre 2014.

Le 1er mai 2013, la Revue Science publie une étude menée par des scientifiques chinois qui ont créé dans leur laboratoire un virus hybride de la grippe aviaire capable de muter encore pour contaminer l'homme. Les chercheurs sont pour la première fois parvenus à combiner le matériel génétique du virus de la grippe aviaire *H5N1 et celui de la pandémie* H1N1 *pour donner naissance à virus qui peut se transmettre aux mammifères.*

Conséquences : en juillet 2013, le rapport de Jean Yves Grall, DGS, ouvre la voie à la réorganisation des vigilances sanitaires. Le 15 octobre 2014, la ministre Marisol Touraine dépose le projet de loi relatif à la santé et décide de fusionner plusieurs dispositifs (l'Institut de Veille sanitaire, l'Institut National de Prévention et d'Éducation pour la Santé et l'EPRUS) en un seul : l'Agence Nationale de Santé publique, plus connue sous le diminutif Santé publique France.

Article 42 : cet article autorise le Gouvernement à prendre par ordonnance les mesures législatives nécessaires d'une part au renforcement de la prévention, de la veille et de la sécurité sanitaire par la création d'un Institut national de prévention, de veille et d'intervention en santé publique et le renforcement de la coordination du système des agences sanitaires.

Il s'agit de poser les bases d'un Institut national dédié à l'ensemble des missions de santé publique relatives à la santé des populations, centré sur les fonctions essentielles de santé publique. Il permettra d'améliorer la cohérence et la continuité de l'exercice de ces fonctions au service de la stratégie nationale de santé ainsi que l'efficience des politiques publiques mises en œuvre.

Cet institut reprendra les missions actuellement assurées par l'InVS, l'INPES et l'EPRUS pour la prévention, la promotion de la santé et la participation sociale, la surveillance et l'observation de l'état de santé de la population, la veille et l'alerte, la préparation et la réponse aux crises sanitaires.

La création de ce nouvel institut permettra, au travers des synergies qui en résulteront, de dégager des moyens pour renforcer des missions aujourd'hui mal couvertes comme la conception et l'évaluation des interventions en santé.

Cet article propose également d'organiser le renforcement de la coordination des opérateurs de l'État intervenant dans le champ du ministère chargé de la santé. Aujourd'hui assurée au sein du comité d'animation du système d'agences (CASA), instance informelle présidée par le directeur général de la santé, l'enjeu est de donner à cette coordination une base légale renforcée. Il s'agit d'assurer la cohérence et l'efficience des activités des agences dans ce domaine, en procédant à la coordination des programmes de travail annuels pour les agences sous la tutelle unique du ministre en charge de la santé, sans porter préjudice aux prérogatives de leurs instances de gouvernance.

Le Rapport Delattre sur l'EPRUS, Sénat 2015.

Hélas, le 15 juillet 2015, le Sénat saura utilement faire entendre une petite musique discordante.

L'EPRUS n'est pas une province éloignée de la Grèce, mais l'une des dix agences sanitaires cofinancées par la mission « Santé » du budget de l'État. Ce jeune établissement a été créé en 2007, sur le fondement d'une proposition de loi sénatoriale de notre défunt collègue Francis Giraud. L'EPRUS est chargé, d'une part, de la gestion des stocks nationaux de produits de santé constitués en cas d'attaques terroriste ou de pandémie, également appelés stocks stratégiques ; d'autre part, de la gestion administrative et financière de la réserve sanitaire, qui constitue un corps de réserve de professionnels de santé mobilisable, en France et à l'étranger, en cas de menace sanitaire grave.

En 2009, peu avant le déclenchement de la crise de la grippe A/H1N1, l'un de mes prédécesseurs en tant que rapporteur spécial de la mission « Santé », Jean-Jacques Jégou, avait réalisé une mission de contrôle de cet établissement qui venait de naître. Il en soulignait alors les « faiblesses administratives et budgétaires » et émettait des doutes quant à son utilité, jugeant qu'il ne permettait pas de répondre aux difficultés antérieures de la direction générale de la santé. Il recommandait également de dresser un bilan de l'action menée au fil des années. La mission de contrôle que j'ai menée durant le premier semestre 2015 s'inscrit dans la suite de ces travaux.

Ajoutons que le projet de loi de modernisation de notre système de santé, qui sera examiné par la commission des affaires sociales la semaine prochaine, prévoit d'autoriser le Gouvernement à prendre une ordonnance pour regrouper l'EPRUS avec deux autres agences sanitaires, l'Institut national de veille sanitaire (InVS) et l'Institut national de prévention et d'éducation pour la santé (INPES) – au sein de la future agence nationale de santé publique. La pertinence du regroupement est claire dans le premier cas, même si elle l'est peut-être un peu moins dans le second. À la veille de cette fusion, il m'a paru d'autant plus utile de dresser le bilan de l'action de l'EPRUS depuis 2009.

Après avoir présenté la situation financière de l'établissement, je vous ferai part de mes principaux constats concernant la gestion des stocks stratégiques et de la réserve sanitaire – élément opérationnel qui doit absolument être préservé – avant de vous présenter mes principales recommandations.

L'EPRUS ne compte que 30 agents, mais dispose d'un budget relativement conséquent. Ses dépenses se sont élevées à 41,3 millions d'euros en 2014. Ses ressources sont essentiellement constituées de deux subventions, l'une de l'État et l'autre de l'assurance maladie, normalement à parité.

Après avoir connu un pic en 2009 à la suite de la crise de la grippe A/H1N1 (791 millions d'euros au total), les subventions versées à l'EPRUS ont fortement diminué : après avoir oscillé aux alentours de 40 millions d'euros entre 2012 et 2014, les dotations prévues pour 2015 s'élèvent à environ 26 millions d'euros. Mais ceci a été possible au prix d'une mise à contribution des réserves de l'établissement, et notamment de son fonds de roulement, qui était relativement important.

Ces dernières années, plus de 90 % des dépenses de l'EPRUS ont servi à l'acquisition et surtout à la gestion des stocks de produits de santé, tandis que la gestion de la réserve sanitaire ne représente qu'entre 3 et 4 millions d'euros chaque année. Je précise que la réserve sanitaire intervient souvent, à la demande du ministère des Affaires étrangères, hors du territoire national.

S'agissant des stocks stratégiques, il n'est pas inutile de souligner deux points. Premièrement, l'EPRUS ne peut décider seul d'acquérir ou de renouveler des stocks. Il ne peut agir que sur ordre du ministre chargé de la santé. Dans les faits, les décisions du ministre résultent souvent des objectifs fixés au niveau interministériel par le secrétariat général de la défense et de la sécurité nationale (SGDSN) et des avis du Haut Conseil de la santé publique (HCSP). Mais il convient de souligner la tutelle relativement étroite qui est exercée par le ministère chargé de la santé sur l'EPRUS. En second lieu, les informations relatives aux quantités et à la localisation des différents types de stocks constituent des données sensibles, dans le détail desquelles je n'entrerai donc pas.

Observons, tout d'abord, que la valeur des stocks stratégiques a été divisée par deux entre 2009 et 2014. Il a en effet été décidé de ne pas renouveler certains stocks arrivant à péremption. C'est une des difficultés à laquelle se heurte l'établissement que d'avoir à gérer ces stocks de médicaments « en fin de vie » – ce qui peut représenter des sommes très importantes.

La ministre chargée de la santé a décidé de développer une nouvelle modalité d'acquisition, via des contrats, aussi appelés « sleeping contracts », avec les fabricants de médicaments, par lesquels ces derniers garantissent la production et la fourniture en cas de pandémie. Malheureusement, l'appel d'offres qui a été lancé n'a pas rencontré un grand succès. C'est pourtant un mode de gestion plus intelligent que d'accumuler des stocks sur le site de Vitry-le-François. Il faut donc persévérer, en essayant de contractualiser avec les grands laboratoires.

Par ailleurs, pour certains produits qui sont considérés comme « stables » – comme les comprimés d'iode, dont il faut savoir qu'il en est également stocké dans un rayon de vingt kilomètres autour des centrales nucléaires – un dispositif dérogatoire au code de la santé permet de prolonger leur durée de validité en faisant figurer la date de fabrication et non la date de péremption. Ces stocks sont alors soumis à des contrôles de l'Agence nationale de sécurité du médicament (ANSM) afin de vérifier s'ils ne présentent pas de risques.

Sur la base de cette nouvelle doctrine, les besoins annuels en produits de santé sont estimés, au total, à 33 millions d'euros par an sur la période 2016-2018.

Outre la plate-forme nationale de Vitry-le-François, d'autres sites de stockage existent, au nombre d'une quinzaine contre 38 auparavant, ce qui permet d'améliorer la connaissance réelle des stocks et de réduire le coût du stockage, passé de près de 19 millions d'euros en 2010 à 8 millions d'euros en 2014.

Quant au coût de construction de la plateforme centralisée de Vitry-le-François, mise en place en 2013 et 2014, il a été conforme aux prévisions, soit 33 millions d'euros. Il s'agit d'un investissement conséquent, mais qui devrait permettre de dégager entre 1 et 1,5 million d'euros d'économies par an.

Enfin, le nouvel outil informatisé de suivi des stocks permet désormais d'assurer une cohérence presque parfaite entre les stocks physiques et les stocks recensés. Le seul bémol est que les inventaires physiques sont réalisés sur deux à trois ans et non chaque année, ce qui a conduit le commissaire aux comptes à émettre une réserve dans le cadre de la certification des comptes de l'EPRUS pour l'exercice 2014.

J'en viens à la réserve sanitaire, dont le nombre de volontaires est passé, entre 2010 et 2014, de 500 à 2 000. Elle est composée de volontaires des professions paramédicales ou médicales, avec une majorité de retraités et d'étudiants, mobilisés en premier lieu pour éviter de désorganiser l'offre de soins. Ce sont eux que nous avons vus, dans les gymnases, lors de l'opération de vaccination en masse contre la grippe H1-N1 dont nous avons tous gardé un souvenir ému… Se pose également la question de leur rémunération. Le coût est relativement élevé : autour de 700 euros par jour pour les médecins, les retraités ne touchant que 53 % de ce montant.

La réserve sanitaire de l'EPRUS a réalisé une cinquantaine de missions, dont environ 35 à l'étranger, en particulier à la demande du centre de crise du ministère des Affaires étrangères. À ses débuts, la réserve sanitaire est ainsi fréquemment intervenue pour des rapatriements de ressortissants français dans des zones de conflits ou de crise sanitaire. Le nombre d'interventions a fortement augmenté en raison de l'épidémie de chikungunya en Guadeloupe et en Martinique et surtout de l'épidémie d'Ebola en Afrique de l'Ouest. Par ailleurs, des réservistes de l'EPRUS ont apporté un renfort au centre hospitalier de Sens lors de l'épidémie de grippe saisonnière.

Pour conclure, je veux souligner que l'EPRUS est un outil réactif, bien adapté aux situations dans lesquelles il est censé intervenir. Cette spécificité doit être préservée dans le cadre de la fusion avec l'InVS et l'INPES. Or, la réactivité de l'établissement tient essentiellement à sa réserve sanitaire, qui est récemment intervenue en Guinée pour aider la Croix rouge française dans la mise en place du centre de traitement de Macenta, mais aussi au Mali et à l'aéroport de Roissy pour le contrôle sanitaire aux frontières. L'EPRUS a également fourni un important travail d'expertise et d'approvisionnement en housses de transport. Enfin, lors de la crise d'Ebola, l'EPRUS a renforcé sa collaboration avec ses partenaires, en particulier l'InVS – preuve que le rapprochement entre ces deux établissements peut favoriser les synergies –, le service de santé des armées, qui collabore étroitement avec l'EPRUS dans ses achats de médicaments, et la cellule de crise du ministère des Affaires étrangères.

J'en viens aux principales recommandations que m'ont inspirées ces travaux.

Tout d'abord, j'estime que le projet de regroupement de l'EPRUS avec l'InVS et l'INPES au sein de la future Agence nationale de santé publique est pertinent. À condition de conserver, comme je l'ai dit, la spécificité de l'EPRUS, et notamment sa réserve sanitaire qui garantit la réactivité des interventions. Ce qui suppose de préserver une certaine autonomie des fonctions au sein de la future agence, en même temps que des synergies se mettront en place.

Il serait également utile de stabiliser en volume, pour les trois années à venir, le niveau des subventions versées à la future agence nationale de santé publique. Entre 2010 et 2015, les budgets des trois établissements ont beaucoup diminué – de 33 % pour l'INPES, de 10 % pour l'InVS et de 40 % pour l'EPRUS. La diminution du budget de l'EPRUS s'explique certes par la fin de l'effort d'investissement à Vitry-le-François et l'absence de renouvellement de certains stocks. Il serait bon que les dotations soient stabilisées au niveau de 2014 dans les années à venir, même s'il faudra engager un investissement immobilier de 12 millions d'euros afin de regrouper les équipes sur le site de Saint-Maurice.

Le principe du cofinancement à parité entre l'État et l'assurance maladie, auquel les équipes sont très attachées, doit être maintenu dans le cadre de la future agence. Afin de renforcer l'autonomie de l'agence et son rôle d'expert, celle-ci pourrait en outre être autorisée à transmettre formellement au ministre chargé de la santé des propositions en matière d'acquisition et de renouvellement des stocks stratégiques. L'EPRUS a, de fait, acquis un savoir-faire qui pourrait être utile à l'établissement des commandes.

La réservation de capacités de production de produits de santé, via une contractualisation avec les laboratoires, est un outil à soutenir et développer – en dépit de ses difficultés. Il faut aussi développer les achats groupés, avec le service de santé des armées et les établissements de santé dépositaires de stocks dits « tactiques ».

Il conviendrait également de promouvoir, au niveau européen, un statut juridique spécifique pour les produits relevant des stocks stratégiques nationaux afin de permettre l'allongement de leur durée de conservation.

Enfin, lorsque le rapport coûts-avantages le justifie, les stocks stratégiques de produits d'usage courant arrivant à péremption dans les six mois pourraient être remis dans le circuit et transférés aux établissements de santé, ce qui permettrait quelques économies.

Il est impératif d'achever le prépositionnement de stocks stratégiques permettant de répondre à des menaces épidémiques pendant les 72 premières heures d'une crise, dans tous les départements d'outre-mer, notamment Mayotte, la Martinique et la Réunion.

Il convient également de suivre avec attention l'achèvement des plans départementaux de distribution exceptionnelle de produits de santé. Car si 90 % d'entre eux sont terminés, 10 % restent encore inachevés. Ceci est important, car c'est grâce à eux que ces produits arriveront le plus rapidement aux citoyens.

Deux autres recommandations concernent le rôle d'appui de l'EPRUS et de la future agence nationale de santé publique aux agences régionales de santé (ARS).

Ces dernières demandent à être davantage consultées, et il est bon, de fait, de partager les expériences pour assurer le meilleur service possible.

Sachant que beaucoup de réservistes sont des professionnels de santé en activité, il serait utile d'identifier lesquels sont directement concernés en cas de pandémie, afin que la mobilisation dans la réserve ne déshabille pas l'offre de soins. Les réservistes de l'EPRUS devraient également, pour une meilleure coordination, déclarer leur éventuelle appartenance à un autre corps de réserve.

Concernant la grille d'indemnisation des réservistes, malgré une récente refonte et l'apport du projet de loi de modernisation de notre système de santé sur certains points, la possibilité de mettre en place une grille d'indemnisation spécifique des réservistes participant à des opérations de soutien humanitaire pourrait être étudiée – en particulier pour les retraités et les étudiants.

En conclusion, cinq ans après la précédente mission de contrôle de notre ancien collègue Jean-Jacques Jégou, j'estime que l'EPRUS a progressé. Il est devenu un outil utile et indispensable. Ce qui ne veut pas dire que son regroupement avec deux autres agences, dont la complémentarité apparaît certes plus ou moins nettement, ne soit pas justifié. J'en ai discuté avec le président de la commission des affaires sociales, d'abord réticent, mais qui reconnaît que cela facilitera les synergies. C'est une nouvelle orientation pour l'EPRUS, dont il faudra veiller, au sein de la future agence nationale de santé, à préserver la spécificité, garante de sa réactivité sur le terrain.

Les principales observations

Après des débuts difficiles, l'Établissement de préparation et de réponse aux urgences sanitaire (EPRUS) a réalisé des progrès significatifs en matière de gestion des stocks nationaux de produits de santé et de mobilisation de réservistes sanitaires en France et à l'étranger.

Les subventions versées par l'État et l'assurance maladie à l'EPRUS ont sensiblement baissé (25,8 millions d'euros en 2015, soit – 56 % par rapport à 2011) en raison de la mobilisation du fonds de roulement de l'établissement, hérité de la crise de la grippe A H1/N1, de la rationalisation des dépenses, mais aussi de l'inflexion de la politique de renouvellement des stocks mise en œuvre par le ministre chargé de la santé.

Depuis 2010, la valeur totale des stocks stratégiques détenus par l'EPRUS a ainsi baissé de moitié pour atteindre 472millions d'euros fin 2014. Cette évolution s'explique à la fois par la décision de ne pas renouveler, en totalité ou en partie, certains stocks et la tentative de recourir à de nouvelles modalités d'acquisition telle que la réservation de capacités de production auprès de laboratoires pharmaceutiques.

La réserve sanitaire a connu un essor important et compte aujourd'hui environ 2 000 réservistes, composés majoritairement de retraités. Sa très grande réactivité et son expertise constituent des atouts indéniables, cependant l'articulation avec la réserve du service de santé des armées et les réserves de la sécurité civile est insuffisante. Par ailleurs, le niveau de rémunération des volontaires de la réserve sanitaire semble élevé, en particulier lorsque les volontaires participent à des opérations de soutien humanitaire à l'étranger.

Enfin, le projet de regroupement de l'EPRUS avec l'Institut national de veille sanitaire (InVS) et l'Institut national de prévention et d'éducation pour la santé (INPES) apparaît pertinent en raison de la complémentarité des missions des trois agences et compte tenu de la petite taille de l'EPRUS.

Principales recommandations :

Recommandation n° 1 : afin de garantir l'efficacité et l'efficience du projet d'intégration de l'EPRUS au sein de la future Agence nationale de santé publique, préserver une certaine autonomie des fonctions de réponse aux crises sanitaires au sein de la nouvelle agence, tout en évitant les doublons de fonctions support.

Recommandation n° 2 : afin d'inciter au développement de synergies et, à terme de réaliser des économies dans le cadre du regroupement de l'EPRUS avec l'InVS et l'INPES, réaliser la fusion à « coût constant » et stabiliser, en volume, pour les trois années à venir le niveau des subventions versées par l'État et l'assurance maladie à la nouvelle agence nationale de santé publique.

Recommandation n° 3 : appliquer le principe de cofinancement à parité par l'État et l'assurance maladie à la future agence nationale de santé publique, afin de maintenir un niveau de participation critique de l'État en matière de sécurité sanitaire et de prévention.

Recommandation n° 4 : afin de tirer parti de l'expertise développée par l'EPRUS et de son rapprochement avec l'InVS, prévoir la possibilité pour la future agence nationale de santé publique de transmettre au ministre chargé de la santé des propositions en matière d'acquisition et de renouvellement des stocks stratégiques.

Recommandation n° 5 : afin de réduire les coûts d'acquisition et de stockage, poursuivre le développement de la réservation de capacités de production de produits de santé, tout en maintenant des stocks physiques pour les produits stables et, en particulier, pour les comprimés d'iode.

Recommandation n° 6 : développer le recours aux achats groupés au niveau national avec le service de santé des armées et les établissements de santé dépositaires de stocks tactiques afin de tirer parti de la compétence technique acquise par l'EPRUS et de bénéficier de prix plus compétitifs, ainsi qu'au niveau européen grâce à l'accord-cadre relatif à l'achat groupé de vaccins et de contre- mesures médicales.

Recommandation n° 7 : afin de permettre d'allonger la durée de conservation des produits dans des conditions satisfaisantes, promouvoir, au niveau européen, un statut juridique spécifique pour les produits relevant des stocks stratégiques nationaux.

Recommandation n° 8 : développer, lorsque le rapport coûts-avantages le justifie, le transfert des produits arrivant dans les six prochains mois à péremption vers les établissements de santé, afin de limiter la destruction de produits de santé issus des stocks stratégiques.

Recommandation n° 9 : afin de renforcer les moyens de réponse aux situations sanitaires exceptionnelles en outre-mer, achever le prépositionnement des stocks stratégiques dans l'ensemble des départements d'outre-mer, en particulier en Martinique, à Mayotte et à la Réunion.

Recommandation n° 10 : afin d'assurer l'efficacité des circuits de distribution des stocks stratégiques à la population, achever l'ensemble des plans départementaux de distribution exceptionnelle de produits de santé.

Recommandation n° 11 : afin de fluidifier les circuits de distribution à la population des produits relevant des stocks stratégiques, réviser les conventions passées avec certains grossistes-répartiteurs de façon à prévoir une clause de livraison jusqu'aux sites de distribution à la population en cas de situation exceptionnelle de grande ampleur.

Recommandation n° 12 : afin de répondre au mieux aux besoins des agences régionales de santé (ARS), développer les consultations auprès de ces dernières avant la mise en œuvre de nouveaux projets ou la signature de conventions avec de nouveaux partenaires.

Recommandation n° 13 : permettre aux ARS de faire appel à la réserve sanitaire en cas de situation sanitaire exceptionnelle afin de renforcer le rôle de soutien de l'EPRUS.

Recommandation n° 14 : afin de renforcer l'efficience de la réserve sanitaire, étudier la possibilité de mettre en place une grille d'indemnisation spécifique pour les réservistes participant à des opérations de soutien humanitaire, en particulier pour les retraités et les étudiants.

Recommandation n° 15 : afin d'améliorer la coordination entre les différents corps de réserve, prévoir l'obligation, pour les réservistes de l'EPRUS, de déclarer leur appartenance éventuelle à un autre corps de réserve et développer les exercices et les formations communs.

Mais il est déjà trop tard. La politique a repris le dessus. La coalition des intérêts bureaucratiques et la pulsion nationale à créer grand, gros et loin du terrain, va détruire l'outil imposé par Xavier Bertrand. Le sénateur Delattre s'en inquiète.

La fusion est actée début 2016. Le 1er mai 2016, l'EPRUS disparaît. Son budget et ses stocks aussi.

La stratégie évolutive et régressive sur le port des masques

Le plan Pandémie Grippale recommande que des masques FFP2 de protection soient utilisés par les soignants, mais aussi par ceux qui sont exposés régulièrement au public (en 2009). En 2006, le grand public était prévu. Il sera oublié ensuite. Avant de se rappeler aux bons soins du gouvernement en 2020.

	Plan Pandémie Grippale (2006)	Plan Pandémie Grippale (février 2009)	Fiche C4 sur les mesures barrières sanitaires (2009)
Masques en tissu et autres ayant prouvé leur efficacité	Pour la population générale (personnes indemnes), destinés à être portés dans les espaces publics à titre de précaution		
Masques chirurgicaux anti-projection	Portés par les malades pour protéger leur entourage	Le malade porte un masque anti-projections, dit «masque chirurgical», pour protéger son entourage.	1) Cas possibles ou confirmés 2) Salariés exposés du fait du contact avec leurs collègues dans l'entreprise, sans que le risque soit aggravé l'employeur peut estimer nécessaire d'imposer le port de masques chirurgicaux
Masques FFP2	Personnes au contact rapproché et répété des malades ou de leurs prélèvements biologiques, notamment les professionnels de santé et par extension, certains professionnels des secours et de la sécurité placés dans la même situation	1) Personnels au contact rapproché et répété des malades ou de leurs prélèvements biologiques (professionnels de santé, de la sécurité chargés des secours aux victimes). 2) Personnels indispensables et au contact permanent et rapproché du public et/ou de personnes vulnérables (établissements sociaux et médico-sociaux notamment).	1) Salariés exposés régulièrement à des contacts étroits (< 1m) avec le public (métiers de guichet ou de caisse par exemple) ; 2) Salariés directement exposés au risque (personnels de santé et de secours exposés à des malades, personnels des établissements de ramassage et de traitement des déchets...).
Incertitude	En fonction des quantités disponibles, il s'agira également d'équiper le personnel indispensable à la vie du pays, placé au contact permanent et rapproché du public.	Pour les personnes indemnes, le port d'un masque anti-projection pourra être préconisé dans les espaces publics à titre de précaution. Le public est encouragé à en faire l'acquisition.	Dans le cadre de la pandémie grippale liée au H1N1 en juin 2009, l'état des connaissances et des possibilités d'équipement par exemple, n'a pas conduit, à formuler une recommandation générale concernant le port d'un masque par les personnes vivant dans l'entourage d'un cas possible ou confirmé, ou participant aux activités de vie collective (lieux publics et transports en commun).

À la fin de 2009, l'EPRUS dispose d'un milliard de masques chirurgicaux et environ 700 000 maques FFP2. Mais alors que la grippe A (H1N1), fait en définitive peu de victimes en France, le gouvernement est mis en cause et accusé par l'opposition la presse, les humoristes, la Cour des comptes et la justice d'avoir gaspillé l'argent du contribuable.

L'Administration profite de l'affaiblissement du politique pour imposer trois décisions majeures révisant les politiques de prévention et de précaution menées depuis 2005. Ainsi, le 1er juillet 2011, le haut conseil de santé publique (HCSP) rend un avis à la demande du ministère de la Santé sur le stock de masques de l'État.

Le HCSP privilégie le port de masques chirurgicaux pour les personnels en contact avec le public et les personnes se rendant dans des lieux publics. Le HCSP considère que le port du masque FFP2 doit être réservé aux personnels directement exposés à un risque élevé, notamment les professionnels de santé. Mais, il fait évoluer la doctrine : pour les salariés exposés fréquemment au public, le HCSP préconise le port de masques chirurgicaux plutôt que de type FPP2. Surtout il n'est finalement pas recommandé pour la population. Cependant, l'avis souligne malgré tout que : « *dans le contexte d'un risque élevé tel que le SARS, la revue systématique d'études observationnelles suggère une efficacité préventive élevée des masques anti-projection et des appareils de protection respiratoire* ».

Le 27 juillet 2011, dans une note au ministre de la Santé relative au statut des stocks stratégiques de l'État, que le journal l'Opinion a pu consulter, la Direction générale de la Santé considère que « *pour l'année 2012, le renouvellement d'une partie du stock de masques chirurgicaux et FFP2 ne semble pas justifié* ». Les « enjeux financiers » de la stratégie de renouvellement des stocks sont soulignés à plusieurs reprises dans la note.

Le 2 novembre 2011, une instruction ministérielle relative à la préparation de la réponse aux situations exceptionnelles dans le domaine de la santé introduit une distinction entre deux types de stocks : les « stocks stratégiques » gérés par l'EPRUS et les stocks « tactiques », dont l'acquisition doit être prise en charge par les établissements de santé (une centaine).

Enfin, le 13 mai 2013, le Secrétariat général de la sûreté et de la défense nationale (SGDSN) publie sa doctrine de protection des travailleurs face aux maladies hautement pathogènes à transmission respiratoire dans laquelle il indique qu'il revient à « chaque employeur de déterminer l'opportunité de constituer des stocks de masques pour protéger son personnel ».

L'État décida alors discrètement de ne pas renouveler ses stocks, ce qui fait plaisir à Bercy. Et les établissements de santé soumis à une sévère cure d'austérité budgétaire font de même. Il n'en restera bientôt plus qu'une centaine de millions... et plus de FFP2 ou FFP3. Seuls quelques Opérateurs Vitaux prévoyants (et souvent de statut privé) les conservent. Avant d'être réquisitionnés par l'État pour sauver le système hospitalier en 2020. Une sorte de prime offerte par les cigales aux fourmis.

Allant jusqu'au bout de sa logique, l'administration ne va pas renouveler ses commandes et la principale usine française mettra la clé sous la porte en 2018. Dans l'indifférence générale.

Pourtant, dès 2018, le directeur général de la Santé, Jérôme Salomon, avait reçu une note l'informant que le stock d'États de masques était en grande partie périmé et insuffisant selon les révélations du magazine Challenges, publiées le 23 avril 2020 et non contestées.

Avis d'experts relatif à la stratégie de constitution d'un stock de contre-mesures médicales face à une pandémie grippale, 2019

Le 20 mai 2019, l'agence Santé publique France publiait un avis de médecins experts réclamant la constitution d'un stock d'un milliard de masques.

2.1. Les masques (audition du Pr. Fabrice Carrat)

Les pays européens constituent des stocks de masques, dont ils recommandent l'usage, contrairement aux pays américains, qui ne les recommandent qu'aux personnes symptomatiques dans les lieux publics.

Il existe trois modes de transmission de la grippe :

– *via* les gouttelettes (>8 µm) émises lors de la toux avec un rayon d'action de 2 mètres-2,50 mètres environ ;

– *via* les aérosols (<5 µm) ;

– *via* les surfaces contaminées lorsque les gouttelettes tombent sur les surfaces. Cependant, la part respective de ces différents modes de transmission reste largement méconnue.

Deux types de dispositifs sont disponibles pour se protéger :

les masques chirurgicaux ou masques de soins qui évitent de contaminer le champ opératoire, empêchent les projections de gouttelettes de salive ou de sécrétions des voies aériennes supérieures, mais ne sont pas adaptés *a priori* pour filtrer les aérosols ;

les appareils de protection respiratoire (APR) qui protègent contre l'inhalation d'agents infectieux. En raison d'une procédure de mise en place sur le visage, il convient de former les utilisateurs. Par ailleurs, ces appareils doivent être changés très régulièrement pour rester efficaces.

Des études observationnelles ont porté sur l'efficacité des masques. Pour le SRAS (syndrome respiratoire aigu sévère), dont la durée d'incubation est de 3-5 jours en moyenne, l'*odd ratio* serait de 0,32 pour les individus portant un masque chirurgical. L'efficacité du port du masque chirurgical serait donc de 68 % pour la diminution de la transmission du SRAS. Son efficacité serait de 91 % avec un APR N95 **[25]**. Une étude cas-témoin a étudié un vol New York-Fuzhou *via* une escale par Hong Kong sur la base de 9 cas de grippe A (H1N1) et de 32 témoins. Cette étude cas-témoin laisse supposer que le port du masque chirurgical a apporté une protection aux individus pour réduire la transmission.

Des essais cliniques randomisés ont également porté sur cette thématique de recherche. Ces études visaient deux catégories de public : le personnel soignant et l'ensemble de la population.

• *Pour les soignants*

Cinq essais ont été réalisés en visant le public des personnels soignants, dont le plus connu a été publié dans JAMA en 2009 : il comparait l'efficacité du port du masque chirurgical *versus* le port de l'appareil respiratoire chez des sujets non-infectés mais exposés à un risque infectieux, sur un critère de jugement de survenue d'une infection grippale (objectivée par un syndrome grippal et un prélèvement positif ou par une séroconversion entre le début de l'étude et la fin de l'étude). Les résultats de cette étude ne montrent pas de différence sachant que les personnels soignants pouvaient être aussi exposés au virus de la grippe dans leur vie quotidienne en dehors de l'hôpital (dans les transports, à leur domicile, etc.).

L'étude Mac Intyre de 2011, menée sur le périmètre de 15 hôpitaux chinois, compare le port du masque chirurgical *versus* le port de l'appareil de protection respiratoire (APR) avec ou sans *fit test*. Il en ressort une efficacité plus grande du port de l'APR. La suite de cette étude conduite en 2013 a démontré une efficacité de l'APR en matière de réduction de la transmission chez les soignants s'il est porté en tout temps (et non uniquement pour les expositions à des individus potentiellement contaminants).

Une autre étude menée au Vietnam a comparé le port du masque en tissu et le port du masque chirurgical. Il en ressort une plus grande efficacité du port du masque chirurgical et du masque en tissu par rapport au groupe contrôle (qui ne porte rien).

De ces études, il peut être annoncé une efficacité supérieure de l'APR par rapport au port du masque chirurgical chez les soignants.

• *Dans la communauté*

Neuf essais randomisés ont étudié l'efficacité du port du masque dans la grippe saisonnière, dans la communauté. Parmi ces études, cinq ont porté sur l'efficacité du port du masque chirurgical et de l'hygiène des mains dans le cadre familial. Deux études ont porté sur l'efficacité du port du masque chirurgical porté en continu, en préventif, pour les circulations des étudiants dans leur résidence. En intention de traiter, aucun de ces essais ne met en évidence une différence significative en faveur du port du masque.

Il ressort des résultats de ces différentes études menées en population générale que le port du masque ne démontre pas son efficacité lorsque les individus ne sont pas exposés à un virus hautement pathogène. Ces résultats tiennent au retard à la mise en place de l'intervention, sachant que la grippe est une maladie qui se transmet vite (alors que le délai d'incubation est plus long pour le SRAS).

En outre, alors que la population entend parler de la grippe saisonnière chaque année, il faut reconnaître que les individus sont peu enclins à porter un masque de manière rigoureuse. L'observance est peu élevée. De plus, il existe d'autres modes de transmission de la grippe que par les gouttelettes.

• *Sur un plan « expérimental »*

Une autre étude a concerné 37 patients infectés par le virus grippal (21 type A et 16 type B) depuis moins de 72 heures. Ces individus ont été placés dans des cabines de soufflerie permettant de vérifier l'émission des gouttelettes et aérosols, avec et sans port de masque ; 16 sujets sur 37 (43 %) ont émis des gouttelettes infectantes sans masque contre seulement 11 % avec le port du masque. En revanche, 92 % émettent des aérosols quand ils ne portent pas de masques contre 78 % avec port de masque.

Une étude menée par Cowling a porté sur la charge virale pour la grippe saisonnière et la grippe pandémique. Il en ressort que la durée pendant laquelle la charge virale est infectante est limitée à 2,5 jours. Le port du masque a donc une efficacité réduite avant l'apparition des symptômes.

• *En ce qui concerne les autres mesures d'hygiène*

Dans les foyers où la grippe est apparue depuis moins de 36 heures, chez des sujets confirmés, le nombre de cas familiaux secondaires est réduit lorsque l'hygiène des mains est assurée. Il est observé que la compliance aux mesures d'hygiène est bonne sur une durée de 7 jours, chez les individus malades comme chez les individus contacts. En revanche, la compliance au masque est mauvaise dans les deux cas.

Une autre étude démontre que la persistance du virus grippal est de 48h sur du bois, de 24 h sur du plastique ou du métal et de 8 h sur du tissu.

L'observance du port du masque apparaît peu élevée. Le port du masque chirurgical par l'individu malade peut être efficace, cependant le risque de dérive est important.

Au vu de ces éléments, on peut conclure que peu d'éléments factuels permettent d'affirmer que le masque est une protection très efficace dans la communauté.

L'hygiène des mains (avec ou sans solution hydro-alcoolique) apparaît au moins aussi efficace que le port du masque.

Il est donc proposé le port du masque pour l'individu malade et l'hygiène des mains pour tous. Préconiser le port du masque dans les transports est discutable.

Le port du masque pour les sujets en contact avec un individu malade est également envisageable.

Dans ce cadre, la rapidité d'intervention est essentielle. À titre d'exemple de recommandation en faveur de la rapidité, la Suisse a recommandé à ses habitants de constituer un stock de 50 masques disponibles en préventif au domicile. Pour cela, la Suisse a dû créer le marché et nouer un accord avec l'industrie pour réduire les coûts d'achat (pour le fixer à environ 7 centimes). Cette recommandation a été relativement bien suivie par la population.

Les recommandations de la Société française d'hygiène hospitalière (SF2H) de 2013 et 2018 préconisent en milieu de soin : le port des masques chirurgicaux ou médicaux par les personnes symptomatiques et le port des masques chirurgicaux ou des protections de type FFP par le personnel soignant, en particulier lors des gestes invasifs.

L'avis de la SF2H du 23 mars 2018 préconise la mise à disposition de plusieurs tailles et de plusieurs formes de masques afin de les ajuster à la morphologie des personnes amenées à porter lesdits masques et la formation à l'utilisation (*Fit test*).

Actuellement le port du masque (Plan pandémie grippale, fiche C4 mesures barrières sanitaires) est proposé à toute personne vivant dans l'entourage d'un cas de grippe possible ou confirmé et à toute personne exerçant des activités de vie collective.

En Angleterre et en Belgique, le port du masque en population générale n'est pas recommandé. Le port du masque n'est pas culturellement admis en Europe, contrairement à ce qui est observé en Asie. L'adoption du masque diffère donc de façon très significative suivant les zones géographiques, contrairement à l'utilisation de la solution hydro-alcoolique qui est désormais mieux admise en communauté. De ce fait, les recommandations devront être assorties de mesures sociales en vue d'inciter les personnes à rester à leur domicile.

Il ressort ainsi qu'il n'y a aucun élément nouveau qui amènerait à modifier les recommandations émises pour l'épisode 2009/2010, à savoir :

dans la communauté : masques de soins portés par les patients symptomatiques ;

dans le milieu hospitalier : respect des précautions gouttelettes (masques de soins portés dès l'entrée en chambre d'un malade et APR de type FFP2 pour les soins à risque d'aérosolisation).

Conclusion provisoire

Fin 2019, la situation est désespérée. Plus de stock de masques. Plus de filière industrielle de fabrication. Selon Mediapart le 2 avril 2020 : « On dénombre fin janvier alors moins de 80 millions de masques dits "chirurgicaux" – plus 80 millions supplémentaires commandés avant l'épidémie, mais pas encore livrés – et zéro en stock de masques dits FFP2. Les premiers sont des masques anti-projection de base, destinés à la population, avec une durée de vie limitée à quatre heures. Ils ne protègent pas ceux qui les portent, mais empêchent ces derniers de contaminer d'autres personnes par leurs postillons. Les seconds – ainsi que leur version haut de gamme, les FFP3 – sont, eux, des masques de protection respiratoires à destination du personnel soignant. Seuls les FFP2 et FFP3 protègent leurs porteurs. En cas de pandémie, il faut pouvoir en distribuer, au minimum, à tous les personnels de santé les plus exposés : soignants hospitaliers, médecins de ville, pompiers, ambulanciers… Et pourtant, la France n'en a aucun en stock.

Ce choix n'est pas celui du gouvernement actuel, mais de son prédécesseur. En 2013, la ministre de la Santé, Marisol Touraine, avait en effet décidé de supprimer les stocks stratégiques de l'État et de transférer cette compétence aux employeurs, qu'ils soient privés ou publics, désormais chargés de constituer des stocks de masques pour protéger leur personnel.

Au lieu de jouer la transparence sur cette pénurie – qui n'est pas de son fait –, et d'expliquer que le peu de stock disponible sera réservé en priorité aux soignants, le gouvernement choisit de ne pas informer les Français. Et d'utiliser de faux arguments sanitaires pour masquer des stocks insuffisants. Il expliquera ainsi tour à tour que les masques sont inutiles pour la population générale, puis qu'ils ne sont pas efficaces, car les Français ne savent pas les porter, pour désormais, sur le tard, tenter d'équiper massivement la population afin de sortir du confinement ».

Pourtant, cette préoccupation face à la crise à venir existait bien. On la retrouvera curieusement dans les « MacronLeaks », tentative de déstabilisation ratée de la campagne du futur président de la République par diffusion de courriels internes. Sous la plume du docteur Jérôme Salomon, ancien Conseiller à la sécurité sanitaire de la ministre Marisol Touraine, et architecte de la création de Santé publique France, adressée de son adresse courriel privée à Quentin Lafay et Thomas Cazenave, on peut alors lire, le 5 septembre 2016 : « les événements qu'a connus la France récemment

[...] démontrent que les préjudices humains et matériels peuvent être considérables. La France n'est pas prête, car peu confrontée aux risques majeurs depuis 1945. L'organisation du système de réponse a fait l'objet d'une structuration importante (situations sanitaires exceptionnelles), mais demeure complexe et manque de réactivité et de capacités d'adaptation aux situations spécifiques et évolutives ». Citant le système de santé israélien, il proposait de « faire subir un crash test à notre dispositif national de réponse, d'évaluer les points critiques et de proposer les adaptations les plus stratégiques du système de gestion. Un dysfonctionnement grave aurait des conséquences délétères considérables. Les propositions n'engagent que moi, mais ont été largement partagées avec un groupe d'experts de la question. Cette note est issue de mon expérience de conseiller sécurité sanitaire au cabinet, de mes entretiens avec de hauts responsables de la sécurité et de mes responsabilités actuelles de gestionnaire de crise et de FSD. »

Dans un autre courriel adressé le 11 janvier 2017 à Quentin Lafay, Julien Denormandie et Benjamin Griveaux, membres de l'équipe de campagne du futur président, Jérôme Salomon écrivait : « L'épidémie sévère de grippe que la France affronte cet hiver est une triste et caricaturale confirmation du paradoxe français. L'épidémie précoce a été favorisée par les vacances scolaires de fin d'année (ce sont les enfants qui transmettent le virus à leurs grands-parents), par l'absence de maîtrise des gestes basiques d'hygiène : mouchoirs en papier jetables, lavage des mains, solutions hydro-alcooliques, port du masque par les malades, généralisé en Asie et quasi inconnu en France ! L'hôpital déjà en crise est désormais "en tension", car il ne dispose d'aucune élasticité pour absorber des variations d'activité. »

Selon le journal *L'Opinion :* « Ambitionnant d'être ministre de la Santé, Jérôme Salomon s'était rapproché de l'équipe Macron dès juin 2016. Il n'a toutefois jamais été membre du premier cercle politique. Insistant beaucoup sur la prévention, ses propositions étaient parfois jugées iconoclastes ou alarmistes, Alexis Köhler lui reprochant notamment de ne jamais les chiffrer. »

Mais au-delà des masques, il faudra aussi gérer la pénurie des tests, des réactifs, des respirateurs, des surblouses, des charlottes, des écouvillons... Une débâcle traitée par la presse avec un mélange de stupéfaction et d'indignation.

ÉPIDÉMIES ET SÉCURITÉ NATIONALE

Mais il arrive aussi que les services de renseignement se projettent en prospective. Ainsi des analyses de la branche de réflexion de la CIA, le National Intelligence Council, qui publie depuis 1997 son rapport sur les tendances mondiales. Le rapport publié fin 2000 avait réussi l'exploit de ne même pas citer le nom d'Oussama Ben Laden. En novembre 2008, le quatrième opus (publié en français sous le titre « le rapport CIA » présenté par Alexandre Adler) semble plus prédictif.

Rapport Global Trends 2025, NIC 2008

Potential Emergence of a Global Pandemic

The emergence of a novel, highly transmissible, and virulent human respiratory illness for which there are no adequate countermeasures could initiate a global pandemic. If a pandemic disease emerges by 2025, internal and cross-border tension and conflict will become more likely as nations struggle – with degraded capabilities – to control the movement of populations seeking to avoid infection or maintain access to resources.

The emergence of a pandemic disease depends upon the natural genetic mutation or reassortment of currently circulating disease strains or the emergence of a new pathogen into the human population. Experts consider highly pathogenic avian influenza (HPAI) strains, such as H5N1, to be likely candidates for such a transformation, but other pathogens – such as the SARS coronavirus or other influenza strains – also have this potential.

If a pandemic disease emerges, it probably will first occur in an area marked by high population density and close association between humans and animals, such as many areas of China and Southeast Asia, where human populations live in close proximity to livestock.

Unregulated animal husbandry practices could allow a zoonotic disease such as H5N1 to circulate in livestock populations – increasing the opportunity for mutation into a strain with pandemic potential. To propagate effectively, a disease would have to be transmitted to areas of higher population density.

Under such a scenario, inadequate health-monitoring capability within the nation of origin probably would prevent early identification of the disease. Slow public health response would delay the realization that a highly transmissible pathogen had emerged. Weeks might pass before definitive laboratory results could be obtained confirming the existence of a disease with pandemic potential. In the interim, clusters of the disease would begin to appear in towns and cities within Southeast Asia. Despite limits imposed on international travel, travelers with mild symptoms or who were asymptomatic could carry the disease to other continents.

Waves of new cases would occur every few months. The absence of an effective vaccine and near universal lack of immunity would render populations vulnerable to infection. In this worst- case, tens to hundreds of millions of Americans within the US Homeland would become ill and deaths would mount into the tens of millions. Outside the US, critical infrastructure degradation and economic loss on a global scale would result as approximately a third of the worldwide population became ill and hundreds of millions died.

LIVRE BLANC DE LA DÉFENSE ET DE LA SÉCURITÉ NATIONALE, 2008

Et, comme si la Présidence Sarkozy avait le don de secouer l'appareil d'État, le rapport cornaqué par le Conseiller d'État Jean Claude Mallet, Secrétaire général de la Défense nationale, prend aussi le taureau par les cornes. Le 17 juin 2008, le nouveau livre blanc sur la défense et la sécurité nationale parait. C'est le troisième paru sous la Ve République après les éditions de 1972 et 1994. Et le premier à affirmer une inquiétude sur les épidémies.

Les nouveaux risques naturels et sanitaires

Les risques d'origine naturelle ou sanitaire sont devenus des facteurs de déstabilisation massive pour la population et les pouvoirs publics.

Les *risques sanitaires* sont susceptibles d'engendrer une désorganisa – tion des échanges économiques. Ils présentent des coûts de prévention et de protection très importants. La propagation de nouvelles souches virales ou bactériennes ou la réapparition sur le continent européen de souches anciennes résultent de l'ouverture des frontières, de la fluidité des transports et de la rapidité des échanges internationaux.

De façon similaire, le territoire et la population sont exposés à *la possibilité de catastrophes naturelles dont les effets changent progressive – ment d'échelle*. Les départements et collectivités d'outre-mer sont particulièrement vulnérables à ce type d'événements. Mais le territoire métropolitain n'en est pas exempt, comme le montrent les tempêtes de 1999 ou l'exposition aux risques sismiques de la région méditerranéenne.

Les désorganisations sociales majeures que peuvent provoquer les nouveaux types d'épidémies ou les accidents climatiques violents font partie des risques d'ampleur nouvelle qui pèsent sur la collectivité nationale.

Livre Blanc sur la défense et la sécurité nationale, 2013

Le 29 avril 2013, il est suivi et répété par le livre blanc souhaité par la présidence Hollande.

L'explosion des flux matériels et immatériels se traduit par une difficulté croissante, pour les États, à maîtriser le contenu et la destination de ces flux comme ils pouvaient le faire auparavant sur les espaces délimités qu'ils contrôlaient. Elle rend donc moins aisée la lutte contre les trafics illégaux, qui ont de ce fait tendance à se développer. L'augmentation du transport maritime dans le commerce international donne prise à de nouvelles menaces asymétriques comme l'atteste le développement de la piraterie. La rapidité des transports, qui augmente la vitesse de propagation des risques sanitaires et l'échelle potentielle de leur diffusion, oblige les États à trouver de nouveaux moyens d'action pour prévenir le développement des pandémies. La communication instantanée que permet Internet les contraint à se mobiliser contre la dissémination de virus informatiques dont les effets peuvent être dévastateurs.

La probabilité des risques d'origine naturelle (tremblement de terre, tempête, raz-de-marée, inondation, etc.), sanitaire (pandémie massive) ou technologique et industrielle (notamment chimique ou nucléaire) est plus difficile à évaluer, mais leur impact peut être majeur. C'est pour l'État une obligation que d'y faire face, dans l'hexagone comme dans les outre-mer. Une catastrophe naturelle ou technologique peut provoquer un dysfonctionnement grave des structures publiques et privées, voire un grand nombre de victimes, les blessés nécessitant des soins parfois très spécialisés, notamment en cas d'atteinte par des produits chimiques ou des radiations nucléaires. Elle peut également provoquer des troubles qui sont un facteur d'insécurité supplémentaire : panique des populations, contestation des consignes de sécurité ou de périmètres interdits, pillages, accroissement de la délinquance, etc.

Mais, **le 16 mai 2013**, le SGDSN publie une **Doctrine de protection des travailleurs face aux maladies hautement pathogènes à transmission respiratoire** qui sera ensuite considérée comme le tournant du « désarmement » national face aux pandémies. Tout est dit dès la page de début sous le titre « cadre général de la doctrine » : « Une maladie infectieuse hautement pathogène à transmission respiratoire est une menace sanitaire majeure à caractère exceptionnel vis-à-vis du strict cadre de la santé et de la sécurité au travail. Face à un tel risque affectant tous les travailleurs, indépendamment de leur statut (salariés, travailleurs indépendants) et de leurs activités, il revient aux pouvoirs publics d'apporter une réponse globale. La présente doctrine en définit les lignes directrices. Elle est le fruit d'un travail interministériel mené dans un souci d'efficacité et d'économie globale, s'appuyant notamment sur le retour d'expérience acquis lors des pandémies de la décennie écoulée. Elle constitue le socle de référence commun à partir duquel les ministères pourront établir les directives adaptées à leur secteur de compétence.

In fine, la protection des travailleurs relève de la responsabilité des seuls employeurs, publics ou privés. La présente doctrine et ses déclinaisons sectorielles constitueront un guide d'aide à la décision à leur attention, mais également à celle des travailleurs indépendants, pour la mise en place de mesures de protection adaptées face au caractère exceptionnel d'une pandémie. Il s'agit de répondre de la façon la plus adaptée à une double exigence : l'obligation de protéger le travailleur d'une part, la nécessité d'assurer, selon les nécessités dépendant de la nature de l'activité et des circonstances, la continuité des activités socio-économiques, en particulier celle des secteurs d'importance vitale.

5. Nouvelle doctrine de protection en fonction de l'exposition aux risques

Le Code du travail prévoit les mesures nécessaires pour assurer la sécurité et protéger la santé physique et mentale des salariés. Ces mesures doivent être prises sur la base des principes généraux de prévention, lesquels sont hiérarchisés, le recours à la protection individuelle étant inscrit dans l'avant-dernier principe.

Une maladie infectieuse hautement contagieuse à transmission respiratoire sort du strict cadre de la « santé et de la sécurité au travail » dans la mesure où l'on a affaire à une menace sanitaire majeure. Face à un tel risque affectant toutes les personnes indépendamment de leur statut (salariés, travailleurs indépendants, usagers ou personnes relevant du public) et de leurs activités, il revient aux pouvoirs publics d'apporter une réponse globale.

La situation sanitaire exceptionnelle envisagée et les retours d'expérience des pandémies précédentes amènent à proposer des mesures singulières de protection des travailleurs.

La présente démarche s'appuie d'une part, sur les principes généraux de prévention du Code du travail incluant l'évaluation des risques et d'autre part, sur la nécessaire cohérence des modalités d'application de mesures exceptionnelles en fonction du caractère continu et inhomogène du risque, ce risque se rencontrant aussi bien au domicile, dans les lieux publics et sur le lieu de travail.

Trois types de mesures de prévention des risques et de protection sont envisagées en fonction des conditions dans lesquelles s'exerce l'activité de travail, depuis la suppression totale de contact jusqu'au port d'un équipement de protection individuelle type FFP2, en passant par la possibilité de mettre en place des dispositions limitant la transmission de la maladie :

– situation 1 : **mesures de suppression du risque de dissémination des agents pathogènes :**

a) arrêt de l'activité lorsque les conditions rendent difficile la mise en place d'autres mesures de protection ;

b) travail à distance (contact par téléphone avec les usagers…) ;

– situation 2 : **mesures de limitation du risque de dissémination des agents pathogènes :**

a) distance de sécurité entre les personnes (supérieure à 1 mètre selon l'OMS) ;

b) écran physique tel qu'un écran anti-agression… ;

c) port d'un masque anti-projection (masque chirurgical) par les travailleurs et par les usagers à leur contact. Le recours systématique aux masques de protection respiratoire de type FFP2 (EPI) a montré ses limites en termes d'efficacité, car la gêne voire la difficulté respiratoire liées à leur port, conduisent à un faible taux d'utilisation. Le masque anti-projection, en revanche, est mieux supporté du fait d'une respirabilité plus importante, d'une communication verbale plus facile, d'un risque d'irritation cutanée plus réduite et d'une sensation d'inconfort de chaleur beaucoup plus réduite. Ainsi, l'adhésion au port du masque anti-projection sera meilleure que le masque FFP2. Le port du masque anti-projection par les travailleurs et par les usagers limite la dissémination des agents pathogènes, chacun protégeant l'autre (fonction altruiste des masques anti-projections).

– situation 3 : **mesures de limitation du risque de transmission de la maladie :** mise en place d'une protection individuelle avec le port d'un masque FFP2 lorsqu'il y a contact étroit sans possibilité de mettre en place une autre mesure.

En situation 2, dès lors qu'aucune autre mesure de limitation du risque de dissémination des agents pathogènes, parmi celles présentées en situation 2 a ou 2 b ne peut être prise, l'employeur devra prendre les mesures d'organisation nécessaires pour que les travailleurs ne soient en contact qu'avec des personnes à qui l'on aura préalablement distribué des masques anti-projection et qui les porteront effectivement.

Il revient, *in fine*, à chaque employeur d'examiner, pour les différents postes, de quelles situations ils relèvent et d'évaluer les mesures les plus adaptées.

6. Dimensionnement et coût des stocks pour l'employeur

Il revient à chaque employeur de déterminer l'opportunité de constituer des stocks de masques pour protéger son personnel. Le cas échéant, le dimensionnement des stocks est sous-tendu par :

– la durée prévisible d'une épidémie (une à plusieurs vagues de 8 à 12 semaines pour la grippe…)

> – la durée d'utilisation d'un masque ;
> – le caractère à usage unique des masques ;
> – le recensement des tailles de populations cibles ;
> – la fourniture gratuite en nombre suffisant ;
> – les capacités de fabrication et d'approvisionnement pendant une crise.
>
> Les masques doivent être changés au minimum toutes les quatre heures, en fonction des recommandations du fabricant et chaque fois qu'ils deviennent mouillés ou après avoir quitté une zone à haut risque.
>
> Les paramètres de coût sont les suivants :
> – acquisition : un masque chirurgical coûte environ dix fois moins cher qu'un masque FFP2 ;
> – stockage : le stockage des masques chirurgicaux est largement moins volumineux et donc moins coûteux que celui des masques FFP2, lesquels nécessitent en outre une gestion fine des dates de péremption.

Enfin, **le 29 juin 2017,** le Président Macron demande à la ministre des armées de conduire une Revue Stratégique qui sera publiée le 11 octobre 2017 et publiée le 4 décembre 2017. Là aussi, les risques épidémiques sont rapidement évoqués.

> Revue stratégique de défense et de sécurité nationale, 2017
>
> 3.3. Risques sanitaires
>
> 69. L'accroissement de la mobilité de la population favorise l'extension des aires de diffusion de certaines maladies, ainsi que la propagation rapide et à grande échelle de virus à l'origine d'épidémies diverses (syndrome respiratoire aigu sévère – SRAS). Le service de santé des armées et ses capacités de recherche sont ainsi régulièrement mobilisés pour faire face à ce type de situation. La dernière épidémie d'Ebola survenue en 2014-2016 dans des pays fragiles d'Afrique de l'Ouest a démontré combien la densification des flux pouvait compliquer le confinement des grandes crises sanitaires, au point de devoir faire appel à la communauté internationale.
>
> 70. Le risque d'émergence d'un nouveau virus franchissant la barrière des espèces ou échappant

à un laboratoire de confinement est réel. De même, l'interconnexion des filières alimentaires génère des risques sur la santé humaine et offre un terrain propice à d'éventuelles actions « agro-terroristes ». Plus grave encore, la diffusion des biotechnologies pourrait permettre à des groupes terroristes de conduire des attaques biologiques sophistiquées.

Audition de la SGDSN Claire Landais devant la commission de la défense de l'Assemblée nationale, le 30 avril 2020.

Enfin, en pleine crise épidémique et après de nombreuses mises en causes de la politique qu'aurait engagée le SGDSN en 2013, la Secrétaire générale de l'organisme d'État est entendue par le parlement le 30 avril 2020.

Le SGDSN s'est d'abord organisé pour continuer de remplir, de manière dématérialisée, ses missions essentielles comme le contrôle de l'exportation des matériels de guerre – la commission interministérielle pour l'étude des exportations de matériels de guerre (CIEEMG) se réunissant désormais en audio ou en visioconférence grâce aux outils sécurisés Osiris et Horus – ou le chantier de l'Instruction générale interministérielle n° 1300 essentiel en vue de moderniser la gestion des informations classifiées.

Sa mobilisation en matière de sécurisation des communications l'a également conduit à tenir, à la demande du Président de la République, des conseils de défense en visioconférence.

Le décret du 21 avril 2020 a par ailleurs donné naissance à un service à compétence nationale dénommé « opérateur des systèmes d'information interministériels classifiés » fusionnant une sous-direction de l'Agence nationale de la sécurité des systèmes d'information (ANSSI) et le Centre des transmissions gouvernemental (CTG).

Le SGDSN continue en outre à travailler avec la direction interministérielle du numérique (DINUM) au renforcement du réseau interministériel de l'État et à sa capacité à prendre le relais du Réseau interministériel de base uniformément durci (RIMBAUD).

La crise a bien entendu eu un impact sur l'action de l'ANSSI en matière de protection contre les attaques cyber, qu'elle assure notamment auprès des opérateurs d'importance vitale (OIV) – auprès des centres hospitalo-universitaires (CHU) par exemple – et sur le plan stratégique.

Elle continue en outre, compte tenu de la très nette augmentation de la petite cybercriminalité due à notre nouvelle exposition collective au risque numérique, à veiller sur le Groupement d'intérêt public action contre la cyber- malveillance (GIP ACYMA).

Elle participe également au côté des équipes de Cédric O à la réflexion sur l'application StopCovid, et se trouve très mobilisée en matière de systèmes d'information et de plateformes de traitement de données hétérogènes nécessaires à la gestion et au pilotage de la crise.

Le SGDSN a également été chargé de coordonner, notamment avec le Service d'information du Gouvernement (SIG), les efforts en matière de lutte contre la manipulation d'informations, la crise sanitaire pouvant être aggravée par certaines d'entre elles conduisant nos concitoyens à adopter des comportements totalement contre-productifs.

Il coordonne également, notamment avec la direction générale des entreprises (DGE) de Bercy et au travers du comité de liaison « Colisé », la sécurité économique puisqu'il faut protéger les acteurs détenant des savoir-faire ou des technologies stratégiques qui peuvent aiguiser l'appétit de pays partenaires ou adversaires.

Le retour d'expérience de la crise impliquera de se réinterroger sur les concepts de résilience, de souveraineté, d'autonomie stratégique et sur la relocalisation sur le sol national de certaines capacités productives : le SGDSN y veillera, en collaboration notamment avec la DGE et avec le Secrétariat général pour l'investissement (SGPI).

Plus précisément, dans le cadre de la crise du Covid-19, le SGDSN a d'abord rempli un rôle de préparation de la nation. Ce rôle donne lieu à la rédaction de plans interministériels, aujourd'hui au nombre de quinze, dont le pilotage est assuré par la direction de la protection et de la sécurité de l'État (DPSE) : lutte contre des acteurs malveillants, contre le terrorisme, contre la menace cyber ou liés à des risques technologiques, industriels, naturels ou sanitaires. Dans ce champ sanitaire, figure notamment, le PNPLPG, né en 2004 et dont la dernière version date de 2011. Certes, s'agissant d'un plan concernant une pandémie de grippe, il tablait sur la découverte à brève échéance d'un vaccin et n'était donc pas directement applicable au le Covid-19 qui est un virus distinct. Mais il a inspiré notre réflexion au début de la crise, dans sa version non sanitaire, notamment lorsque nous avons élaboré avec le ministère des Solidarités et de la Santé un guide d'aide à la décision stratégique diffusé auprès de tous les autres ministères le 26 février dernier.

Si le SGDSN ne joue en principe aucun rôle dans la conduite opérationnelle de la crise, aux termes de la circulaire d'organisation de la gestion de crise du 1er juillet 2019 qui détaille notamment les différentes dimensions de la cellule interministérielle de crise (CIC) – celle-ci a été activée le 17 mars –, il a pourtant été amené à apporter son aide et à renforcer les équipes du ministère de la santé. Il travaille en outre très activement sur l'anticipation et, à court terme, à la préparation du compte à rebours qui nous sépare du 11 mai, et aux différentes hypothèses – flambée de violence, captation de tous les vaccins par une puissance étrangère, déplacements massifs de populations – qui nous écarteraient du scénario idéal de sortie de crise.

Le SGDSN anime également le réseau des hauts fonctionnaires de défense et de sécurité, également, pour la grande majorité d'entre eux, secrétaires généraux des ministères, qui a été mobilisé au début de la crise notamment pour activer les plans de continuité de l'activité et qui l'est aujourd'hui dans la perspective de la reprise prochaine.

Il a par ailleurs été chargé de missions inédites. À la suite de la réquisition par le Gouvernement début mars des masques sanitaires au profit du monde de la santé, assouplie le 21 mars pour les importations inférieures à 5 millions d'unités, mais interdisant toute exportation, il a ainsi dû garder un œil sur les demandes de pays voisins, dans une logique de solidarité européenne qui l'a parfois conduit à permettre l'exportation de volumes contrôlés.

J'en viens à la chronologie, en rappelant que le SGDSN ne fait aux termes de l'article R* 1132-3 du code de la défense, que suivre l'évolution des crises en lien avec les départements ministériels concernés, ce qui explique qu'il peut suggérer au Premier ministre d'activer la CIC. Il n'est pas chargé de la détection et de l'analyse des signaux faibles d'un risque sanitaire montant et n'en a d'ailleurs pas les moyens. Cette responsabilité revient en effet au ministère de la Santé. Je vous renvoie à cet égard aux propos de Jérôme Salomon et Katia Julienne devant la mission d'information Covid-19. C'est donc logiquement leur ministère qui, dès le 10 janvier, a été entièrement à la manœuvre, d'abord pour envoyer un message aux agences régionales de santé (ARS), puis un autre, le 14 janvier, aux établissements de santé, sachant que l'Organisation mondiale de la santé (OMS) n'avait fait officiellement état de la découverte du virus que le 7 janvier.

Le Centre opérationnel de régulation et de réponse aux urgences sanitaires et sociales (CORRUSS) a quant à lui été activé et renforcé dès le 22 janvier, comme le Centre de crise sanitaire à la fin de ce même mois : il n'y a donc pas eu de temps de latence dans la prise de conscience de la crise sanitaire.

Après avoir demandé au chargé de mission compétent de faire le lien avec la direction générale de la santé (DGS) dès le 21 janvier, avant de détacher entièrement cet effectif auprès du directeur général de la santé, le SGDSN a organisé dès le 29 janvier une première réunion sur la nature de la crise et sur la dimension interministérielle de la réponse à y apporter.

On a pu croire pendant un moment que la crise resterait circonscrite à son aspect sanitaire et à son point d'origine, comme cela avait été le cas pour d'autres épidémies. Le stade 1, dans lequel la France s'est trouvée placée dès janvier avait pour objet d'empêcher l'entrée du virus sur le sol national, le stade 2, déclenché le 29 février, de freiner sa propagation, et le stade 3, déclenché le 14 mars, de gérer les effets de la pandémie présente. C'est à ce dernier stade, qui s'est notamment concrétisé par le confinement, que l'importance de la crise a justifié que sa gestion ne relève plus seulement du centre de crise sanitaire, mais aussi, pour le champ non sanitaire, de la cellule interministérielle de crise (CIC), activée le 17 mars. L'aspect interministériel était déjà présent avant cette date puisque, dès le 29 janvier, le SGDSN avait réuni les hauts fonctionnaires de défense et de sécurité et que, fin février, Jérôme Salomon a annoncé la constitution d'une *task force* à ses côtés où tous les ministères étaient représentés. Les aspects sanitaires et non sanitaires sont donc gérés par des pôles dédiés, auxquels il faut ajouter le centre de crise du MEAE, mais sous la supervision du cabinet du Premier ministre, grâce à une CIC de synthèse assurant une action d'ensemble cohérente.

Pour répondre à votre dernière question, je me garderai de dresser un tableau exhaustif des stocks de produits de santé, d'abord parce que je n'ai la vision que d'une petite partie. Nous consacrons actuellement nos efforts à la gestion de la crise, et non à déterminer ce qui s'est passé au cours des années précédentes. Si, en tant que fonctionnaire, j'ai constamment en tête l'article 15 de la Déclaration des droits de l'homme et du citoyen, selon lequel « la société a le droit de demander compte à tout agent public de son administration », je pense que nous ne sommes pas forcément en mesure de rendre compte dès aujourd'hui de tout ce qui a pu se passer. Mais la question est légitime. **Par ailleurs, mon institution est chargée de la coordination de la préparation à la crise et non de la constitution de stocks, *a fortiori* quand cette dernière relève d'un secteur ministériel particulier. En vertu du code de la défense et du code de la santé publique, le ministère de la santé doit préparer le système sanitaire à la crise et dispose pour cela d'outils – autrefois l'établissement de préparation et de réponse aux urgences sanitaires (EPRUS), aujourd'hui Santé publique France**. Ce qui relève de la responsabilité du SGDSN, c'est de savoir si les moyens sectoriels, civils et militaires, sont coordonnés de façon satisfaisante, et pas de se prononcer sur le fait que les stocks stratégiques de chaque ministère sont suffisants ou non, même si, selon les domaines et les crises envisagées nous pouvons avoir plus ou moins d'outils ou de leviers à notre disposition et donc plus ou moins de visibilité sur les moyens ministériels de réponse à la crise.

Le SGDSN a publié en 2013 un document aujourd'hui abondamment commenté dans les médias, intitulé « Nouvelle doctrine de protection des travailleurs face aux maladies hautement pathogènes à transmission respiratoire ». Désignée à tort comme une rupture dans la doctrine de constitution des stocks, cette note portait en fait sur un champ spécifique, celui de la protection des travailleurs employés par les ministères, les établissements publics et les opérateurs d'importance vitale. Au-delà de la question des masques, ces quelques pages visaient à préciser les dispositions imposées par le Code du travail aux employeurs concernés, en relayant une position affirmée dans un avis de 2011 par le haut-conseil de la santé publique sur les indications respectives du port du masque FFP2 – qui protège son porteur des virus – et du masque chirurgical – qui empêche son porteur de projeter des gouttelettes sur les autres. Saisi par le directeur général de la santé à la suite de la polémique de 2010 sur ce qui a été présenté comme un surstockage de capacités, le HCSP réaffirme en 2011 que le port généralisé du masque par la population française n'est pas justifié et qu'il vaut mieux privilégier les gestes barrières, notamment la distanciation physique ; quant au masque FFP2, jusqu'alors regardé comme un outil de portée générale, il est désormais réservé à certains professionnels de santé appelés à se trouver en contact très étroit avec les malades, le masque chirurgical devant suffire dans les autres cas – une doctrine rappelée par les sociétés savantes au début de la crise du coronavirus.

C'est ce qui explique que nous ayons dit, dans notre publication de 2013, que le masque chirurgical était indiqué pour un contact simple avec le public, et que le FFP2 devait être réservé aux cas dans lesquels les gestes barrières ne pouvaient être appliqués – cette distinction s'appliquant aux travailleurs en général. Cette doctrine n'a donc pas vocation à déterminer la conduite à tenir vis-à-vis des malades et des cas contact, ni à porter une appréciation sur la volumétrie des stocks. **Force est de reconnaître qu'elle recèle des ambiguïtés qui ont pu conduire certains à s'en saisir pour justifier telle ou telle position. Cependant, dès lors qu'elle affirme que le port du masque n'est pas obligatoire dans toutes les situations – notamment dans celles où l'aménagement des postes et l'organisation du travail permettent de respecter la distanciation physique –, il est logique qu'elle indique que les employeurs publics ont la responsabilité d'apprécier l'opportunité de constituer des stocks.**

Cette doctrine a été émise à un moment où l'on considérait que les employeurs publics devaient constituer des stocks prépositionnés, proches de leur usage potentiel, plutôt que centralisés. L'un des objets de notre réunion du 29 janvier a précisément consisté à vérifier si les ministères dont les agents risquaient de se trouver exposés disposaient de stocks de masques., Les situations étaient variables, mais c'était le cas chez certains et nous avons d'ailleurs redirigé une partie de ces stocks vers les soignants, qui en avaient un besoin urgent. En résumé, il s'agissait d'une nouvelle doctrine dans le sens où elle affirmait un nouvel usage du masque FFP2 par rapport au masque chirurgical, mais en aucun cas d'une rupture dans l'appréciation du dimensionnement des stocks stratégiques de produits de santé.

Questions de parlementaires et réponse de la SGDSN

Mme Claire Landais. Il nous semble que le champ des OIV actuellement retenu ne comprend pas toutes les activités essentielles au pays en période de pandémie. Ainsi, la grande distribution n'en fait pas partie alors que nous mesurons notre chance qu'elle ait tenu. L'intendance et la logistique sont des métiers stratégiques que l'État doit réinvestir. La crise va nous conduire à repenser la définition des secteurs concernés par le dispositif sur les OIV.

Il peut sembler troublant que le plan « Pandémie grippale » ait été actualisé à quatre ou cinq reprises au cours de la décennie 2000, mais pas depuis 2011. Ces actualisations faisaient suite à un grand nombre d'alertes de l'OMS. Au cours de la décennie suivante, d'autres menaces dont les menaces bactériennes et non virales, ont accaparé l'attention. Bien sûr, nous aimerions prévoir la réponse à des virus inconnus, mais comment savoir quels seront les bons réflexes ? Nous nous sommes raccrochés à tout ce qui était pertinent dans le plan « Pandémie grippale », ce qui nous a permis de gagner beaucoup de temps au début de la crise.

Au cours de la décennie 2010, nous avons continué à nous préparer dans le champ sanitaire. Un nouveau plan variole a ainsi été élaboré, et nous avons beaucoup travaillé sur les menaces NRBC. Nous étions surtout préoccupés par les acteurs malveillants à la suite des attaques terroristes, et il est vrai que nous imaginions d'abord le risque sanitaire sous cet angle. En tout état de cause, les plans et les exercices réalisés n'ont pas été inutiles pour réagir à la pandémie. Le plan de 2011 était toujours adapté à une pandémie grippale, mais ses aspects sanitaires ne l'étaient pas totalement s'agissant d'une pandémie causée par un virus inédit.

Le SGDSN a une vision plus nette lorsque les plans ont un volet capacitaire, mais tous n'en ont pas. Dans le domaine NRBC, qui implique beaucoup de coordination entre les ministères et de chasse aux doublons ou aux oublis, nous pouvons aiguillonner les administrations, sans toutefois avoir de capacité de contrôle étroit sur elles. Il n'en va pas de même pour les plans qui n'ont pas de volet capacitaire.

Au moment de la réquisition des masques, il n'a pas été question d'aller récupérer tous les stocks partout en France. Le décret de réquisition portait sur tous les stocks de masques FFP2, tandis que seuls les masques chirurgicaux stockés chez les producteurs et les distributeurs étaient concernés. Nous ne pouvions pas connaître tous les lieux de stockage de masques chirurgicaux, et nous n'avions pas les moyens d'aller les récupérer. Des stocks ont été récupérés au sein de l'État, chez certains opérateurs et quelques entreprises privées, mais forcément d'autres sont passés au travers des mailles du filet. Et il est très compliqué d'un point de vue logistique d'acheminer des stocks centralisés sur le terrain. Santé publique France se serait épuisé à envoyer des équipes récupérer de petits stocks de masques avant de les recentraliser puis de les redistribuer.

Il est donc possible que des stocks peu volumineux soient restés oubliés dans des hangars, mais il était normal de concentrer nos outils logistiques pour récupérer les gros volumes.

Cet effet de taille s'est aussi manifesté lorsque l'importation de masques a été libéralisée le 21 mars dernier. Une possibilité de réquisition a été prévue pour les commandes supérieures à 5 millions, mais elle n'a été que peu utilisée, car les commandes du ministère de la Santé ont été tellement massives que la gestion des petits flux aurait inutilement détourné ses moyens.

Cet outil a néanmoins permis à certains importateurs de se signaler et de devenir par la suite des fournisseurs importants de Santé publique France.

Le SGDSN ne prend aucune part à la définition de la doctrine de tests et de détection. Je peux en revanche vous indiquer que dans la logique du plan « Pandémie grippale », au stade 3, la priorité n'est plus au suivi des contacts pour identifier les foyers d'infection, mais à la prise en charge des malades. La question redevient essentielle au moment de déconfiner la population, mais nous n'avons pas pris part à la définition de la doctrine d'identification des cas contacts.

Cette crise nous permet de mesurer l'ampleur de notre dépendance aux outils numériques, particulièrement dans les centres hospitaliers et le secteur de la santé. Le SGDSN fait partie de ceux qui réfléchissent à la constitution de capacités propres, nationales ou européennes, pour ne pas recourir à des outils risquant d'être utilisés par des acteurs étrangers, stratégiques ou criminels. Nous travaillons à l'émergence de solutions souveraines ; la réflexion sur les plateformes de traitement de données hétérogènes est conduite avec des industriels français.

Il n'existe pas d'équipe projet sous l'égide du SGDSN pour l'élaboration d'un outil de pilotage centralisé, mais l'ANSSI soutient et conseille ceux qui réfléchissent aux outils de pilotage. Le compromis entre le besoin d'efficacité pour gérer la crise et la protection des libertés publiques est réévalué, mais pour l'ANSSI et le SGDSN, la crise ne justifie pas tout. Il faut continuer à concilier la protection des libertés individuelles et l'efficacité de l'action publique en période de crise. Ainsi, l'application StopCovid est élaborée en lien avec la CNIL, et il n'est pas acquis que la centralisation des données soit toujours dangereuse, tout dépend qui en a la charge, avec quels mécanismes de pseudonymisation, et de conservation. La décentralisation des données entre les mains d'acteurs mus par des logiques commerciales n'est pas forcément une meilleure solution. Nos guides éthiques restent précieux en période de crise, les aménagements qui y sont apportés disparaîtront une fois la crise passée.

Je ne souhaite pas me prononcer sur l'évaluation du nombre de masques par le ministère de la Santé. Nous sommes en phase de gestion de crise, et tant les soignants que le personnel administratif de ce ministère sont admirables.

La commande de masques ne dépend pas du SGDSN, les stocks de produits de santé dépendent du ministère de la Santé, par l'intermédiaire de son opérateur Santé publique France.

Il n'y a pas de plans portant sur l'approvisionnement alimentaire en général, mais le plan sur la pandémie grippale et le guide d'aide à la décision stratégique prévoient la surveillance des éventuelles tensions sur l'approvisionnement alimentaire et des mécanismes de contrôle des prix. Il n'y a pas à ce jour de tensions sur l'approvisionnement alimentaire français.

Le SGDSN ne joue pas un rôle de lanceur d'alerte en cas de crise, car nous n'avons pas d'outils de détection avancée. Nous recevons les alertes, notamment des services de renseignement, et nous les transmettons au reste de l'administration. En revanche, l'anticipation et la prospective font partie de notre métier. Mais la capacité de l'État à faire cet exercice d'anticipation est limitée, et ce n'est pas forcément une priorité pour les agents de l'État pris par l'action administrative quotidienne. Il n'est pas évident de leur demander de s'extraire du quotidien pour penser à long terme. Nous tentons de le faire, la crise nous rendra peut-être plus audibles.

Selon tous les militaires que j'ai pu côtoyer au ministère de la Défense, les plans sont conçus, non pas pour être appliqués d'un bout à l'autre d'une crise, mais pour s'y préparer et pouvoir s'organiser rapidement lorsqu'elle survient. La réalité peut dépasser ce qui est prévu sur le papier, mais le travail de planification et l'organisation d'exercices demeurent précieux.

Dans le champ des risques NRBC, les plans sont complétés par un volet capacitaire majeur, une programmation pluriannuelle et un contrat général interministériel qui offre une visibilité de l'intervention de chaque acteur et de leur mise en cohérence en cas d'attaque. C'est un modèle dont nous pourrons nous inspirer, mais le SGDSN est un service du Premier ministre qui agit dans le cadre d'une coordination interministérielle ; il n'a pas l'autorité pour contrôler les stocks ou les capacités de chaque ministère. Un tel modèle n'est donc pas facile à appliquer à l'ensemble des risques auxquels nous réfléchissons.

Nous organiserons dès que possible, avec l'ANSSI, mais aussi avec les services de renseignement s'ils en sont d'accord, une réunion pour vous présenter notamment les questions d'hygiène informatique ou de protection face à des ingérences étrangères.

Associer un volet capacitaire à chaque plan serait idéal ; encore faut-il pouvoir le suivre dans la durée. Au sein du SGDSN, environ 25 personnes travaillent à l'élaboration des plans – dont les fiches-mesures sont pilotées par les ministères –, mais la direction des affaires internationales, stratégiques et technologiques compte également des experts qui suivent les crises internationales. Cependant, nous ne disposons pas de bataillons importants consacrés à la formation à la gestion de crise, à l'organisation d'exercices ou à la planification de sécurité nationale. Peut-être devrons-nous y réfléchir pour renforcer notre capacité d'anticipation.

A priori, ce n'est pas au SGDSN de réfléchir à la stratégie de constitution d'un stock de masques pour l'avenir. Il peut cependant avoir un rôle à jouer en la matière – à vrai dire, c'est déjà le cas – si la question du dimensionnement de nos capacités productives nationales se pose et dépasse le champ de la santé. Nous avons, certes, fait appel à des importations chinoises massives, mais nous avons des capacités productives nationales. Les quatre producteurs de masques français ont, du reste, fait preuve d'un grand civisme et la production nationale a beaucoup augmenté en volume. C'est un élément stratégique pour la reconstitution des stocks, qui devront être roulants. Outre ces capacités productives de masques sanitaires, une filière distincte de production de masques en tissu lavables a été créée sous l'impulsion de la secrétaire d'État à l'économie et de la direction générale des entreprises, avec l'aide notamment de la direction générale de l'armement, et des études sont en cours pour rendre les masques des soignants réutilisables.

Il est évident que nous devrons être plus attentifs à certaines de nos coopérations internationales. Cela commence par l'adoption d'une culture de la sécurité, de la contre-prolifération et de la protection de la propriété intellectuelle et de nos actifs stratégiques, que le SGDSN s'efforce depuis longtemps de diffuser auprès des acteurs de la recherche notamment, sans toujours parvenir à les convaincre complètement, car leur culture de l'ouverture et de la transparence qui est aussi un gage d'avancée de la recherche n'est pas toujours facile à concilier avec la nôtre. Mais nous les incitons à ne pas être naïfs et à ne pas livrer toutes leurs informations dans le cadre de leurs coopérations internationales…

Avant la crise, certains établissements de santé ont fait l'objet de cyber-attaques très lourdes. Le degré de préparation à la survenue d'une cyber-crise majeure dans le monde de la santé n'est pas très élevé. Celui-ci a pris conscience de ces enjeux, mais il y a un certain retard à rattraper. L'ANSSI a fait des offres de services pour parer aux risques les plus importants. En matière de « rançongiciels », les petits cybercriminels s'en donnent, hélas, à cœur joie, mais les établissements hospitaliers ne font pas spécifiquement l'objet, depuis le début de la crise, de menaces stratégiques ou d'exactions de gros acteurs cybercriminels.

LANCEURS D'ALERTE

Si les services de renseignements ou les scientifiques ont pu souvent donner l'alerte, on trouve aussi des acteurs inattendus parmi ceux qui ont su agir. Aux États-Unis, un Président inattendu. Et de nombreux auteurs de romans, scénaristes ou réalisateurs de films, dès la fin des années 60.

1969. Michael Crichton publie *The Andromeda Strain* (qui deviendra un film en 1971 puis une minisérie télévisée en 2008). Des scientifiques tentent de trouver un remède à une bactérie extraterrestre.

1978. Stephen King publie la première version de son roman *Le Fléau* (titre américan : *The Stand*). Dans son livre, une pandémie de supergrippe créée en laboratoire se répand à travers les États-Unis et détruit la plus grande partie de la population.

1981. Dean Koontz publie le roman *The Eyes of Darkness* qui raconte comment un virus appelé Wuhan-400 aurait été développé dans des laboratoires militaires autour de la ville chinoise de Wuhan, d'où il tire son nom.

1987. Robin Cook publie *Virus* (*Outbreak* en américain). À Los Angeles, dans un centre médical, huit personnes meurent : le directeur et sept patients, emportés par un virus inconnu. Le virus est extrêmement dangereux, une véritable peste noire venue d'Afrique, plus terrible que celle du Moyen Âge.

1994. Hervé Bazin publie un livre très éloigné de ses productions classiques. Dans *Le neuvième jour*, il raconte l'apparition à Bombay d'une terrible épidémie, *la surgrippe*. Son héros, un biologiste, reprend des recherches virologiques naguère interrompues, parce que jugées trop dangereuses. Sous les pressions contraires des autorités et de l'opinion, il cherche à trouver un remède alors que chaque jour la liste des victimes s'allonge… Et qu'il est peut-être à l'origine de l'épidémie…

1995. Le film *Alerte* (*Outbreak* en version originale) de Wolfgang Petersen saisit les spectateurs. Il raconte comment un virus hémorragique mortel est introduit en Californie par un singe importé du Zaïre et contamine une ville mise en quarantaine par l'armée.

1996. Le 24 novembre, Claude Levi Strauss publie en italien, dans *La Repubblica*, un article titré : « La leçon de sagesse des vaches folles ». Il y mettait en garde contre les risques de la maltraitance animale et des épidémies à venir.

2005. Le 1er novembre, devant le National Institute of Health Américain, le Président George W. Bush s'exprime sur un terrain ou on l'attendait peu : « Si nous attendons qu'une pandémie apparaisse, ce sera trop tard pour se préparer. De nombreuses vies pourraient être perdues inutilement parce que nous avons manqué d'agir aujourd'hui. Une grippe pandémique arrive quand une nouvelle souche virale émerge et peut se transmettre facilement d'une personne à une autre et pour laquelle il y a peu ou pas d'immunité naturelle. Contrairement à la grippe saisonnière, la plupart des gens n'ont pas bâti d'immunité. Elle peut tuer ceux qui sont jeunes et en bonne santé aussi bien que ceux qui sont fragiles et malades. Notre stratégie nécessitera les efforts combinés des autorités du gouvernement, de la santé et du domaine médical, vétérinaire et policier et du secteur privé. »

2006. Le 29 avril, il est tard chez Thierry Ardisson. Mais Fred Vargas, mieux connue comme auteur de romans policiers que comme chercheuse au CNRS, se lance sur un sujet inattendu. D'après elle, « un virus mutant arrivera d'ici 5 ans et il se propagera par des aérosols et des postillons. Des flugs. D'où la nécessité de se protéger avec ce manteau qu'elle avait confectionné. Un habit d'apiculteur, qui descend jusqu'aux pieds, avec une ceinture à ajuster au milieu de la foule, quand le risque de contamination augmente, afin d'empêcher que les particules ne s'infiltrent par le bas, et une fermeture éclair au niveau du menton. » Puis : « Les masques, il n'y en aura pas. On le sait, c'est un problème de production et de quantité ». « Les autorités seront dans l'incapacité de protéger la population. Il faudra qu'on puisse être autonome, ne pas se mettre dans les mains du gouvernement qui ne pourra pas alimenter les gens en quarantaine vu qu'il n'y aura pas de masques » Aussi : « Ce qu'il faut éviter, c'est la dislocation sociale. L'épidémie tombe, en trois jours on devient des brutes. » Et enfin : « Cette cape, que chacun pourrait fabriquer à la maison, permettrait de sortir faire ses courses ou pour un motif impérieux, par exemple aller voir un proche en difficultés, et pendant un temps limité. Ça va durer un mois, c'est rien, rigolez ! »

2011. Le film *Contagion* de Steven Soderbergh sort sur les écrans. Il raconte la rapide progression d'un virus mortel qui tue les personnes contaminées en quelques jours. Les premières minutes du film illustrent les modes de transmission de ce virus à partir d'une poignée de personnages, puis sa propagation. Les poignées de porte, les verres, les boutons d'ascenseurs ou des cartes de crédit indiquent les circuits de transmission. La pandémie se répand par les systèmes de transport. Le film, très pédagogique, explique l'importance du taux de reproduction de base (le fameux R) et les fondamentaux de l'épidémiologie.

2015. Frank Thilliez publie *Pandemia*, une fiction dont le virus serait le héros. Avec réalisme scientifique, le romancier, aidé des chercheurs de l'Institut Pasteur de Lille, a mis en scène l'intégralité d'un plan pandémie qui ressemble à s'y méprendre au coronavirus. Incubation lente, taux de propagation important, saturation des services hospitaliers, fermeture des crèches et des écoles, confinement…

Le 3 avril, Bill Gates est invité à une des fameuses conférences TED : « Si quelque chose tue plus de 10 millions de personnes dans les prochaines décennies, ce sera plus probablement un virus hautement contagieux qu'une guerre. Nous avons investi beaucoup dans la dissuasion nucléaire, et très peu dans un système pour endiguer les épidémies. Nous ne sommes pas prêts pour la prochaine. En 2014, le monde a évité une terrible épidémie mondiale du virus Ebola grâce à des milliers de travailleurs de la santé désintéressés – plus, honnêtement, grâce à beaucoup de chance. Avec du recul, nous savons ce que nous aurions dû faire mieux. Il est donc maintenant temps de mettre toutes nos bonnes idées en pratique, de la planification de recherche de vaccins à la formation des agents de santé. Il n'y a pas lieu de paniquer… mais nous devons nous y mettre. »

2016. Le romancier Deon Meyer publie *L'Année du Lion* (*Koors* en Afrikaan ou *Fever* en Anglais). L'auteur raconte ainsi l'histoire d'un coronavirus, fusion d'un virus humain et de chauve-souris, qui passe à l'homme et se propage à l'ensemble de la planète à la vitesse des avions de ligne.

Dans un article publié le 24 avril 2020, Walter Dehority, signalera un recensement total de 373 films portant sur une contagion ou un virus (beaucoup de zombies) dont 142 de type épidémique ou pandémique.

En matière littéraire, on rappellera évidemment *La Peste* d'Albert Camus (1947), *Le Hussard sur le toit* de Jean Giono (1951), *Je suis une légende* de Richard Matheson (1955), *L'Amour au temps du Choléra* de Gabriel Garcia Marquez (1987)… Et environ 500 ouvrages de tous types explorant la question.

ET MAINTENANT

Souvent on a comparé la gestion de cette crise à la période de 1940. On a rappelé l'ouvrage fondateur de Marc Bloch, *L'étrange défaite*. On est passé, selon une jolie formule utilisée par Patrick Lagadec en 2010, de la « drôle de guerre » à la « drôle de grippe ». Après le déni, la paralysie, les plus grands États du Monde ont tenté de gérer une crise qu'ils avaient oubliée et à laquelle ils avaient tous été confrontés dans le passé.

En France, encore agitée d'une crise de gilets jaunes qui semble n'en pas finir de passer, la « trêve des confineurs » semble aussi se terminer et le terrain social bruisse d'une rentrée marquée par les effets à long terme des effets sociaux de cette crise multiple.

Et maintenant, comme d'habitude, nous allons commencer sans doute à passer à autre chose.

Il va d'abord falloir solder le traditionnel « Responsable, coupable, solvable ». Il appartiendra aux tribunaux de faire ce travail indispensable en démocratie, y compris en attendant que soit enfin tranché le sort de cet anachronisme français qu'est la Cour de Justice de la République.

Puis lutter contre l'amnésie. Car nous avons fait la démonstration que cette épidémie ne nous a pas pris en embuscade. La surprise « stratégique » est beaucoup plus rare que l'aveuglement. Scientifiques, chercheurs, espions, analystes, intellectuels, romanciers, réalisateurs de films, ingénieurs, députés, sénateurs, ministres mêmes. Nombreux sont celles et ceux qui ont tenté de prévenir avec les moyens dont ils disposaient.

Si le péché originel de la dissimulation sur la disponibilité des masques pèsera sans doute longtemps sur une communication d'État qui entrera dans les manuels comme l'exemple à éviter, il convient maintenant de reconstruire ce qui avait été patiemment élaboré par le passé.

La France dispose des compétences et des expériences permettant de nous préparer ensemble à la pandémie qui vient. Cette répétition générale a montré les défaillances, les fautes, les failles du système mis en place depuis 2013.

Le Professeur Claude Got a identifié le 10 mai 2020 six fautes commises par l'État. Prenons le parti de déterminer autant d'objectifs :

– Remettre en état l'outil de prévision indépendant et doté d'un budget propre, placé auprès du Premier ministre, et chargé d'établir un plan annuel, public et mis à jour, de préparation à la crise sanitaire (avec des objectifs chiffrés et contrôlés annuellement par le parlement)
– Se préparer à la pédagogie du port du masque et du stock de masques individuels dans la population. Anticiper une obligation de port dans tout l'espace public.
– Remettre en état l'outil industriel : Masques, respirateurs, gel, réactifs, principes actifs de médicaments et considérer qu'il s'agit d'un secteur stratégique majeur
– Préparer un dispositif de contrôle permanent, température et tests des entrées sur le territoire.
– Préparer une révision générale de l'usage des Etablissements Recevant du Public permettant par les dispositifs d'isolation relative, de ventilation et de protection, de rétablir la vie sociale, le tourisme et les transports, dans des conditions sanitaires et économiques soutenables.
– Enfin, se préparer à la grave crise sanitaire et environnementale qui se profile. Tout est désormais réuni pour que ces effets soient bien plus désastreux à l'avenir. Le coût humain de la pandémie en cours, à cet instant, reste douloureusement supportable. Il n'est que peu de chose eu égard aux menaces qui se profilent.

Il ne sert à rien de nier la réalité : elle gagne toujours. Et se préparer aux crises ne les empêche pas de survenir.

Mais cela permet d'y survivre.

Alain BAUER et Roger DACHEZ
Paris (plus ou moins confinés, le 25 mai 2020)

ANNEXES

Les principaux « avis » du conseil scientifique

12 Mars 2020

Membres du Conseil scientifique :

– Jean-François Delfraissy, Président
– Laëtitia Atlani-Duault, Anthropologue
– Daniel Benamouzig, Sociologue
– Lila Bouadma, Réanimatrice
– Simon Cauchemez, Modélisateur
– Pierre Louis Druais, Médecine de Ville
– Arnaud Fontanet, Épidémiologiste
– Bruno Lina, Virologue (excusé)
– Denis Malvy, Infectiologue
– Didier Raoult, Infectiologue (excusé)
– Yazdan Yazdanapanah, Infectiologue

Geneviève Chêne, Santé publique France, a participé aux débats.

Le Conseil scientifique s'est réuni à l'Élysée le 12 mars 2020 à la demande du Président de la République. Il s'est réuni en présence du Président de la République, du ministre de la Santé et du Directeur général de la Santé et a ensuite travaillé collégialement et de manière séparée. Le Conseil scientifique a ensuite eu l'occasion de présenter ses avis au Premier ministre et au ministre de la Santé.

Le Conseil scientifique a mobilisé les connaissances et compétences scientifiques de ses membres présents, en privilégiant un principe de collégialité et d'interdisciplinarité. Dans un contexte épidémique inédit, incertain et fortement évolutif, il s'est efforcé, en grande humilité, de proposer des options claires en veillant à laisser aux pouvoirs publics la responsabilité des décisions à prendre.

De manière plus précise, le Conseil scientifique a en particulier pris en compte les éléments suivants :

- Une crise sanitaire rapidement évolutive et sans précédent en Italie, atteignant le 11 mars 2020 827 décès de Covid19 pour

12 462 cas enregistrés, alors que l'Italie dispose de services de réanimation performants.

- Un doublement tous les 4-5 jours du nombre de cas confirmés sur le territoire national, indiquant une dynamique épidémique similaire à ce qui a été observé en Chine et en Italie, accompagné d'une augmentation rapide du nombre de cas hospitalisés en services de réanimation des hôpitaux des ESR de Paris, Alsace et Nord de la France avec l'arrivée de sujets jeunes (moins de 60 ans) au cours de la semaine précédent et le tableau clinique sévère des patients en réanimation en France.
- Un risque de saturation rapide des services de réanimation dû i) à la dynamique épidémique exponentielle et ii) aux durées de séjours prolongées prévisibles en réanimation pour une infection grave COVID-019. Pour des pathologies similaires (SDRA) la durée de séjour en réanimation est de l'ordre de 3 semaines dont 2 semaines de ventilation mécanique.
- La déclaration de l'état de pandémie par l'OMS le 11 mars 2020, et la demande aux pays touchés de prendre des mesures fortes en réponse à la crise sanitaire (World Health Organization. WHO Director General Press briefing, 11 March 2020).
- Les résultats des modèles mathématiques qui, avec toutes les limites et incertitudes déjà évoquées, ne sauraient en aucun cas être la base unique d'une décision de Santé Publique. Ils doivent être pris comme un élément parmi d'autres pour informer le décideur. Le décideur doit prendre en compte les très nombreuses incertitudes et la situation évolutive. Notre rationnel scientifique est le suivant :

– Impact : Si on laisse le virus se propager dans la population, étant donné sa forte transmissibilité, on s'attend à ce qu'au moins 50 % de la population soit infectée après une ou plusieurs vagues épidémiques (Anderson et al, 2020). Pour un niveau de mortalité qui est actuellement estimé à 0.5-1 %, cela correspond à des centaines de milliers de morts en France avec une surmortalité importante due à la saturation des services de réanimation (Anderson et al., 2020).

– Mesures de contrôle de premier niveau : En l'absence de vaccin, outre les mesures barrières, la seule option est de diminuer les contacts que nous avons les uns avec les autres, pour réduire la transmission. Les mesures de contrôle de premier niveau sont traditionnellement durant les épidémies la fermeture des écoles, l'isolement des malades, l'interdiction des rassemblements de masse, et le télétravail. Une littérature scientifique importante évalue l'impact de ces interventions sur les épidémies (Cauchemez et al, 2008 ; Cauchemez et al, 2009 ; Ferguson et al, 2006 ; Luca et al, BMC Infect Dis, 2018). Si on ferme les écoles pendant une épidémie de grippe, on ne va pas complètement stopper la transmission, mais elle va être ralentie ; si bien que le nombre de malades au pic épidémique sera plus faible (Ferguson et al, 2006). Cela est important pour réduire le risque de saturation des systèmes de santé. Cet effet est encore plus important quand les différentes mesures sont combinées. Mais dans le scénario de COVID19, étant donné la haute transmissibilité, le taux de passage en réanimation élevé et les longues durées de séjour en réanimation, on ne s'attend pas à ce que la réduction de la taille du pic épidémique soit suffisante pour éviter une saturation du système de santé. Par ailleurs, l'impact de ce type d'approches sur le nombre total de cas reste élevé. Cette intuition a été illustrée à travers la réalisation d'un modèle COVID19 particulier (Neil Ferguson, communication personnelle). Ce modèle est adapté d'un modèle précédemment utilisé pour évaluer l'impact des stratégies de contrôle de premier niveau dans une pandémie de grippe (Ferguson et al, 2006 ; Luca et al, 2018 ; Ferguson et al, 2005). Ce modèle reste une référence pour la planification des pandémies. Cette réalisation de modèle a été présentée pour illustrer le raisonnement scientifique détaillé ci-dessus et aider les décideurs à comprendre les différents scénarios. Elle confirme les observations faites à l'étranger.

– Mesures d'endiguement : Si l'on veut éviter la saturation des services de réanimation et la mortalité, il faut réduire encore davantage les contacts avec des mesures plus contraignantes pour que l'épidémie s'éteigne. Pour un virus comme COVID19, il faut réduire d'au moins 60 % les contacts (Anderson et al, 2020). Les mesures très contraignantes implémentées en Chine ont permis de contenir l'épidémie. Il est possible que des mesures moins contraignantes soient suffisantes dans une population qui adhèrerait fortement aux recommandations de distanciation. Tout dépendra de l'adhésion de la population aux mesures de contrôle, ce qui est impossible à anticiper. Un arbitrage politique doit donc être fait entre l'intensité des mesures de contrôle d'une part, et leur impact sur les populations d'autre part.

– Adhérence de la population aux mesures de contrôle : L'adhérence de la population est essentielle à l'efficacité de l'intervention. Il est donc primordial que l'intervention remporte d'emblée l'adhésion de la population. Une stratégie trop rapide d'endiguement dans un contexte où il n'y a pas de risque perçu et où la perception d'une instrumentation politique de la situation risquerait de diminuer l'impact de l'intervention sur le long terme. Le conseil scientifique a bien conscience de la difficulté de ces arbitrages pour le politique.

– Risque de seconde vague : La réussite de l'endiguement n'est pas en soi la fin de l'épidémie. Du fait d'une immunité insuffisante, il y a un risque de reprise épidémique dès lors que les mesures seront levées. Une deuxième vague pourrait survenir durant l'épidémie hivernale de grippe, quand les hôpitaux sont déjà en flux tendu. Il convient de définir dès aujourd'hui les stratégies pour éviter un tel scénario.

Ces éléments ont conduit le Conseil scientifique à alerter les pouvoirs publics sur l'aggravation en cours de la situation. D'un point de vue épidémiologique, il a considéré les limites des modèles mathématiques, qui dans le passé ont souvent fait des prédictions exagérées sur le taux d'attaque et le nombre de décès associés à une épidémie. Sans même se placer dans des scénarios extrêmes, ni dans les scénarios « les pires probables » au sens des modèles mathématiques, des hypothèses intermédiaires faisaient déjà apparaître avec un degré de plausibilité élevé, un écart important entre le nombre de cas sévères nécessitant une réanimation avec les capacités hospitalières françaises, même augmentées par des mesures appropriées. La situation des hôpitaux français dans les zones touchées par l'épidémie et l'exemple de l'Italie ont été considérés comme un début de réalisation des hypothèses épidémiologiques prises en compte. Il est dès lors apparu indispensable au Conseil scientifique de prendre en compte comme objectif collectif principal et immédiat la réduction maximale de l'afflux prévisible de cas graves en réanimation.

Principes Généraux.

Pour formuler ses avis, le Conseil scientifique a pris en compte plusieurs principes généraux :

- La continuité de la vie de la nation sur le plan économique et social.
- Le haut niveau de solidarité et de liberté caractérisant le système de santé français.
- Un appel au sens civique, citoyen, solidaire et responsable de la population, visant à mobiliser l'ensemble des capacités et des énergies, en particulier sanitaires.

- Le risque accentué pour les populations les plus fragiles et les plus vulnérables, en particulier pour les personnes âgées.
- Le haut degré d'inquiétude d'une partie de la population, et la mise en œuvre cependant partielle des mesures barrière.
- La hiérarchisation des objectifs collectifs ne pouvant incomber au conseil scientifique, elle nécessite une hiérarchisation de la part des autorités politiques des priorités à poursuivre, qui sont non seulement sanitaires, mais aussi économiques, sociales et démocratiques, notamment dans un contexte pré-électoral.

Champs sanitaires.

Pour formuler ses avis, le Conseil scientifique a plus spécifiquement pris en compte des aspects sanitaires :

- Covid-19 est une affection bénigne dans 80 % des formes symptomatiques, auxquelles se rajoutent 15 % de formes sévères et 5 % de formes critiques nécessitant un passage en réanimation (Wu et al, 2020). La létalité des formes symptomatiques est estimée autour de 2 à 5 % selon la distribution par âge des patients, leurs co-morbidités, et la saturation des systèmes de santé. La létalité des patients avec des formes critiques a été estimée à 61 % dans une série de patients hospitalisés à Wuhan (Yang et al, 2020). Parmi les patients décédés, 20 % ont moins de 60 ans (Wu et al, 2020). Ces éléments ont un retentissement majeur sur le système de santé.
- Les données de surveillance épidémiologique fournies par Santé Publique France montrent un décollage de l'épidémie (2281 cas et 48 décès pour la France au 11 mars 2020). Elles accréditent les travaux de modélisation, et sont corroborées par l'état actuel des services de réanimation dans les zones les plus touchées, ainsi que par l'exemple de l'Italie (Remuzzi et al, 2020 ; Grasselli et al, 2020).
- L'importance de protéger les populations les plus vulnérables vis-à-vis des formes graves de Covid-19.
- Et la volonté de limiter l'impact de Covid-19 sur le fonctionnement des structures sanitaires, et notamment l'accès aux lits de réanimation pour les autres patients souffrant de pathologies sévères et qui doivent bénéficier comme habituellement des soins de réanimation.

Dans le cadre de ses échanges avec le Conseil scientifique, le Président de la République a formulé plusieurs questions. Le Conseil scientifique s'est efforcé d'y apporter des réponses en s'appuyant lorsqu'ils existaient sur des arguments scientifiques (Wilder-Smith, The Lancet, 2020 ; ECDC Social distancing, 11 Marc 2020 ; ECDC Rapid Risk Assessment, 12 March 2020). Ces réponses ont fait l'objet d'un accord entre les membres présents du Conseil scientifique. Les mesures préconisées interviennent en complément de mesures existantes, qui ne sont pas reprises ici par souci de clarté. Le Conseil scientifique demande à ce que ces mesures soient appliquées de manière combinée. Aucune mesure ne semble permettre à elle seule de se rapprocher des effets espérés (Ferguson, communication personnelle).

Renforcement de la prise en charge hospitalière et communautaire.

- Activation du plan blanc.
- Augmentation maximale des capacités de réanimation.
- Distribution maximale et sans délai de matériel de protection approprié aux personnels médical et paramédical hospitalier et non hospitalier, public et privé sur tout le territoire.

Mesures de protection à l'échelle individuelle.

- Renforcement des mesures barrières pour se protéger soi-même et protéger les autres, en s'assurant de la disponibilité des moyens type gels hydro-alcooliques et masques chirurgicaux pour les populations
- Isolement à domicile des personnes symptomatiques et des contacts intra- domiciliaires
- Confinement des personnes de plus de 70 ans, et des personnes médicalement fragiles : réduire les contacts, sortie pour faire les courses une fois par jour.

Mesures de portée nationale ou régionale :

- Mobilités : recommandations de limiter l'utilisation des transports en commun et de limiter les voyages à l'étranger aux voyages essentiels
- Éducation : La question de la fermeture des crèches, des écoles, des collèges, des lycées et des universités, a été longuement débattue. Il existe en effet des incertitudes quant au rôle des enfants dans la transmission du Sars-Cov-2, les enfants faisant

des formes bénignes de la maladie (Cao et al, 2020), et les données de charge virale dans les sécrétions respiratoires chez les enfants étant encore très parcellaires. Néanmoins, compte tenu des premières données montrant des taux d'attaque intra-domiciliaires (Bi et al, 2020) et des concentrations virales identiques chez les enfants comparés aux adultes (Xu et al, 2020), de l'augmentation de la proportion d'enfants infectés avec la progression de l'épidémie en Chine (Liu et, al, 2020), du rôle important de la fermeture des lieux d'enseignement dans le contrôle des épidémies liées à des virus respiratoires comme la grippe (Cauchemez, et al, 2008 ; Livinova et al, 2020), et de la gravité de la situation épidémiologique, il a été décidé de proposer la fermeture de tous les établissements sus-cités. Cette fermeture ne peut être que nationale, et non simplement régionale, du fait du risque de propagation rapide de l'épidémie à l'ensemble du territoire. Cette fermeture doit être accompagnée de la mise en place de modes de garde des enfants des personnes dont les activités sont essentielles, en particulier des enfants de personnels soignants.

- Activités des entreprises et des administrations : poursuite de l'activité, application de plans de continuité des activités (PCA), mise en place du télétravail, étalement des horaires pour éviter une surcharge des transports en commun.
- Réduction des activités sociales et de loisirs non essentiels. Il appartient au gouvernement de faire les arbitrages nécessaires concernant les différentes mesures envisageables : fermeture des gymnases et arrêt des activités de groupe, fermeture des bars et des restaurants, discothèques, fermetures des centres d'attraction, etc.
- Frontières : le conseil scientifique n'identifie pas d'argument scientifique en faveur d'un impact de la fermeture des frontières sur l'évolution de l'épidémie. Dans un contexte d'épidémie généralisée en France, la fermeture des frontières n'aura pas d'impact notable sur les chaînes de transmission, qui sont locales. Il y a un consensus scientifique pour dire que, lorsqu'une épidémie croît rapidement dans un pays voisin, la fermeture des frontières ne fait que légèrement retarder le démarrage de l'épidémie locale (Hollingsworth et al, 2006 ; Scalia Tomba et al, 2008).
- Élections : Le conseil scientifique a été questionné sur un éventuel report des élections. Il a souligné que cette décision, éminemment politique, ne pouvait lui incomber. Il a considéré

> que si les élections se tenaient elles devaient être organisées dans des conditions sanitaires appropriées (notamment respect des distances entre votants, désinfection des surfaces, mise à disposition de gels hydro-alcooliques, étalement des votes sur la journée, absence de meeting post-électoraux, etc.). Dans ces conditions, il n'identifiait pas d'argument scientifique indiquant que l'exposition des personnes serait plus importante que celle liée aux activités essentielles (faire ses courses). Le conseil scientifique a alerté le gouvernement sur le fait que d'un point de vue de santé publique, il était important pour la crédibilité de l'ensemble des mesures proposées qu'elles apparaissent dénuées de tout calcul politique.

L'ensemble de ces avis sont susceptibles d'être adaptés et complétés dans le temps, selon l'évolution de l'épidémie. Les premiers effets des mesures adoptées sur la base de ces avis ne peuvent apparaître qu'après deux à trois semaines.

Conscient de la gravité des questions qui lui étaient posées et des décisions à prendre, le Conseil scientifique s'est efforcé d'y répondre de la manière la plus satisfaisante possible au regard des arguments scientifiques connus, dans des conditions incertaines, inhabituelles et particulièrement difficiles. Il souligne finalement l'importance d'un haut degré de transparence dans l'information pour préserver la confiance de la population et recommande que cet avis soit rendu public.

14 Mars 2020 – Réunion téléphonique

Membres du conseil scientifique :
- Jean-François Delfraissy, Président
- Laetitia Atlani Duault, Anthropologue
- Daniel Benamouzig, Sociologue
- Lila Bouadma, Réanimatrice
- Simon Cauchemez, Modélisateur
- Pierre Louis Druais, Médecine de Ville
- Arnaud Fontanet, Épidémiologiste
- Bruno Lina, Virologue (excusé)
- Denis Malvy, Infectiologue

Didier Raoult, Infectiologue (excusé)
- Yazdan Yazdanapanah, Infectiologue

Le Conseil scientifique s'est réuni le 14 mars 2020. Le Président du Conseil scientifique a d'abord fait part de deux questions posées par le ministre de la Santé, portant sur une accentuation des mesures de restriction de la vie sociale, d'une part, et sur les conditions de tenue du premier tour des élections municipales d'autre part. Ces questions ont ensuite été abordées de manière consécutive, dans un délai réduit en raison de l'urgence des décisions éventuelles à prendre. Après délibération, les positions formulées par le Conseil scientifique ont reçu l'assentiment des membres présents.

1. Restriction des activités sociales

Le Conseil scientifique a pris acte, comme beaucoup de Français, d'un respect très relatif des recommandations formulées à l'occasion de l'allocution du Président de la République le 12 mars. Jugeant qu'elles avaient permis de partager l'ampleur de la situation et des risques associés, le Conseil scientifique a estimé, d'une part, que les comportements de nombreux français continuaient de présenter des risques élevés de contamination au regard de la vitesse de propagation de l'épidémie, et d'autre part, que de nouvelles mesures de restriction, susceptibles d'être mieux comprises et mieux mises en œuvre pouvaient permettre de réduire le pic épidémique, et par conséquent l'afflux de cas sévères en réanimation. Le Conseil scientifique a estimé que ces chances ne pouvaient être perdues et que des mesures de restriction devaient être prises sans délai pour avoir un éventuel effet le plus important possible.

Le conseil scientifique s'est efforcé d'examiner plusieurs mesures, considérant que seules des stratégies combinées pouvaient réduire le pic épidémique. Ces mesures ont été examinées au regard de modélisations épidémiologiques connues, de situations observées dans d'autres pays et de leurs effets possibles. Plusieurs avis ont été formulés afin de restreindre davantage la vie sociale tout en préservant la vie économique et les activités essentielles du pays :

- – la fermeture de lieux de loisir, notamment les restaurants, les bars, les cafés, les commerces autres qu'alimentaires ou sanitaires (pharmacies), les gymnases, les piscines, les musées, les théâtres, les cinémas et les boîtes de nuit ;
- – la non-fermeture des bureaux de tabac ;
- – la suspension des offices religieux tout en appelant les acteurs de la vie religieuse à envisager la possibilité de funérailles en période épidémique ;
- – la limitation des déplacements non essentiels, notamment interurbains ;
- – le maintien des réseaux de transport urbains dans des conditions sanitaires renforcées, afin de rendre possibles les activités essentielles, notamment sanitaires. Dans le même esprit, les pompes à essence ont vocation à rester ouvertes.

Ces avis, tout comme les précédents, laissent au gouvernement et aux autorités publiques la responsabilité de décider, d'adapter ou de préciser ces orientations, selon leurs responsabilités respectives.

2. Tenue du premier tour des élections municipales le 15 mars 2020

Questionné par le ministre de la Santé à propos de la tenue du premier tour des élections municipales, le Conseil scientifique a réexaminé l'avis qu'il avait formulé à ce dernier et au Premier ministre après un échange avec le Président de la République le jeudi 12 mars.

D'un point de vue de santé publique, il avait considéré que si les pouvoirs publics décidaient de maintenir le premier tour des élections, elles devraient être organisées dans des conditions d'hygiène renforcées (notamment respect des distances entre votants, désinfection des surfaces, mise à disposition de gels hydroalcooliques, étalement des votes sur la journée, absence de meeting post-électoraux, etc.). Dans ces conditions, il n'identifiait pas d'argument scientifique permettant d'associer une annulation du premier tour des élections à la réduction de la progression prévisible de l'épidémie, ni à une réduction du risque infectieux auquel sont exposées les personnes, notamment par comparaison avec, d'une part, les activités quotidiennes essentielles auxquelles elles participent, comme faire ses courses, et d'autre part les conséquences sanitaires délétères de possibles débordements, imprévisibles après une annulation impromptue du processus électoral, potentiellement mal comprise par une partie de la population. Le conseil scientifique avait néanmoins informé les autorités publiques que son avis était susceptible d'être différent face à la progression prévisible de l'épidémie avant le second tour.

Samedi 14 mars, le conseil scientifique a de nouveau alerté le ministre de la Santé sur le fait que d'un point de vue de santé publique, il était important pour la crédibilité des mesures proposées qu'elles apparaissent dénuées de calcul politique. Il a considéré qu'au-delà de l'urgence, qui est absolue, les mesures de protection envisagées étaient non seulement susceptibles d'être mises en œuvre de manière immédiate, mais aussi de rester nécessaires pour une durée indéterminée, ou d'être de nouveau recommandées en fonction de l'évolution de l'épidémie.

Dans ces conditions sanitaires exceptionnelles, et dans l'urgence, le conseil scientifique a formulé son avis en son âme et conscience, avec humilité et gravité, et dans les limites de ses responsabilités scientifiques de conseil, qui n'ont pas vocation à se substituer aux avis et décisions des institutions publiques compétentes en matière de libertés fondamentales. Il a considéré que l'exercice de la démocratie, garanti par la sécurité sanitaire du vote, gagnait à être préservé afin que la population conserve dans la durée une confiance indispensable au respect de mesures extrêmement contraignantes qui lui seraient exigées par les autorités démocratiques du pays pour garantir sa protection sanitaire.

Conscient de la gravité des questions qui lui étaient posées et des décisions à prendre, le Conseil scientifique s'est efforcé d'y répondre de la manière la plus satisfaisante possible au regard des arguments scientifiques connus, dans des conditions incertaines, inhabituelles et particulièrement difficiles. Il souligne de nouveau l'importance d'un haut degré de transparence dans l'information pour préserver la confiance de la population et recommande que cet avis soit rendu public.

Réunion du 16 mars 2020

Membres du Conseil scientifique :
– Jean-François Delfraissy, Président
– Laëtitia Atlani-Duault, Anthropologue
– Daniel Benamouzig, Sociologue
– Lila Bouadma, Réanimatrice
– Simon Cauchemez, Modélisateur
– Pierre Louis Druais, Médecine de Ville
– Arnaud Fontanet, Épidémiologiste
– Bruno Lina, Virologue (excusé)
– Denis Malvy, Infectiologue
– Yazdan Yazdanapanah, Infectiologue
Personnalité extérieure : Franck Chauvin, président du Haut Conseil de la santé publique

En tant qu'avant-propos, le Conseil scientifique tient à rappeler que dans une crise sanitaire de cette ampleur, le succès des mesures qui sont prises dépend essentiellement de l'application des consignes par chacun des citoyens. C'est une responsabilité civique individuelle majeure pour chacun d'entre nous tout au long de cette crise. Il souhaite rappeler qu'en dehors des mesures barrières qui visent à protéger les individus, il existe trois autres types de mesures pour contrôler une épidémie :

- Des mesures de distanciation sociale visant à diminuer le nombre de contacts qu'ont des individus dans une population.
- Des mesures d'exclusion visant à isoler une zone limitée pour éviter tout contact avec le virus. Ces mesures s'appliquent essentiellement pour protéger les personnes les plus fragiles.
- Des mesures de confinement. Ces mesures peuvent être individuelles visant à isoler les individus malades ou sains pour éviter la transmission du virus à la population. Le confinement peut aussi être collectif sur la base d'une zone géographique qui peut être nationale, permettant d'éviter la diffusion du virus à l'extérieur de la zone de circulation.

Devant l'échec manifeste des recommandations de distanciation sociale, le Conseil scientifique est amené à faire de nouvelles recommandations.

La situation de l'épidémie COVID-19 en France ce lundi matin 16 mars 2020 est grave et non contrôlée comme en témoigne le doublement du nombre de cas dans les dernières 72 heures. L'épidémie est généralisée avec une augmentation importante du nombre de cas touchant l'ensemble du territoire, bien que certaines régions (PACA et Sud-Ouest) paraissent moins affectées. De plus, le nombre de formes graves justifiant une prise en charge en réanimation a augmenté de façon très significatif au cours des derniers jours. Environ 450 patients sont hospitalisés en réanimation avec des zones de tension notamment dans le Grand-Est et en région parisienne.

Enfin, le comportement d'une partie des citoyens français après les deux annonces politiques faites (président de la République le 12 mars et le Premier ministre le 14 mars) sur les mesures de distanciation sociale comprenant la fermeture des bars et des lieux de vie sociale ne s'est pas suffisamment modifié. Les messages et les recommandations politiques se sont globalement accélérés, mais n'ont pas assez été pris en compte dans la réalité du quotidien. Des rassemblements de foule et autres activités sociales se sont poursuivis ce week-end à Paris et dans les grandes villes de France.

Le Conseil scientifique COVID-19 constate cet état de fait qui témoigne de la non-perception d'une partie de la population de la gravité de la situation.

Dans ce contexte, il émet les éclairages scientifiques suivants afin d'alimenter les réflexions des décideurs politiques :

1. Pour la population métropolitaine dans son ensemble, la mise en œuvre d'un confinement généralisé strict sur le modèle de l'Italie, mis en place au niveau national sur l'ensemble de la population française, avec éventuellement des mesures plus strictes dans les zones les plus touchées.

- Cette décision à l'échelle nationale a notamment pour objectif de limiter les mouvements de population.
- Cette mise en œuvre doit être prise le plus vite possible.
- Cette mesure de confinement généralisé a pour objectif de limiter de façon significative le nombre de contacts de chaque individu. Une réduction d'au moins 60 % des contacts est nécessaire pour endiguer la dynamique de l'épidémie comme le montrent certaines études de modélisation (1).

2. Pour les personnes les plus fragiles, le haut conseil de la santé publique a émis samedi 14 mars 2020, des recommandations permettant d'assurer une protection maximum pour

ces personnes (2). Le Conseil scientifique rappelle l'importance de ces recommandations qui doivent être d'appliquées strictement. Ces recommandations comportent : des mesures d'exclusion concernant tous les établissements hébergeant des personnes à risque de forme grave de COVID-19 (hébergement de personnes âgées dépendantes, hébergement de personnes handicapées, hébergement de personnes précaires) de façon à empêcher l'intrusion du virus dans ces établissements. Le respect des consignes doit être total pour ses établissements.

Pour les personnes fragiles non hébergées dans des établissements spécialisés, elles doivent appliquer un confinement total à domicile et notamment limiter au maximum les contacts avec des structures sanitaires ou des professionnels de santé à leur cabinet. Un contact avec les soignants doit être assuré par télémédecine ou tout autre moyen de communication permettant un contact visuel de façon à limiter les conséquences psychologiques. Une prise en charge doit être réalisée sur la base de la solidarité de proximité ou tout autre modèle adéquat, en s'assurant de la protection sanitaire des intéressés via les mesures barrières appropriées.

Pour les personnes précaires, le Conseil scientifique propose que des mesures spécifiques soient mises en œuvre de façon à limiter la propagation du virus et à limiter les formes graves.

3. Le Conseil rappelle le rôle essentiel des soignants pour la prise en charge des patients Covid-19 ainsi que ceux atteints d'autres pathologies. Tout le matériel nécessaire pour leur exercice professionnel et leur protection doit être mis à leur disposition ainsi que toutes les mesures facilitatrices pour l'exercice de leur fonction.
4. Concernant les activités professionnelles, seules doivent persister les activités strictement nécessaires à la vie de la Nation, en s'appuyant sur les plans déjà existants type PCA, entrant dans le contexte d'une crise sanitaire majeure. Toutes les autres activités doivent être réorganisées notamment sous la forme de télétravail, quand cela est possible. Il appartient à l'État de mettre en place les dispositions nécessaires.
5. Un point d'attention concerne les conséquences psychiques de l'isolement que peut entraîner le confinement généralisé sur les citoyens les plus âgés, isolés et/ou en situation d'handicap

(4). Un accompagnement doit être mis en place, en s'appuyant sur le modèle du plan canicule mis en œuvre dans les mairies.

6. Concernant la communication durant cette période de crise sanitaire, le conseil scientifique propose que les professionnels de santé se coordonnent pour identifier les messages-clefs et leurs recommandations de pratique, afin d'éviter des messages contradictoires et anxiogènes pour la population. Le Conseil scientifique propose que les différentes sociétés savantes émettent de façon coordonnée des recommandations à visée professionnelle sur la prise en charge des patients. Il revient aux autorités sanitaires d'émettre des recommandations claires et univoques.
7. Concernant les départements, régions et collectivités d'Outre-Mer, des mesures spécifiques devront être prises en fonction de l'évolution de l'épidémie. Il convient de restreindre au maximum les déplacements en provenance de la métropole vers ces territoires, afin de limiter la propagation du virus au sein de ces territoires.
8. Dans ces conditions, il semble inopportun de maintenir le second tour des élections municipales.

Réunion du 23 mars 2020

Membres du Conseil scientifique :
- Jean-François Delfraissy, Président
- Laetitia Atlani Duault, Anthropologue
- Daniel Benamouzig, Sociologue
- Lila Bouadma, Réanimatrice
- Simon Cauchemez, Modélisateur
- Franck Chauvin, Haut Conseil de la Santé Publique
- Pierre Louis Druais, Médecine de Ville
- Arnaud Fontanet, Épidémiologiste
- Bruno Lina, Virologue
- Denis Malvy, Infectiologue
- Yazdan Yazdanapanah, Infectiologue

Correspondant Santé Publique France : Jean-Claude Desenclos

La mise en œuvre du confinement a modifié profondément les comportements et la situation du pays. Le confinement est actuellement la seule stratégie réellement opérationnelle, l'alternative d'une politique de dépistage à grande échelle et d'isolement des personnes détectées n'étant pas pour l'instant réalisable à l'échelle nationale. Le confinement doit être strictement mis en œuvre et bénéficier d'une large adhésion de la population, comme ceci semble être le cas.

1. Prolongement du confinement

Questionné par le ministre des Solidarités et de la Santé sur la reconduction du confinement au-delà des quinze premiers jours, le Conseil scientifique rappelle que cette intervention vise en premier lieu à soulager les services de réanimation français, en réduisant le nombre de formes graves nécessitant un séjour en service de réanimation. Il rappelle que les effets épidémiologiques du confinement ne peuvent être observés qu'à partir d'une durée de deux à trois semaines à partir de sa mise en œuvre. Trois semaines après le démarrage du confinement sont donc nécessaires pour obtenir une première estimation de son impact. Cela s'explique par le délai de deux à trois semaines entre l'infection d'une personne et son admission éventuelle en réanimation dans les cas les plus graves.

Avant d'envisager une sortie du confinement, le gouvernement devra s'assurer que l'objectif de l'intervention est atteint. Cette décision pourra être prise sur la base d'indicateurs épidémiologiques indiquant notamment que la saturation des services hospitaliers, et des services de réanimation en particulier, est jugulée. Le gouvernement devra en outre s'assurer que les éléments d'une stratégie post-confinement sont opérationnels. Le Conseil scientifique émettra prochainement un avis sur la stratégie de « sortie du confinement ».

Etant donné les incertitudes scientifiques mentionnées sur la dynamique de l'épidémie, il n'est pas encore possible d'anticiper précisément l'évolution de ces indicateurs clés, et donc de proposer une date de sortie de confinement. Le confinement durera vraisemblablement au moins six semaines à compter de sa mise en place. Pour appuyer la décision de sortie de confinement, il est important de consolider les systèmes de surveillance épidémiologique en place dans les hôpitaux. Ce recueil de données est difficile lorsque les établissements hospitaliers sont débordés.

Le Conseil scientifique considère dès lors indispensable de prolonger le confinement.

2. Renforcement du confinement

Questionné sur ce point par le ministre des Solidarités et de la Santé, et après en avoir délibéré au regard des éléments à sa disposition, avec une grande humilité et dans un contexte évolutif et de grande incertitude, le Conseil scientifique estime de manière consensuelle nécessaire un renforcement du confinement. S'en tenant à son rôle de conseil, il souligne que la mise en œuvre du confinement relève de mesures de police sanitaire qui incombent aux autorités publiques, y compris locales. Elles tiennent compte de l'inégale application du confinement d'une part, et de ses effets socialement différenciés, d'autre part. Ces mesures visent non seulement l'efficacité pour des raisons sanitaires, mais aussi l'équité, la coopération et l'adhésion de la population, également indispensables. Observé et très largement approuvé par la grande majorité de nos concitoyens, le confinement a donné lieu à date à 92 000 contraventions pour non-respect (données 22 mars). Des organisations, notamment médicales, expriment un souhait de durcissement (référé en Conseil d'État, appels solennels…), tandis que tous nos concitoyens ne sont n'est pas également sensibles aux exigences sanitaires. Des analyses multivariées du Cevipof font apparaître, à partir de données des 16 et 17 mars, des profils a priori inégalement réceptifs aux mesures de confinement parmi nos concitoyens. Ils justifient une communication plus spécifiquement orientée vers le respect du confinement, d'une part, et des messages plus variés que la seule menace de sanctions, afin de favoriser une adhésion et des changements de comportements.

Le Conseil scientifique identifie deux options pour renforcer le confinement. Sans être nécessairement exclusives, elles ont des conséquences variables en termes d'efficacité et d'équité.

Une première option vise **à durcir les mesures de confinement en les appliquant à toute la population dans un esprit d'égalité**. Cette option peut conduire à restreindre les possibilités de déplacement, de transport voire de sortie du domicile, ou l'accès à certaines activités, y compris le travail hors du domicile pour des activités non essentielles. Cette option rend de fait le confinement plus rigoureux pour la population. Rien ne garantit qu'elle parvienne à tous les effets escomptés si son application est inégale ou incomplète.

Une seconde option vise à **l'application stricte du confinement dans ses modalités actuelles sans en modifier les règles en vigueur à l'échelle nationale**. Cette seconde option préserve la situation du plus grand nombre, et conduit les autorités publiques à renforcer l'application du confinement partout où il est insuffisamment observé. Une attention particulière pourrait cependant être portée à certaines situations locales, dont l'organisation devrait être plus clairement précisée par les mairies, qui disposent d'un pouvoir de police sanitaire. Des mesures locales pourraient être mises en place telle que l'encadrement des marchés alimentaires ou la mise en place d'un couvre-feu nocturne (22 h-5 h).

Il doit être souligné que cette seconde option peut donner lieu à une stricte application des règles de confinement en vigueur auprès de personnes disposant de conditions d'habitat moins propices que d'autres au confinement (peu d'accès à l'air libre, surface domestique réduite, difficulté d'isolement individuel…), souvent conjuguées à des conditions sanitaires, sociales voire familiales moins favorables. L'application stricte du confinement dans ses modalités actuelles, constituant en tout état de cause une priorité, doit être conduit dans un esprit d'équité attentif à la situation des plus vulnérables.

Le Conseil scientifique souligne la nécessité de mesures d'accompagnement spécifiques pour les personnes en situation de précarité ou sans domicile ainsi que pour des personnes particulièrement susceptibles de faire l'objet de discrimination, comme les gens du voyage. À cet égard, les stratégies de regroupement (type gymnase) posent d'importants risques d'émergence de nouveaux foyers de contamination et une prise en charge plus individualisée est souhaitable. En l'absence de nombreuses mesures spécifiques, la diffusion de l'épidémie parmi ces personnes pourrait être responsable d'une morbidité et d'une mortalité élevées.

Le Conseil scientifique considère indispensable de renforcer les conditions dans lesquelles est mis en œuvre le confinement.

POINTS D'ALERTE

Le Conseil scientifique souhaite alerter sur différents aspects liés à la crise sanitaire et à la mise en œuvre du confinement.

1. Approvisionnement en matériels indispensables

Après avoir alerté les autorités sur ce point dès sa création, le Conseil scientifique fait siennes les nombreuses alertes lancées par les professionnels de santé et les représentants d'autres activités essentielles à la vie de la nation à propos de la pénurie réelle ou ressentie de divers types de matériels, à commencer par les matériels de protection sanitaires indispensables dans le contexte épidémique. Dans les hôpitaux publics comme dans d'autres types de structures, sociales ou médico-sociales (établissements hébergeant des personnes âgées dépendantes (EHPAD), cliniques, groupes médicaux, médecins en exercice isolé) les difficultés logistiques pour l'approvisionnement en équipement personnel de protection (EPP), en dispositifs médicaux ou en appareil de ventilation mécanique traduisent de nombreuses difficultés, sources d'inquiétude et de colère, **même si les remontées des établissements hospitaliers ne signalent pas pour le moment de ruptures de stocks**. Dans les établissements de santé, ces difficultés créent une anxiété croissante chez les soignants, mais aussi le personnel de l'administration. Certains hôpitaux anticipent une pénurie et mettent parfois d'eux-mêmes en œuvre des stratégies d'épargne, possiblement au détriment de la protection des soignants ou des soins aux patients (voir également avis du Haut Conseil de la Santé Publique et de l'Académie de Médecine sur l'utilisation des masques).

Dans ces conditions, il semble indispensable pour les pouvoirs publics de faire preuve d'une entière transparence et de plus de clarté, afin de répondre aux questions que se posent les hôpitaux et les soignants quant aux stocks existants et à la manière dont les services seront approvisionnés. L'incertitude augmente considérablement la charge émotionnelle pour les soignants ce qui est préjudiciable à la qualité des soins réalisés. Il semble indispensable d'améliorer la visibilité des professionnels sur ce sujet, tout en insistant également sur la responsabilité de tous les acteurs de santé.

Parallèlement, diverses activités essentielles à la vie de la nation, liées notamment au bon fonctionnement des infrastructures en particulier des infrastructures stratégiques et des services essentiels, à l'ordre public, à l'approvisionnement, à la distribution alimentaire ou à certains services essentiels ne sont pas encore dotées de protections sanitaires indispensables, ce qui peut potentiellement menacer la santé de ces personnes ainsi que la continuité de leurs activités. Il semble indispensable de faire ici la preuve de la même transparence et de la même clarté afin de répondre aux questions que se posent ces acteurs indispensables et que soient trouvés les moyens de les protéger.

Le Conseil scientifique considère indispensable d'assurer l'approvisionnement en équipement de matériel de protection personnels les soignants en priorité des différents secteurs médicaux et médico-sociaux.

2. Le pilotage, l'organisation et la logistique régionales et territoriales

Le Conseil scientifique souhaite attirer l'attention du gouvernement sur les problèmes de pilotage, de gestion des ressources, et de logistique susceptibles d'impacter profondément la prise en charge des patients.

Le Conseil scientifique considère indispensable que dans le cadre de d'état d'urgence sanitaire soient rapidement prises des mesures sur le pilotage, l'organisation et la coordination des soins, la circulation de l'information, et la mobilisation des moyens logistiques nécessaires.

3. Médecine de ville

Le Conseil rappelle le rôle essentiel que jouent les médecins généralistes pour la prise en charge et le suivi des patients COVID-19 ainsi que ceux atteints d'autres pathologies. Tout le matériel nécessaire pour leur exercice professionnel et leur protection doit être mis à disposition ainsi que toutes les mesures facilitatrices pour l'exercice de leur fonction. Le nombre de patients COVID pris en charge en ville va très rapidement augmenter et les médecins doivent répondre à de nombreuses interrogations de la part de patients non COVID.

La détection et la prise en charge des patients atteints de COVID-19 doivent se faire autant que possible en évitant la venue de ces patients en cabinet de consultation pour limiter le risque de contagion aux autres patients, au personnel administratif de ces cabinets, ou aux médecins traitants. Il conviendra d'utiliser selon les cas et la gravité clinique des patients les appels téléphoniques au cabinet, les applications smartphone et les sites internet de triage référencés par le ministère de la Santé, la téléconsultation, **le recours au 15 devant être réservé aux patients les plus graves pour éviter l'engorgement du service**. Des algorithmes décisionnels ont été développés pour aider les médecins généralistes à la prise en charge des patients atteints de COVID-19. La mise à disposition des généralistes d'un numéro d'urgence dédié devra être envisagée pour avis ou transfert rapide vers l'hôpital des patients le nécessitant. Quand une consultation au cabinet est jugée indispensable par le médecin généraliste, elle se fera à des horaires dédiés pour éviter le contact avec d'autres patients non infectés, sera réalisée avec les matériels de protection nécessaires, et sera suivie des mesures de désinfection appropriées. Le transport des patients vers le cabinet et leur retour à domicile devra se faire de façon sécurisée. Alternativement, une consultation à domicile pourra être envisagée par le médecin généraliste, notamment quand l'état du patient rend difficile son déplacement et que la téléconsultation est inopérante. Les mêmes principes généraux devront s'appliquer au suivi des patients pour lesquels une hospitalisation n'aura pas été jugée nécessaire.

Le Conseil souhaite rappeler que l'épidémie de Covid-19 ne doit pas pour autant affecter la prise en charge et **le suivi des patients atteints de pathologies chroniques**, notamment les pathologies chroniques. À cet égard, le recours au renouvellement d'ordonnance après contact téléphonique est encouragé. Quand une consultation au cabinet est jugée nécessaire par le médecin généraliste, elle se fera à des horaires dédiés pour éviter le contact avec des patients infectés et en appliquant les recommandations en vigueur pour la protection des patients fragiles à risque de forme grave. La circulation des patients dans le cabinet devra être organisée de façon à minimiser les contacts avec les autres patients et le personnel. Le Conseil scientifique souhaite rappeler la nécessité de prêter une attention particulière aux zones d'habitation les plus vulnérables.

Le Conseil scientifique souhaite réaffirmer le rôle majeur que va jouer dans un temps proche la médecine de ville dans la gestion de cette crise sanitaire. Il insiste donc pour que tous les

moyens soient mis en œuvre pour que les patients notamment les plus fragiles continuent à faire l'objet d'une prise en charge adaptée tout en limitant au strict minimum les déplacements.

4. Déplacements hors de la métropole

En cette période d'activité épidémique importante sur le territoire français, le Conseil scientifique rappelle l'importance de restreindre au maximum les déplacements en provenance de la métropole. Ceci s'applique notamment aux déplacements vers les départements, régions et collectivités d'Outre-Mer, comme déjà mentionné dans l'avis numéro 3 du Conseil scientifique. Il convient également d'être extrêmement vigilant vis-à-vis des déplacements vers des pays aux systèmes de santé vulnérables, notamment sur le continent africain. Une réflexion plus approfondie sur cet enjeu aura lieu ultérieurement.

Le Conseil scientifique souhaite indiquer que les déplacements vers l'outre-mer et vers des pays aux systèmes de santé plus fragiles soient limités au strict minimum.

5. Santé psychique

Le Conseil scientifique attire l'attention sur l'importance de la santé psychique de la population, dans cette situation inédite de confinement de longue durée. La population est exposée à des risques spécifiques (situation de confinement ou de promiscuité, peur de difficultés d'approvisionnement, forte exposition à des nouvelles anxiogènes, situations potentiellement sidérantes ou traumatiques, deuils). En matière de santé psychique, plusieurs populations sont particulièrement exposées à certains risques. Les personnels soignants et les personnes âgées, vulnérables ou isolées, les personnes en situation de handicap en font partie. Pour certains, les mairies disposent de capacités d'accompagnement et de prise de nouvelles à distance, notamment mises en place pendant les périodes de canicule. L'entretien des liens sociaux à distance et dans le strict respect des mesures de confinement est à privilégier. Parallèlement, un accompagnement psychique pour les personnes qui le souhaitent peut s'avérer extrêmement utile. Le Conseil scientifique recommande un appui massif aux initiatives en cours existantes ou en cours de montage.

Les structures existantes (cellules d'urgence médico-psychologiques, centres régionaux du psycho-traumatisme coordonnés par le centre national de ressources et de résilience, services de psychologie du travail, services de psychiatrie, etc.) s'organisent de façon très rapide actuellement, à destination (i) du personnel de santé en milieu hospitalier, (ii) des personnes atteintes et de leur entourage (iii) de la population générale (ligne d'écoute téléphonique nationale de soutien psychologique). Le Conseil scientifique tient à porter une attention particulière aux personnels de santé non hospitaliers (en particulier les médecins généralistes, pharmaciens, personnel d'EHPAD, etc.) et aux personnes ayant recours aux consultations en psychiatrie et ne pouvant plus y accéder du fait du confinement. Pour combler ces déficits, le besoin urgent de soutien au développement de la téléconsultation est à souligner.

Le Conseil scientifique attire fortement l'attention sur la santé psychique et la nécessité d'accompagner les mesures actuelles de prise en charge spécifique notamment pour les personnes isolées ou précaires

6. Prise en charge des corps des défunts

La prise en charge des corps des défunts COVID19 nécessitant des précautions particulières (voir nouvel avis en cours du Haut Conseil à la Santé Publique), une attention particulière a été portée ces derniers jours à l'adaptation de certains rituels de fin de vie. Le récent aménagement du procédé de fermeture des housses des patients décédés permettant, à au moins un membre de la famille, de pouvoir une dernière fois saluer le défunt et de voir son visage est capitale et cohérente avec le souci d'humanité n'excluant pas la prévention du risque. Par ailleurs, ce geste pourrait permettre, pour les membres de la famille non admis, de relayer cet échange par l'intermédiaire d'un enregistrement vidéo qui pourrait aller jusqu'à la mise en terre ou l'incinération. Ce type de cérémonie serait le garant de l'acception du départ et permettrait un enterrement apaisé et sécurisé pour que la famille puisse commencer le deuil.

Le Conseil scientifique souhaite attirer l'attention sur les précautions particulières nécessaires en matière de prise en charge des corps des défunts COVID19, en associant écoute et humanité.

7. Accompagnement spirituel

En termes de santé publique, le « *soin pastoral* » est également essentiel dans toute réponse à une crise épidémique. Le Conseil scientifique recommande de soutenir l'initiative des principaux représentants des communautés religieuses pour la création d'une permanence téléphonique nationale. Cette permanence prendrait la forme d'accompagnement spirituel et bénéficierait d'écoutants sélectionnés, proposés et pris en charge par chacun des cultes, qui sont disposés à les mettre à disposition dans les plus brefs délais. Les écoutants, qui répondront dans une démarche inter-cultes, pourront orienter ceux qui le souhaitent vers des personnes désignées par chaque culte pour répondre à leurs besoins spécifiques.

Le Conseil scientifique souhaite attirer l'attention sur la nécessité d'accompagner les initiatives actuelles notamment de création d'une permanence téléphonique nationale d'accompagnement spirituel inter-cultes.

8. Rôle des organisations non-gouvernementales (ONG) et du milieu associatif

Le Conseil scientifique souligne l'importance majeure d'impliquer le monde associatif dans les semaines qui viennent. Les ONG telles que la Croix-Rouge, Médecins du monde, Médecins sans frontières, Alima… sont déjà impliquées dans l'accompagnement des plus fragiles. Elles ont également une compétence reconnue en terme logistique et organisationnelle en situation d'urgence. Elles doivent être consultées et écoutées par les pouvoirs publics.

9. Connaissance de la société française

Les restrictions de la vie sociale et la mise en œuvre de mesures de confinement dans le cadre de l'épidémie constituent une situation inédite et de grande ampleur, qui affecte l'ensemble des Français. Leurs effets de toute évidence considérables doivent être mieux connus et analysés afin que l'ensemble des Français bénéficient des connaissances permettant d'éclairer leur situation.

Parallèlement aux recherches conduites dans d'autres domaines, fondamentaux ou cliniques notamment, une initiative de recherche ambitieuse et de grande ampleur doit être orientée vers les sciences humaines, sociales, économiques et comportementales, ainsi que vers tous modes de connaissance susceptibles de produire des éléments utiles sur les rapports des Français à l'épidémie (comparaisons, études en populations générales, enquêtes d'opinion, analyses des réseaux sociaux par exemple…). Les travaux gagneront à avoir un caractère pragmatique, utile à court ou à moyen terme, ou être plus approfondis selon les diverses spécificités des disciplines, méthodes et champs de connaissances. L'attention devra être portée aux aspects non seulement sanitaires, mais aussi plus largement sociaux, à toute échelle pertinente. Ces travaux pourraient porter sur la France (métropolitaine et Outre-mer), mais pourraient aussi éclairer la situation française dans un contexte international. Ils ont vocation à une large diffusion dans un contexte de science ouverte et citoyenne.

Le Conseil scientifique souhaite attirer l'attention sur l'importance d'un dispositif réactif d'analyse et de recherche sur la société française face au Covid 19 impliquant l'ensemble des acteurs pertinents de la recherche ainsi que d'autres acteurs (associations, science citoyenne...).

Réunion du 30 mars 2020.

Membres du Conseil scientifique :
– Jean-François Delfraissy, Président
– Laetitia Atlani Duault, Anthropologue
– Daniel Benamouzig, Sociologue
– Lila Bouadma, Réanimatrice
– Simon Cauchemez, Modélisateur
– Franck Chauvin, Haut Conseil de la Santé Publique
– Pierre Louis Druais, Médecine de Ville
– Arnaud Fontanet, Épidémiologiste
– Bruno Lina, Virologue
– Denis Malvy, Infectiologue
– Yazdan Yazdanapanah, Infectiologue

Correspondant Santé Publique France : Jean-Claude Desenclos

Cette note a été transmise aux autorités nationales le vendredi 27 mars 2020 à 16 h.

Le Conseil scientifique renouvelle son alerte sur l'importance de la lutte contre le Covid-19 dans des structures collectives, en particulier dans les structures accueillant des personnes âgées, qui sont fragiles et particulièrement vulnérables face au virus (avis du 16 mars). En l'absence de mesures spécifiques, les contaminations externes entrainent des conséquences majeures en termes de pourcentage de pensionnaires contaminés. Au-delà des établissements d'hébergement pour personnes âgées dépendantes (EHPAD), d'autres structures d'accueil collectif de publics vulnérables sont concernées, selon des formes spécifiques.

Les mesures envisagées à l'échelle des établissements doivent tenir compte d'exigences sanitaires pour les personnes résidentes et leur entourage, ainsi que d'exigences éthiques et humaines fortes, également essentielles.

Les modèles d'organisation doivent être adaptés selon les configurations locales, en visant des soins de qualité aux résidents, quelle que soit l'issue de ces soins, ainsi que des conditions de retour après hospitalisation.

1. Enjeux et situation

Aujourd'hui sur notre territoire, l'INSEE estime à plus de 1,5 million le nombre des personnes dites dépendantes. Les établissements publics et privés pour personnes âgées comptent près de 750 000 lits au sein de 7200 établissements. 160 000 personnes handicapées sont par ailleurs accueillies dans des établissements spécialisés, 80 000 adultes et 80 000 enfants présentant des handicaps sévères.

Comme d'autres types d'établissements sociaux et médico-sociaux, les établissements pour personnes âgées sont d'une grande diversité. Ils diffèrent selon leur taille, leur statut, leur localisation urbaine ou rurale en particulier. Ils ne sont pas tous situés dans des zones au sein desquelles le virus circule avec la même intensité. Certains ne sont pas atteints par le virus, d'autres de manière limitée et susceptible d'être circonscrite, d'autre encore de manière plus large. Cette variété de situations nécessite des stratégies distinctes, locales et adaptées à la situation de chaque établissement.

Au regard du risque épidémique, les établissements pour personnes âgées présentent en outre deux particularités. Ils accueillent des populations à risque d'une part, tandis que l'hébergement collectif favorise les contaminations dès qu'une personne résidente est infectée dans l'établissement d'autre part. L'âge avancé tout comme les polypathologies associées sont des facteurs de risque de survenue de forme grave du COVID19. La létalité est élevée dans les tranches d'âge supérieures à 75 ans.

Le conseil scientifique considère important de définir des principes stratégiques variant selon les structures et les situations et visant à protéger au mieux les personnes âgées et les personnels, ou les résidents et personnels de structures comparables. Ces éléments doivent donner lieu à une formalisation opérationnelle à destination des acteurs, qui ne relève pas directement du Conseil scientifique.

2. Confinement collectif, confinement individuel et protection des établissements

Le confinement est à ce stade la stratégie de protection la plus efficace. Selon la disponibilité des tests diagnostiques, qui devront être prioritairement orientés vers ces établissements, et plus généralement vers des établissements sociaux et médicaux sociaux, des stratégies de substitution pourront être envisagées pour la sortie de confinement.

Une priorité pour l'utilisation des tests diagnostiques et biologiques

Au cours de la phase de confinement actuelle comme après la levée du confinement, les dépistages d'infection chez les résidents et les personnels des EHPAD par RT-PCR pourront être conduits en s'appuyant sur les plateformes de diagnostic moléculaires à haut débit en cours de montée en charge, mais aussi des stratégies de type TROD, dès qu'ils seront disponibles. En coordination avec les ARS, des prélèvements pourront être analysés en urgence pour déterminer le statut COVID négatif de l'ensemble du personnel et des résidents. De même, en cas d'infection, il sera possible de faire une analyse large pour déterminer le statut COVID des différentes personnes ou espaces dédiés au sein des EHPAD, afin de conforter les organisations de prise en charge de l'épidémie. Concomitamment, et en cas de besoin, une détermination du statut sérologique via des enquêtes systématiques pourra aussi être réalisé de manière élargie en utilisant les moyens de sérodiagnostic dès qu'ils seront disponibles.

Selon les situations locales et au regard de la situation par rapport aux contaminations et aux degrés divers selon les établissements et les situations régionales, des stratégies de confinement collectif ou individuel peuvent être considérées, en tout état de cause de manière proportionnée et limitée dans le temps.

La distanciation sociale est la meilleure barrière contre la propagation du virus. Elle est moins importante pour les résidents et pour les personnels dans une situation de confinement collectif que dans une situation de confinement individuel, qui doit cependant être apprécié localement, au regard de la situation épidémique et des capacités de l'établissement.

Confinement collectif

Une démarche prioritaire de protection des établissements donne lieu à un confinement collectif des établissements, particulièrement adapté à des établissements ne déplorant pas localement de contamination. Le confinement collectif vise à réduire le risque de contamination extérieure. Depuis le 11 mars, les visites de personnes extérieures sont, sauf exception, suspendues dans le cadre de l'activation du plan bleu. Outre la suspension des visites, le confinement collectif des établissements nécessite un cantonnement collectif d'une partie du personnel, lorsque cela est possible et sur une base volontaire. Le personnel ne doit pas présenter de signes cliniques et doit être testé négatif. Les contacts de l'établissement avec l'extérieur sont réduits au minimum (livraisons sécurisées...). Pour conserver une qualité de service, de lien humain et de soins indispensables aux résidents, un renforcement des moyens humains au sein des établissements est à privilégier en fonction des possibilités locales, le cas échéant en mobilisant des personnels volontaires, par exemple des étudiants, ainsi que la réserve civique. Les règles de protection sanitaire s'appliquent à ces personnels.

Les mesures de protection dans l'établissement peuvent être augmentées par la création de plusieurs zones distinctes, au sein desquelles ne circulent que certains patients et ne travaillent que certains professionnels de santé, afin de limiter les contacts. Une attention particulière est prêtée aux ascenseurs, particulièrement contaminants. Le confinement collectif permet une poursuite d'activités sociales dans l'établissement et se distingue du confinement individuel des pensionnaires dans leur chambre, plus adapté à d'autres situations. Il nécessite un personnel et un matériel adaptés, et représente une charge de travail supplémentaire dans des établissements dont le personnel est déjà exposé et en tension.

Si le confinement collectif des personnels n'est pas envisageable, le personnel doit mettre en œuvre des moyens pour bénéficier d'un haut maximal de protection dans ses entrées et sorties, à travers l'ensemble des gestes barrières et un renforcement des mesures d'hygiène. Il nécessite un accès aux matériels de protection indispensables en fonction des activités réalisées (solution hydro-alcoolique, chasubles, charlottes, masques FFP2, lunettes...). Les personnels doivent être testés régulièrement et ne plus participer au confinement collectif s'ils présentent des signes de contamination. Les médecins extérieurs intervenant dans ces structures doivent être testés négatifs et bénéficier d'un accès aux matériels de protection pour leurs activités de soin dans les établissements. Selon les conditions, l'intervention d'une équipe mobile constituée de professionnels testés négatifs et construite à partir d'initiative de type réseau ville-hôpital est attendue pour prendre en charge les activités de dépistage ou de diagnostic.

Afin de préserver les principes d'humanité dont doivent bénéficier les personnes âgées, des initiatives prévues à cet effet peuvent permettre de maintenir des liens quotidiens entre les personnes âgées et leur entourage (téléphone, Skype...). Les effets du confinement collectif sont autant que possible compensés par des alternatives mises en œuvre avec toute la bienveillance et l'humanité nécessaires à ce type de situation.

Confinement individuel

Dans beaucoup d'établissements, les pensionnaires sont en contact avec le virus. D'autres types de confinement, individuels, sont envisagés. Ils consistent à confiner des résidents dans leur chambre. Le confinement individuel en chambre constitue une mesure de protection pour les résidents comme pour le personnel. Cette solution est privilégiée par certains établissements. Le confinement individuel n'a cependant pas vocation à s'appliquer en toute généralité. Les prises en compte des situations locales sont ici essentielles.

Lorsqu'il existe un espace réservé aux résidents Covid dans l'établissement (étage ou aile réservés, voir *infra*...), les résidents positifs peuvent continuer à avoir des activités sociales entre eux, sans confinement individuel ni contact avec des résidents négatifs. Le personnel est alors très exposé au risque d'infection et les mesures de protection du personnel doivent être appliquées très strictement, ce qui n'est pas toujours facile pour un personnel moins entrainé que le personnel hospitalier à ces mesures. Ce personnel doit de fait être dédié aux résidents Covid, et limiter au maximum ses interactions avec le reste du personnel de l'établissement.

Par ailleurs, une part importante des résidents en établissement (40 % ou plus) ne bénéficie pas de condition de mobilité ordinaire leur permettant de quitter leur chambre, les mesures de confinement individuel n'ont pas d'utilité supplémentaire.

Enfin, d'autres patients ont une activité sociale susceptible d'être restreinte, sans être nécessairement supprimée par un confinement individuel. Le maintien dans des zones non Covid, la limitation d'accès à certaines zones, ainsi qu'aux ascenseurs, permettent pareilles restrictions. Si ces dispositions n'apparaissent pas suffisantes, un confinement individuel est envisagé. Du point de vue épidémiologique, il limite la propagation du virus et protège les résidents et le personnel, tant que les mesures d'hygiène et de protection sont appliquées strictement. Ses effets doivent être mis en balance avec les risques de contamination liés au déplacement des personnels d'une part, et avec des risques psychologiques facteurs de surmortalité ou d'altération de l'état de santé.

Le confinement individuel soulève d'importantes questions non seulement sanitaires, mais aussi éthiques, légales et plus largement sociales. Il conduit à priver les résidents de ce qui fait souvent le sens de leur existence en fin de vie (échanges, promenades en plein air...). Une fois initié, se pose la question de sa durée, qui pourrait être de plusieurs semaines pour une population à risque non immunisée. Pour cette raison, les établissements devront bénéficier de tests en priorité en sortie de confinement.

Eu égard aux enjeux, le choix du confinement individuel nécessite une appréciation circonstanciée en fonction de situations locales, et apparaît plus généralement comme un enjeu de société tout autant que comme une option sanitaire. Sans nécessairement appeler une décision nationale uniforme, qui pourrait être inadaptée à la grande variété des situations, ce type d'enjeu appelle un positionnement de principe, de nature politique, qui n'incombe pas au Conseil scientifique.

3. Modèle d'organisation de prise en charge

Par ailleurs, en matière de prise en charge de patients atteints de Covid, deux modèles de prise en charge peuvent alors être envisagés, selon les spécificités et la variété des établissements, et en tenant compte de leur environnement médicalisé, en contexte urbain ou rural. Dans ce contexte de létalité élevée, il sera aussi tenu compte des directives anticipées des patients ainsi que de l'avis des personnes de confiance auprès desquelles des informations auront été délivrées préalablement.

A) Modèle 1 : le renforcement de moyens dédiés au sein des EHPAD

Un premier modèle est mis en œuvre dans les établissements qui en ont la capacité. Dans ce modèle, une séparation entre un espace Covid et un espace non Covid est organisée. Les pensionnaires présentant des signes cliniques, d'une grande variété chez le sujet âgé, sont orientés vers ces espaces Covid au sein de l'établissement. Ces espaces sont entourés de zones tampons à l'entrée et à la sortie de l'espace Covid. Un sens de circulation vise à garantir les déplacements « du propre vers le sale », et jamais l'inverse. Pour mettre en œuvre cette organisation, des moyens en personnel sont nécessaires, sur une base professionnelle ou volontaire. La présence d'une IDE dans les zones Covid, y compris de nuit, est nécessaire. Ces espaces dédiés doivent bénéficier de matériels de soin et de ventilation par oxygène, disponibles sur place ou préalablement transportés sur place.

En cas de nécessité, le patient peut être conduit vers une structure hospitalière pour une prise en charge voire un accueil en secteur dédié de gériatrie aiguë.

Lorsqu'il est possible, le retour après hospitalisation doit être prioritaire par rapport à de nouvelles admissions. Il doit s'accompagner d'une période de confinement individuel temporaire.

Au regard du niveau de mortalité élevé chez le sujet âgé, les établissements privilégiant ce modèle doivent bénéficier du support d'une équipe mobile ou implantée de soins palliatifs en mesure d'intervenir auprès de l'établissement selon toutes les recommandations de bonne pratique et dans le respect de la dignité des personnes et de leur entourage. Un accompagnement des familles par un personnel formé doit être mis en place, notamment grâce à un accompagnement téléphonique personnalisé.

B) Modèle 2 : la mise en place d'une filière de soins dédiée hors des EHPAD

Un second modèle de prise en charge vise à orienter les pensionnaires malades vers une filière de soins renforcée et adaptée à leur état clinique. Ce modèle nécessite une sortie médicalisée de l'établissement et s'articule en plusieurs temps.

Les pensionnaires malades sont identifiés par des signes cliniques et des tests virologiques, qui sont alors systématiques et prioritaires, grâce à des kits de prélèvement à résultat rapide. Les personnes malades sont orientées vers une prise en charge hospitalière dédiée, organisée à cet effet, en tant qu'« Unité COVID + Anciens ».

Cette prise en charge mobilise des établissements comprenant des services de soins de suite et de réadaptation ainsi que des services hospitaliers dédiés de gériatrie aiguë. Elle bénéficie de moyens adaptés et d'un personnel dédié, à la fois médical et paramédical, ainsi que des équipements permettant de répondre à toutes les exigences de soins spécifiques pertinents et de qualité, notamment grâce à l'oxygénothérapie. Cette prise en charge vise à adapter les soins de ces patients âgés et fragiles, dont l'état de santé est fortement dégradé, en évitant une orientation systématique vers des services hospitaliers généralistes, où leurs chances de survie seront difficiles à optimiser, y compris en réanimation.

Les patients âgés malades suivis à leur domicile pourront aussi être hospitalisés dans ces unités par leur médecin généraliste si leur évolution clinique l'impose.

Le transport des personnes âgées malades constitue un point de vigilance majeur, dans la mesure où le déplacement vers un nouvel environnement médicalisé constitue une source de risque importante chez ces personnes en situation de vulnérabilité.

Au regard du niveau de mortalité élevé, la prise en charge des patients doit permettre, comme dans le modèle précédent, de recourir à des soins palliatifs dans le respect des recommandations de bonne pratique et de la dignité des personnes et de leur entourage, notamment grâce à l'intervention d'unités mobiles de soins palliatifs. Un accompagnement des familles par un personnel formé est aussi à prévoir, notamment grâce à un accompagnement téléphonique personnalisé.

4. Hospitalisation et réanimation

Des sociétés savantes ont abordé de façon multidisciplinaire la question des prises en charge en réanimation des personnes âgées. Quel que soit le modèle d'organisation retenu, une filière claire permettant la prise en charge la plus appropriée des patients les plus graves est indispensable. Dans un contexte général de saturation des services de réanimation, tous les patients, y compris âgés, doivent quoi qu'il en soit bénéficier de soins adaptés à leur situation dans un environnement médicalisé et de qualité.

Lorsqu'une stratégie de type « espace COVID » interne est mise en place, l'accès aux structures hospitalières se fait directement en concertation avec l'établissement hospitalier concerné sur la base de critères préalablement définis en concertation dans le groupement hospitalier de territoire. Lorsque les patients sont hospitalisés dans des structures médicalisées intermédiaires, les transferts vers les services de soins intensifs ou de réanimation sont établis en concertation avec l'hôpital identifié dans la filière en fonction de critères établis en concertation.

Dans ces choix très difficiles, la concertation pluridisciplinaire est nécessaire, en s'appuyant sur les comités de soutien éthiques locaux, comme recommandé par le CCNE.

Réunion du 2 avril 2020

Membres du Conseil scientifique :
- Jean-François Delfraissy, Président
- Daniel Benamouzig, Sociologue
- Lila Bouadma, Réanimatrice
- Jean-Laurent Casanova, Immunologie/Pédiatrie
- Simon Cauchemez, Modélisateur
- Franck Chauvin, Haut Conseil de la Santé Publique
- Pierre Louis Druais, Médecine de Ville
- Laëtitia Atlani Duault, Anthropologue
- Arnaud Fontanet, Épidémiologiste
- Marie-Aleth Grard, Milieu associatif
- Bruno Lina, Virologue
- Denis Malvy, Infectiologue
- Yazdan Yazdanapanah, Infectiologue

Correspondant Santé Publique France : Jean-Claude Desenclos

En présence d'un membre en attente de nomination : Aymeril Hoang, Spécialiste des nouvelles technologies

Cet avis a été transmis aux autorités nationales le jeudi 2 avril 2020 à 18 h.

Comme les autres avis du Conseil scientifique, cet avis a vocation à être rendu public.

Le confinement de la population française est intervenu depuis un peu plus de deux semaines. Dans une première partie, le Conseil scientifique aborde les stratégies globales liées à cette période de confinement. Jusqu'à mi-avril au moins, la situation va être très difficile pour le système de soins. Le Conseil scientifique rappelle que les données épidémiologiques ne témoignent pas encore de l'effet de la mesure de confinement général (I). La prolongation du confinement a entrainé des effets sociaux importants à mesurer (II) et va être appuyée par l'arrivée de tests diagnostiques, dont les modalités d'usage sont précisées ici (III). Enfin, le Conseil scientifique propose dans cet avis les critères sur lesquels la sortie du confinement pourrait se baser (IV). Dans une deuxième partie, le Conseil scientifique souhaite souligner des points d'attention relatifs à la vie en confinement, notamment pour les populations à risque.

Partie I – Stratégies globales liées au confinement

**I. Bilan épidémiologique au 31 mars 2020 :
le mois d'avril sera très difficile pour le système de santé.**

Le principal objectif de la mise en place du confinement le 17 mars 2020 était de soulager les services de réanimation des régions les plus touchées comme le Grand Est, les Hauts de France, la Corse, et l'Île-de-France. Il était aussi de réduire la morbidité globale. L'effet du confinement devrait prendre trois semaines avant de se matérialiser, le temps que les patients qui étaient en incubation au moment du confinement aient été admis en réanimation s'ils devaient évoluer vers une forme grave. L'examen des chiffres des nouvelles admissions en réanimation dans les régions les plus touchées à la date du 31 mars 2020 est stable (Grand Est) ou en augmentation (Ile de France et Hauts de France).

En Italie, les mesures de confinement ont débuté le 8 mars au nord (16 millions de personnes), puis ont été étendues le 10 mars à l'ensemble du pays. Les données portées à notre connaissance sur les hospitalisations et les admissions en services de réanimation ne nous permettent pas de savoir à partir de quand l'impact du confinement s'est fait sentir, du fait d'une possible **saturation** des services de réanimation empêchant de nouvelles admissions, mais aussi de **l'hétérogénéité des méthodologies dans les critères et la collecte des données entre les pays européens**.

Le 30 mars 2020, 1718 actes médicaux pour suspicion de Covid-19 ont été enregistrés par les associations SOS Médecins. Ces chiffres sont stables depuis le 21 mars, et représentent une augmentation de 75 % par rapport à ceux de la semaine précédente. Le nombre de passages aux urgences pour suspicion de Covid-19 (données OSCOUR) a été de 4390 le 30 mars, dont 38 % ont été hospitalisés et 2 % sont passés en réanimation. Ces chiffres sont stables depuis le 23 mars, et deux fois supérieurs à ceux de la semaine précédente. Le nombre cumulé de malades hospitalisés pour Covid-19 était de 22 757 au 31 mars, dont 1749 admis la journée précédente. Enfin, 4032 décès hospitaliers liés au Covid-19 ont été recensés depuis le 1er mars, dont 5 % chez les moins de 60 ans. À l'échelle régionale, l'excès de mortalité toutes causes confondues dépassait une augmentation de 50 % par rapport à la mortalité attendue en semaine 12 (du 16 au 22 mars 2020) pour les régions suivantes : le Haut-Rhin (+181 %), les Vosges (+84 %), en Corse-du-Sud (+79 %), dans les Alpes de Haute-Provence (+69 %), et dans le Doubs (+66 %).

La situation en France reste très hétérogène, ce qui permet le transfert des patients de réanimation des régions les plus touchées vers celles qui sont encore préservées comme la Nouvelle-Aquitaine, mais aussi l'échange de personnel. **La région Île-de-France est maintenant sous extrême tension**, avec 2204 patients admis en réanimation pour Covid-19 depuis le début de la crise, et 227 dans la journée du 1er avril. Les patients atteints de Covid – 19 présentent des formes sévères associant des atteintes inflammatoires pulmonaires, cardiaques et neurologiques nécessitant des réanimations prolongées pouvant durer trois semaines (34 % des patients en réanimation ont moins de 60 ans). Il faut donc s'attendre à ce que la situation dans les services de réanimation des régions les plus touchées ne s'améliore qu'avec retard, **la durée moyenne** d'hospitalisation en réanimation étant actuellement estimée à 15 jours, en prenant en compte les décès. Afin d'interpréter au mieux l'évolution de la saturation des services de réanimation dans les jours qui viennent, il faudra disposer des indicateurs suivants à l'échelle départementale : i) Nombre d'admissions en hospitalisations par jour (existant) ; ii) Nombre d'admissions en réanimation par jour (existant) ; iii) Distribution par âge des patients en hospitalisation et en réanimation (existant) ; iv) Nombre de lits disponibles en réanimation, afin de s'assurer que la baisse des admissions en réanimation n'est pas simplement le reflet de la saturation des services de réanimation (à consolider). Le recueil de ces informations de façon fiable nécessite une mobilisation encore plus importante de personnels administratifs ou volontaires, les personnels médicaux n'étant plus en capacité de renseigner ces informations.

II. Évaluer les effets sociaux du confinement

La poursuite du confinement pendant une période de temps de plusieurs semaines a des effets important sur l'activité, les comportements, le moral et la santé de nos concitoyens. Ces derniers se montrent très largement respectueux du confinement, alors que ses effets deviennent plus difficiles à supporter. Ils sont par exemple 92 % à se déclarer favorables à la prolongation du confinement jusqu'au 15 avril (enquête OpinionWay, 28-29 mars). Les effets du confinement s'exercent cependant de manière différenciée, en révélant voire en creusant des inégalités sociales. Les modifications de comportements de nos concitoyens sont non seulement orientées vers la protection de soi, mais aussi vers celle des proches et d'autrui en général. Malgré des infractions, le respect des mesures sanitaires a notablement progressé depuis leur instauration pour 59 % de la population, dans un contexte de peur voire d'angoisse, aussi marqué par une importante défiance politique (enquête d'opinion IPSOS-CEVIPOF, 23 – 35 mars).

Un ensemble de critères peuvent être pris en compte pour éclairer les conditions de prolongement du confinement et de sa levée progressive. Ils peuvent être documentés à partir de nombreuses sources et données, y compris numériques, collectées par différents acteurs publics et privés, académiques ou non, à propos de l'évolution des activités et des comportements des Français. Ces éléments pourraient bénéficier des connaissances produites en sciences humaines et sociales à l'occasion du confinement. Trois ensembles de critères peuvent être envisagés.

Un premier ensemble de critères a trait à la manière dont la population comprend, accepte, respecte ou se situe par rapport au confinement, pour soi-même comme pour les autres, proches ou considérés d'un point de vue collectif. Des éléments de ce type peuvent être appréciés à partir de divers types de sources disponibles, telles que des enquêtes d'opinion (sondages), des enquêtes en population (recherches en sciences sociales), des données sur le respect des consignes, notamment en matière de déplacement (contraventions, données de transport urbain, données agrégées de géolocalisation).

Un deuxième ensemble de critères à prendre en compte se réfère aux effets induits par le confinement, dont beaucoup sont encore invisibles, qu'ils soient délétères ou plus favorables, qu'ils soient sanitaires ou plus largement sociaux, et qui doivent être mis en regard. Parmi les effets positifs induits par le confinement, outre le contrôle de l'épidémie et ses effets sanitaires, en termes de mortalité évitée en particulier, peuvent être mentionnés des effets cliniques indirects favorables, par exemple la moindre fréquence des décompensations respiratoires graves d'ordinaire induits par les pics de pollution a pollution, par les viroses banales comme le rhume. Parmi les effets délétères peuvent être mentionnés des effets psychologiques et psychiques, qu'ils soient actuels (troubles anxieux, dépression par exemple...) ou différés (troubles post-traumatiques, décompensation par exemple...), des violences, aussi bien envers autrui (violences sexistes et sexuelles, violences sur enfants) qu'envers soi-même (suicides), ainsi que d'éléments relatifs à la morbidité induite, aux difficultés de prise en charge médicale en contexte de confinement (pertes de chances), et de la surmortalité provoquée par le confinement.

Enfin, un troisième ensemble d'éléments, moins spécifiquement pris en compte par le Comité scientifique dans le cadre de ses attributions, à dominante sanitaire, concerne les effets économiques du confinement. Ces derniers se manifestent non seulement à l'échelle du pays ou de certains secteurs, en termes macro-économiques, mais aussi et de manière socialement stratifiée à l'échelle des agents économiques, de leurs revenus, de leur rapport à l'emploi, de leurs capacités et de leurs préférences et attentes. Pour ne prendre qu'un exemple, les ouvriers, 35 % travaillent hors du domicile, 60 % se déclarent en arrêt de travail et 5 % en télétravail, contre 10 % des cadres en travail hors du domicile, 24 % en arrêt de travail, et 66 % en télétravail[1]. Ces effets ont non seulement vocation à être pris en compte par les acteurs économiques et les autorités publiques, mais doivent en aussi mis en regard des effets sanitaires obtenus ou attendus, le cas échéant dans un esprit de proportionnalité appréhendé de manière systématique (analyse coûts-avantages) [2].

Le Comité scientifique souligne l'intérêt de disposer d'indicateurs sociaux du confinement. Leur production pourrait être confiée à un observatoire indépendant associant des contributions publiques, privées et citoyennes. Des éléments quantitatifs et qualitatifs pourraient être enrichis, multipliés et rassemblés à partir de méthodes et de sources variées, académiques ou non, y compris issues de grands acteurs du numérique, afin à produire des éléments de connaissance et d'appréciation transparents sur le confinement.

III. Nouveaux tests diagnostiques et confinement : une stratégie évolutive d'utilisation pour tester en priorité certaines populations.

Depuis l'émergence du SARS-CoV-2, une surveillance internationale a été mise en place afin de détecter une éventuelle évolution du virus (GISAID). À ce jour, plus de 2000 séquences de génomes complets d'excellente qualité ont été réalisées et analysées, montrant une stabilité de ce virus depuis son apparition. De ce fait, les diagnostics PCR et sérologiques développés et validés ne sont pas pris en défaut.

Lors de l'infection, la réponse immunitaire permettant la guérison combine une réponse non spécifique innée associée à une réponse humorale (anticorps ou réponse B) et une réponse cellulaire (Réponse T) spécifiques. Ces éléments de la réponse immunitaire conduisent à la guérison par élimination du virus. La réalisation d'un diagnostic sérologique permet la détection de la réponse immunitaire post-infectieuse humorale (détection des anticorps IgM, IgG et éventuellement IgA). La présence de ces anticorps signifie, en l'état des connaissances actuelles, une protection immunitaire développée après guérison d'une infection symptomatique ou asymptomatique. Certaines données préliminaires semblent indiquer que ces anticorps peuvent apparaitre tardivement (J30), notamment en cas d'infection pauci/asymptomatique. Dès lors, la détection d'anticorps par un test sérologique réalisé chez une personne ayant été symptomatique ou non permet de confirmer une infection récente au SARS-CoV-2.

La phase actuelle de montée en puissance rapide des capacités diagnostiques dans la perspective de la période post-confinement fait qu'il est certain que les outils et moyens prévus à terme seront disponibles et fonctionnels bien avant l'échéance de la levée du confinement. Cela va permettre de commencer rapidement leur utilisation, tant pour les plateformes de RT-PCR à haute capacité, que pour les tests sérologiques unitaires rapides (tests rapides réalisables hors du laboratoire) ou les tests sérologiques classiques (test réalisés sur automates de laboratoire).

Durant le mois d'avril, l'installation des plateformes de RT-PCR vont permettre d'avoir une capacité diagnostique sécurisée de plus de 45 000 tests/jour, en complément des capacités hospitalières et privées existantes qui seront renforcées à hauteur de 15 000 tests/jour. À noter que de nouveaux tests moléculaires rapides et ultra-rapides (respectivement 45 et 15 minutes) sont en cours d'évaluation.

Durant la même période, des tests sérologiques unitaires seront disponibles en grande quantité (3e semaine d'avril), ainsi que des tests sérologiques automatisés de type ELISA (fin avril). L'évaluation de leurs performances analytiques est programmée pour la seconde quinzaine d'avril.

Dans ce contexte, **il parait important de modifier la doctrine actuelle d'utilisation des tests** afin de proposer une prise en charge significativement élargie du diagnostic, permettant par ailleurs une montée en charge progressive de leur utilisation. Cela permettra d'organiser le réseau de laboratoires impliqués dans ce déploiement, et une appropriation de la gestion diagnostique intégrée combinant PCR et sérologie. La mise en place opérationnelle d'une interface entre laboratoires et patients devra aussi être évaluée. Cette nouvelle doctrine permise par le développement de la capacité diagnostique permettra de répondre à plusieurs besoins immédiats. Le Conseil scientifique émet 4 recommandations :

- Assurer un dépistage RT-PCR élargi des personnels soignants au contact des populations fragiles **en ville**.
- Assurer une prise en charge complète et exhaustive des suspicions d'infection dans **les EHPAD** ou les établissements médico-sociaux, en combinant un diagnostic par RT-PCR et sérologique les malades et les contacts, tant chez les personnels que les résidents.
- Assurer une prise en charge complète et exhaustive des suspicions d'infection en combinant un diagnostic par RT-PCR et sérologique dans **les prisons et autres établissements fermés.**
- Réaliser des enquêtes sero-épidémiologiques de terrain à l'aide de plateaux de sérodiagnostic à haut débit pour déterminer par la mesure de la séroprévalence le **taux de pénétration** du virus SARS-CoV-2 dans différents territoires.

Ce déploiement opérationnel est urgent. Il permettra par ailleurs de tester et éventuellement de valider les stratégies innovantes de rendu des résultats et de « contact tracing » nécessaires durant la phase de déconfinement.

IV. Sur quels critères baser la sortie du confinement ?

Tout d'abord, le Conseil scientifique tient à clarifier que la sortie du confinement ne signifie pas que toutes les mesures de contrôle contre covid19 seront levées. La sortie du confinement vise à remplacer le confinement par des stratégies de contrôle de l'épidémie plus facilement supportables et moins coûteuses pour la société française. **Ces mesures resteront néanmoins fortes**. Elles seront amenées à évoluer en fonction de la situation épidémiologique et le cas échéant des avancées de la recherche. Un avis détaillant les stratégies de contrôle pouvant être considérées après le confinement paraîtra prochainement.

La sortie du confinement peut être décidée en considérant trois éléments distincts.

- L'objectif à court terme du confinement était de soulager les services de réanimation français, en réduisant le nombre de formes graves nécessitant un séjour en service de réanimation. Avant d'envisager une sortie du confinement, le gouvernement devra s'assurer que l'objectif de l'intervention est atteint. Cette décision pourra être prise sur la base d'indicateurs épidémiologiques indiquant notamment que la saturation des services hospitaliers, et des services de réanimation en particulier, est jugulée. Les équipes de soignants devront également bénéficier d'une période suffisante pour récupérer de l'effort considérable fourni pendant les semaines qui viennent de s'écouler, et les stocks de matériel, traitements spécifiques à la réanimation, et équipement de protection devront être reconstitués.

- Ensuite, le confinement devrait conduire à une réduction du nombre de cas Covid19 sur le territoire national. Idéalement, cette réduction devra être suffisamment importante pour que la détection des nouveaux cas de façon systématique redevienne possible. Ceci permettra de disposer de chiffres fiables sur la progression de l'épidémie en amont du risque de saturation du secteur hospitalier afin i) de détecter et contrer précocement les reprises de l'épidémie ; et ii) d'appliquer rapidement les mesures de contrôle auprès des cas et de leurs contacts.
- **Enfin, le gouvernement devra s'assurer que les éléments d'une stratégie post- confinement seront opérationnels, incluant notamment :**

o – le choix des mesures de distanciation sociale qui seront maintenues pendant la période de post-confinement ;

o – la disponibilité des protections matérielles comme les gels hydro-alcooliques et les masques à l'usage des personnels soignants, des personnes en situation d'exposition au virus en priorité, puis à l'ensemble de la population, comme en Asie.

– des capacités hospitalières et de médecine de ville restaurées dans les régions qui ont été les plus touchées ;

– un système de surveillance épidémiologique opérationnel pour les indicateurs les plus sensibles comme le nombre de nouveaux cas sur le territoire national et dans les lieux à risque d'épidémie ;

– des capacités de diagnostic rapide d'infection aiguë et de rendu des résultats aux patients avec transfert des données en temps réel aux systèmes de surveillance épidémiologique ;

– de nouveaux outils numériques permettant de renforcer l'efficacité du contrôle sanitaire de l'épidémie ;

– des modalités d'isolement des cas et de leurs contacts adaptées au contexte personnel ;

– la protection des personnes vulnérables et susceptibles de faire des formes graves de la maladie ;

– la protection des populations les plus à risque d'épidémie du fait de leur situation d'habitat (ex : migrants, prisons, personnes en institution) ;

– Une politique de contrôle aux frontières ;

– Se rajouteront éventuellement des traitements efficaces contre le virus, ou à plus long terme un vaccin, qui pourraient bien entendu modifier considérablement ces stratégies. La participation de l'immunité collective au contrôle de l'épidémie n'est pour l'instant pas prise en compte, dans la mesure où elle est très vraisemblablement inférieure à 15 %, y compris dans les zones les plus touchées par la première vague de l'épidémie.

Le Conseil scientifique souligne un point essentiel. La réflexion sur la sortie du confinement, les stratégies post-confinement sont nécessaires. La priorité demeure cependant la poursuite d'un confinement renforcé dans la durée.

Partie II – Points d'attention

La crise sanitaire actuelle et le contexte général du confinement sont susceptibles d'avoir des conséquences importantes. Un des enjeux est de répondre aux ruptures des relations que le confinement entraine qu'il s'agisse de ruptures vitales, avec les deuils, de rupture des relations les plus intimes, mais aussi des relations sociales, éducatives, économiques et même politiques. Il s'agit également de maintenir les cadres relationnels existants et d'accompagner la relance des relations. La liste des points listés ci-dessous n'est bien sûr pas exhaustive.

I. Les personnes à risque :
un confinement adapté et renforcé est nécessaire

Plusieurs études étrangères ont décrit les caractéristiques des patients atteints des formes les plus graves de COVID-19. L'âge apparait comme un facteur de risque de formes graves de COVID-19 avec des taux de létalité pouvant atteindre 15 % chez les plus de 80 ans alors qu'il serait inférieur à 0,2 % pour les plus jeunes.

La présence de comorbidités est un autre facteur de risque de formes sévères. Les principales comorbidités sont l'hypertension artérielle, un diabète, une maladie coronarienne. Le tabagisme a été trouvé comme pronostic péjoratif de même que l'obésité.

La France compte 67 millions d'habitants. 57,2 millions ont moins de 70 ans, et 9,9 millions plus de 70 dont 4,2 ont plus de 80 ans. On peut donc considérer que 10 millions de personnes sont plus à risque de formes graves sur le critère de l'âge.

Concernant les comorbidités, il est possible d'estimer le nombre de personnes porteuses de comorbidités le nombre d'affections de longue durée (ALD). En France, 10,8 millions de personnes sont porteuses d'une affection de longue durée dont 6,3 millions ont moins de 70 ans.

Ainsi, dans l'état actuel des connaissances, on peut donc considérer que près de 17 M de personnes sont à risque plus important de formes graves.

Le Conseil scientifique considère qu'il est impératif que les personnes à risque adoptent un confinement strict les protégeant d'un risque de contamination. Toutefois pour certaines d'entre elles, ces mesures de confinement doivent être adaptées à leur pathologie ou leur handicap.

Par ailleurs, le Conseil scientifique insiste sur la nécessité de disposer à court terme de données permettant d'identifier, dans le contexte français, les facteurs de risque de formes graves nécessitant une hospitalisation et une prise en charge dans un service de réanimation.

II. Médecine de proximité et soins de santé primaire pour les patients non-COVID

Dans son avis n° 4, le Conseil scientifique rappelait le rôle majeur que la médecine de proximité doit jouer tant pour le diagnostic et le suivi des patients Covid, mais aussi la prise en charge des soins non programmés et le suivi des patients chroniques. Organiser le système de première ligne pour assurer le suivi habituel des patients chroniques et des patients présentant un désordre de santé hors Covid dans des moments dédiés de consultation est essentiel. Les patients atteints de pathologies dites psychiatriques et de troubles psychiques sont en premier chef concernés. La téléconsultation doit être privilégiée dans tous les cas. Pour autant la limite de la téléconsultation doit être appréciée dès lors qu'un examen physique s'impose pour le diagnostic et la prise de décision thérapeutique. Il en est de même dans les suivis de polypathologies complexes et de problèmes psychosociaux. Sont encore plus concernés les personnes qui échappent au système de santé, pour des raisons sociales, éducatives et comportementales (précarité, migrants, promiscuité, addictions). L'utilisation du télésoin pratiqué sur prescription du médecin traitant est une alternative. Actuellement, 2 modalités ont fait l'objet de la publication d'un arrêté de prise en charge : i) le télésoin infirmier pour patient COVID-19 + ; ii) le télésoin orthophonique permettant la réalisation de certains actes conjointement identifiés par la CNAM et le Syndicat Nationaldes Orthophonistes.

La disposition de tels soins devrait être élargie à l'ensemble des acteurs paramédicaux de soins de proximité. L'objectif est de limiter l'aggravation de la morbi-mortalité des pathologies chroniques et d'éviter toute rupture de soins et de simplifier l'accès aux soins paramédicaux.

III. Les personnes incarcérées

En période d'épidémie et de confinement, les 186 prisons françaises sont des lieux à risques du fait de la propagation du virus, des conditions de détention, de la promiscuité et de la suspension des contacts avec l'extérieur. La situation des prisons est en outre hétérogène, en fonction du type d'établissement, des zones plus ou moins exposées, de l'âge des 71 000 détenus et de leur état de santé (maladies chroniques, psychiatriques, polypathologies...).

La lutte contre l'épidémie en milieu carcéral s'inscrit dans un contexte de surpopulation, importante dans des régions parmi les plus touchées, notamment en Île-de-France. La surpopulation est un facteur d'aggravation des risques dans la lutte contre l'épidémie. Elle est limitée par des libérations ou des peines alternatives. La libération de 5000 détenus annoncée correspond à une réduction de la surpopulation d'environ la moitié des détenus excédentaires, particulièrement nombreux dans certaines maisons d'arrêts.

L'organisation face à l'épidémie concerne les détenus, le personnel pénitentiaire et les équipes médicales, qui relèvent de tutelles administratives distinctes (Justice et Santé). Ces dernières doivent veiller à la pleine application des mesures possibles permettant de protéger les personnes. Elles doivent exclure tout traitement dégradant des détenus, qui doivent être informés des dispositions prises, le cas échéant dans des langues étrangères. Pour ce faire, les acteurs de la prison sont confrontés à plusieurs enjeux.

Le premier est relatif à la limitation de l'intrusion du virus, à travers l'usage renforcé des gestes barrières et de l'usage de masques. Leur usage est particulièrement important pour les soignants et le personnel afin d'éviter des contaminations parmi les détenus. Le personnel doit bénéficier d'une formation sur les dispositions à mettre en œuvre. Confinés, les détenus sont d'abord exposés à un moindre risque, du fait de leur isolement, mais ce dernier peut ensuite s'aggraver : le semi-confinement, après avoir été dans un premier temps protecteur, peut ensuite exposer les détenus à l'intrusion virale. Les détenus doivent disposer de conditions d'hygiène appropriées. La mise en place d'un zonage dans les établissements et dans la circulation des personnels permet de limiter la circulation du virus.

Le deuxième vise à isoler les détenus présentant des signes cliniques, les détenus diagnostiqués et les détenus ayant été en contact avec eux, quand l'utilisation massive des tests sérologiques sera possible. Les tests diagnostiques devront être déployés sans délai dans les lieux de détention, afin de favoriser l'isolement prophylactique des détenus. Le Conseil scientifique considère que c'est une priorité. L'isolement individuel et la détention dans des zones dédiées visent à protéger détenus, et doivent être compris comme tels par les détenus, plutôt que comme un redoublement de peine.

Le troisième porte sur l'organisation d'une filière de soins incluant des moyens de réanimation, dont la capacité pénitentiaire ordinaire est très insuffisante au regard de l'épidémie. Des places dédiées dans des établissements identifiés peuvent faciliter la prise en charge des détenus qui le nécessitent. Si des thérapeutiques sont efficaces, elles doivent bénéficier aux détenus afin de limiter les difficultés de prises en charge. Les conditions de transports sanitaires des détenus doivent être organisés, y compris pour des trajets longs ou le transport de plusieurs personnes malades. En réanimation, les gardes statiques ne sont pas toujours utiles et peuvent être dangereuses pour les forces de l'ordre et gênantes pour les services hospitaliers. Cette organisation inclut des aspects médicaux et de sécurité, qui incombe aux administrations concernées dans esprit de concertation.

Dans une perspective sanitaire, délicate à aborder du seul point de vue judiciaire, la suspension des visites « prive » les détenus d'approvisionnements en substances illicites acheminées de l'extérieur. Certains détenus sont sevrés, avec des effets personnels et collectifs pouvant se révéler problématiques, voire violents dans la durée. Ces questions doivent être considérées dans le contexte sanitaire de l'épidémie et appeler une appréciation proportionnée aux contextes locaux par les équipes soignantes.

IV. Les personnes en situation de précarité

Cette crise sanitaire va particulièrement impacter les personnes en situation précaire. La fermeture des services administratifs, les démarches qui ne sont plus réalisables qu'en ligne font craindre nombre de ruptures de droits chez des personnes qui ont un accès très limité aux outils numériques ou qui les maitrisent mal. Le suivi de leurs pathologies doit pouvoir se poursuivre avec leur médecin traitant. L'accès aux bureaux de poste est essentiel pour les bénéficiaires du RSA en ce début de mois, mais également pour retirer de l'argent liquide lorsque l'on ne dispose pas de carte bancaire (ce qui est le cas de nombreuses personnes en précarité). Les personnes précaires sont obligées de se déplacer pour se nourrir, pour aller travailler parfois ; elles risquent des amendes en permanence (les distributions de repas sont souvent bien plus éloignées qu'avant), pourquoi ne pas imaginer durant cette période de confinement la gratuité des transports en commun ?

Pour ceux vivant en situation de grande précarité, les conditions de vie sont extrêmement diversifiées (vivant en hôtels sociaux, squats, CADA, logement sur-occupé, etc.) et cette hétérogénéité doit être prise en compte dans l'assistance qui doit leur être prodiguée en temps d'épidémie. Il n'empêche qu'elles sont toutes fragiles tant face à l'épidémie elle-même qu'aux mesures prises par les autorités, en particulier le confinement.

Le Conseil scientifique tient souligner trois points essentiels, valables sur la période de confinement :

- Le rassemblement dans des espaces collectifs (de type gymnases, etc.) de personnes vivant en situation de grande précarité et non infectées par le COVID19 ne se justifie en rien ; il présente au contraire un risque épidémique majeur tant pour les personnes rassemblées que pour l'ensemble de la population. Il est donc à proscrire.
- Les personnes en situation de grande précarité et non contaminées doivent pouvoir, comme l'ensemble de la population, vivre le confinement dans des habitats individuels ou familiaux, et donc non collectifs. Il est par conséquent conseillé que toutes les solutions d'hébergements publics et privés soient mobilisées pour cela (immeubles collectifs vacants, centres de tourisme, résidences hôtelières et universitaires, hôtels et appartements de locations saisonnières mis à disposition par les propriétaires sollicités ou réquisitionnés, etc.).

La promotion du « logement d'abord » doit être le principe directeur : un logement ou un accès à des centres d'hébergement permettant des chambres individuelles pour tous limite le risque épidémique, tant pour les personnes vivant dans la grande précarité que pour la population générale.

Pour les personnes en grande précarité infectées sans signes de gravité et sans logement individuel permettant le confinement, le Conseil scientifique recommande la mise en place de centres de confinement spécifiques (« centres de desserrement ») sur le principe des initiatives déjà prises dans certains territoires.

Enfin, les personnes de nationalité étrangère dans l'attente d'un document de séjour ou de son renouvellement, pour certaines en situation de grande précarité, doivent pouvoir bénéficier d'un report des procédures qui y sont liées pendant la durée de l'état d'urgence sanitaire afin de pouvoir vivre le confinement dans les meilleures conditions possibles, comme cela a été prévu par l'ordonnance n° 2020-328 du 25 mars 2020 portant prolongation de la durée de validité des documents de séjour.

V. Besoin d'une méta plateforme téléphonique unique d'information et d'écoute

Les lignes téléphoniques existantes ont une visibilité réduite par rapport aux défis que posent le COVID19, que cela soit en population générale ou chez les soignants. En population générale, il est par exemple très difficile pour des personnes isolées et qui n'utilisent pas internet (personnes âgées, migrants, sans domiciles fixes soit environ 17 % de la population générale), ou celles ayant des besoins spécifiques de trouver l'information et d'être orientées vers l'assistance téléphonique existante la plus appropriée. La même situation est notable pour le personnel soignant non hospitalier, pourtant en première ligne. Le Conseil scientifique souligne le besoin urgent d'une méta-plateforme téléphonique unique 24 h/24, avec un numéro vert, qui rassemble et renvoie à l'ensemble des lignes dédiées existantes, et qui le fasse après triage par une équipe large, professionnelle et opérationnelle dans l'immédiat.

VI. Violences « conjugales » et sur enfants : l'urgence d'accompagner les mesures de prévention et de réponse

La crise sanitaire actuelle et ses conséquences, dont les mesures de confinement, les pressions économiques et financières, l'isolement des ménages dans des espaces réduits, la fermeture des écoles, etc., a pour conséquence une forte augmentation du risque de violences sexuelles et sexistes et de violences sur enfants. La plateforme de signalement des violences sexuelles et sexistes mise en place par le Ministère de l'Intérieur pour signaler des violences et bénéficier d'assistance reste disponible sur arretonslesviolences.gouv.fr, et la ligne 3919 est opérationnel. Un dispositif d'alerte en pharmacie a de plus été élaboré. En ce qui concerne les violences sur enfants, en complément de la ligne 119 – Allo Enfance en Danger, les normes encadrant l'accueil des mineurs dans les foyers de l'Aide Sociale à l'Enfance vont être « assouplies » pour permettre l'accueil d'enfants qui ne vont plus à l'école et/ou qui ne peuvent rester chez eux auprès de parents violents ou négligents. Il est également prévu, entre autres mesures, d'autoriser certaines structures, qui habituellement ne proposent qu'un accueil de jour, à héberger les enfants la nuit.

Le Conseil scientifique attire l'attention sur le risque accru de violences conjugales et de violences sur enfants et appelle à la vigilance quant à la mise en œuvre rapide et opérationnelle des mesures prévues.

VII. Soutien aux endeuillés du Covid19

L'épidémie de Covid19 va être à l'origine d'un grand nombre de décès dans la population française. Or les endeuillés du Covid19 vivent une expérience très singulière à laquelle personne n'est prêt et dont les soignants ne sont pas toujours correctement informés. La situation présente plusieurs caractéristiques susceptibles de majorer la détresse et d'augmenter la prévalence des complications du deuil :

i) L'aggravation de l'état de leur proche a été brutale et non anticipée ;
ii) Ils n'ont pas pu voir le défunt durant ses derniers jours (culpabilité intense) ;
iii) Ils ne peuvent parfois pas voir le corps (mis dans une housse puis cercueil scellé dans les heures qui suivent le décès) et la séparation symbolique n'a pas eu lieu ;

iv) Les rites religieux pratiqués sur le corps du mort sont interdits, donnant l'impression aux endeuillés de commettre une grave transgression (le rite est là pour limiter le désordre insupportable de la mort) ;

v) L'enterrement étant limité à peu de personnes, il n'est pas possible de se réunir, ce qui prive les endeuillés d'un facteur de soutien, le soutien social étant un facteur de protection face aux complications du deuil. Il y a donc un risque élevé de complications du deuil dans un groupe populationnel important. Des complications du deuil peuvent apparaître soit précocement, soit de manière différée, avec des troubles psychiatriques, des complications somatiques, etc. Certains de ces endeuillés sont de plus des enfants, sur lesquels la mort va avoir un effet beaucoup profond et durable susceptible d'impacter leur développement jusqu'à leur vie d'adulte (risques de suicides, comportements addictifs, maladies, etc.). En dehors de ces situations, qui nécessitent des suivis spécialisés, un endeuillé a surtout besoin d'écoute et de soutien social, car ils font face à une mort non anticipée, dramatique, vécue à distance, ne peuvent voir le corps ni le toiletter, ne peuvent pas se séparer.

Le Conseil scientifique attire l'attention sur l'importance et l'urgence à inventer collectivement, avec l'ensemble des acteurs de la société française (soignants, communautés religieuses, grands courants de pensées, autorités spirituelles et culturelles, associations, etc.) des réponses à ces situations afin de renforcer la résilience individuelle et collective face à l'épidémie. Le Conseil scientifique appelle de plus au soutien aux initiatives d'accompagnement des endeuillés du Covid19 en cours de montage dans des structures existantes de CHU, qui nécessitent peu de moyens supplémentaires et pourraient être rapidement déployées sur le territoire national.

VIII. Pratique de recherche sur COVID-19 : un rappel aux réglementations

La France encadre la recherche scientifique et médicale sur l'être humain de manière rigoureuse afin de respecter le droit des personnes et de garantir un haut niveau de qualité scientifique dans le respect plus général de valeurs essentielles. Cet encadrement fait l'objet de dispositions légales et réglementaires s'appliquant aux acteurs de la recherche, y compris en temps de crise et d'épidémie. La recherche est encadrée par des dispositions légales et réglementaires protégeant la vie privée des personnes participant à cette recherche[3]. Le respect de ces dispositions juridiques est garanti par un ensemble d'institutions spécialisées. En cas d'urgence, comme l'état d'urgence sanitaire actuel, la CNIL et les Comités de protection des personnes (CPP) peuvent être mobilisés et donner un accord rapidement.

La recherche clinique impliquant des patients, leurs données ou les échantillons biologiques de ces patients, est encadrée par un environnement réglementaire qui est applicable même en situation d'urgence et de situations sanitaires extrêmes grâce à des procédures accélérées, y compris pour les études de cohortes observationnelles et les essais thérapeutiques. Les données doivent pouvoir être accessibles en « open access » par la communauté scientifique comme cela a été demandé par les ministères en charge de la santé et de la recherche.

Dans les conditions actuelles de grande pression et dans l'urgence, le Conseil Scientifique tient à saluer le travail des Comités de protection des personnes (CPP) et de l'Agence Nationale de Sécurité du Médicament (ANSM) ainsi que par REACTIng.

Le Conseil scientifique rappelle que dans le contexte épidémique les chercheurs et toutes les parties prenantes de la recherche sont tenus de respecter les réglementations françaises et internationales encadrant la recherche publique et privée, en particulier dans le domaine des essais cliniques. Il sera attendu, après la crise, que ces pratiques soient évaluées et elles seront jugées à l'aulne des réglementations préexistantes à la pandémie. Il n'existe aucune dérogation aux réglementations en vigueur.

JORF n° 0072 du 24 mars 2020

LOI n° 2020-290 du 23 mars 2020 d'urgence pour faire face à l'épidémie de covid-19

NOR : PRMX2007883L
ELI : https://www.legifrance.gouv.fr/eli/loi/2020/3/23/PRMX2007883L/jo/texte
Alias : https://www.legifrance.gouv.fr/eli/loi/2020/3/23/2020-290/jo/texte

L'Assemblée nationale et le Sénat ont adopté,
Le Président de la République promulgue la loi dont la teneur suit :

• Titre PREMIER : L'ÉTAT D'URGENCE SANITAIRE

Article 1

Au premier alinéa du I de l'article L. 1451-1 du code de la santé publique, après la référence : « L. 1462-1 », est insérée la référence : «, L. 3131-19 ».

Article 2

Le titre III du livre Ier de la troisième partie du code de la santé publique est ainsi modifié :

1° L'intitulé est ainsi rédigé : « Menaces et crises sanitaires graves » ;

2° Le chapitre Ier est ainsi modifié :

a) L'intitulé est ainsi rédigé : « Menaces sanitaires » ;

b) Le premier alinéa de l'article L. 3131-1 est complété par une phrase ainsi rédigée : « Le ministre peut également prendre de telles mesures après la fin de l'état d'urgence sanitaire prévu au chapitre Ier bis du présent titre, afin d'assurer la disparition durable de la situation de crise sanitaire. » ;

c) L'article L. 3131-8 est complété par une phrase ainsi rédigée : « L'indemnisation des réquisitions est régie par le code de la défense. » ;

d) À l'article L. 3131-10, après la première occurrence du mot : « santé », sont insérés les mots : «, y compris bénévoles, » ;

3° Après le même chapitre Ier, il est inséré un chapitre Ier bis ainsi rédigé :

« Chapitre Ier bis
« État d'urgence sanitaire

« Art. L. 3131-12. – L'état d'urgence sanitaire peut être déclaré sur tout ou partie du territoire métropolitain ainsi que du territoire des collectivités régies par les articles 73 et 74 de la Constitution et de la Nouvelle-Calédonie en cas de catastrophe sanitaire mettant en péril, par sa nature et sa gravité, la santé de la population.

« Art. L. 3131-13.-L'état d'urgence sanitaire est déclaré par décret en conseil des ministres pris sur le rapport du ministre chargé de la santé. Ce décret motivé détermine la ou les circonscriptions territoriales à l'intérieur desquelles il entre en vigueur et reçoit application. Les données scientifiques disponibles sur la situation sanitaire qui ont motivé la décision sont rendues publiques.

« L'Assemblée nationale et le Sénat sont informés sans délai des mesures prises par le Gouvernement au titre de l'état d'urgence sanitaire. L'Assemblée nationale et le Sénat peuvent requérir toute information complémentaire dans le cadre du contrôle et de l'évaluation de ces mesures.

« La prorogation de l'état d'urgence sanitaire au-delà d'un mois ne peut être autorisée que par la loi, après avis du comité de scientifiques prévu à l'article L. 3131-19.

« Art. L. 3131-14.-La loi autorisant la prorogation au-delà d'un mois de l'état d'urgence sanitaire fixe sa durée. « Il peut être mis fin à l'état d'urgence sanitaire par décret en conseil des ministres avant l'expiration du délai fixé par la loi le prorogeant. « Les mesures prises en application du présent chapitre cessent d'avoir effet en même temps que prend fin l'état d'urgence sanitaire.

« Art. L. 3131-15.-Dans les circonscriptions territoriales où l'état d'urgence sanitaire est déclaré, le Premier ministre peut, par décret réglementaire pris sur le rapport du ministre chargé de la santé, aux seules fins de garantir la santé publique :

« 1° Restreindre ou interdire la circulation des personnes et des véhicules dans les lieux et aux heures fixés par décret ;

« 2° Interdire aux personnes de sortir de leur domicile, sous réserve des déplacements strictement indispensables aux besoins familiaux ou de santé ;

« 3° Ordonner des mesures ayant pour objet la mise en quarantaine, au sens de l'article 1er du règlement sanitaire international de 2005, des personnes susceptibles d'être affectées ;

« 4° Ordonner des mesures de placement et de maintien en isolement, au sens du même article 1er, à leur domicile ou tout autre lieu d'hébergement adapté, des personnes affectées ;

« 5° Ordonner la fermeture provisoire d'une ou plusieurs catégories d'établissements recevant du public ainsi que des lieux de réunion, à l'exception des établissements fournissant des biens ou des services de première nécessité ;

« 6° Limiter ou interdire les rassemblements sur la voie publique ainsi que les réunions de toute nature ;

« 7° Ordonner la réquisition de tous biens et services nécessaires à la lutte contre la catastrophe sanitaire ainsi que de toute personne nécessaire au fonctionnement de ces services ou à l'usage de ces biens. L'indemnisation de ces réquisitions est régie par le code de la défense ;

« 8° Prendre des mesures temporaires de contrôle des prix de certains produits rendues nécessaires pour prévenir ou corriger les tensions constatées sur le marché de certains produits ; le Conseil national de la consommation est informé des mesures prises en ce sens ;

« 9° En tant que de besoin, prendre toute mesure permettant la mise à la disposition des patients de médicaments appropriés pour l'éradication de la catastrophe sanitaire ;

« 10° En tant que de besoin, prendre par décret toute autre mesure réglementaire limitant la liberté d'entreprendre, dans la seule finalité de mettre fin à la catastrophe sanitaire mentionnée à l'article L. 3131-12 du présent code. «

Les mesures prescrites en application des 1° à 10° du présent article sont strictement proportionnées aux risques sanitaires encourus et appropriées aux circonstances de temps et de lieu. Il y est mis fin sans délai lorsqu'elles ne sont plus nécessaires.

« Art. L. 3131-16.-Dans les circonscriptions territoriales où l'état d'urgence sanitaire est déclaré, le ministre chargé de la santé peut prescrire, par arrêté motivé, toute mesure réglementaire relative à l'organisation et au fonctionnement du dispositif de santé, à l'exception des mesures prévues à l'article L. 3131-15, visant à mettre fin à la catastrophe sanitaire mentionnée à l'article L. 3131-12.

« Dans les mêmes conditions, le ministre chargé de la santé peut prescrire toute mesure individuelle nécessaire à l'application des mesures prescrites par le Premier ministre en application des 1° à 9° de l'article L. 3131-15. « Les mesures prescrites en application du présent article sont strictement nécessaires et proportionnées aux risques sanitaires encourus et appropriées aux circonstances de temps et de lieu. Il y est mis fin sans délai lorsqu'elles ne sont plus nécessaires.

« Art. L. 3131-17.-Lorsque le Premier ministre ou le ministre chargé de la santé prennent des mesures mentionnées aux articles L. 3131-15 et L. 3131-16, ils peuvent habiliter le représentant de l'État territorialement compétent à prendre toutes les mesures générales ou individuelles d'application de ces dispositions.
« Lorsque les mesures prévues aux 1° à 9° de l'article L. 3131-15 et à l'article L. 3131-16 doivent s'appliquer dans un champ géographique qui n'excède pas le territoire d'un département, les autorités mentionnées aux mêmes articles L. 3131-15 et L. 3131-16 peuvent habiliter le représentant de l'État dans le département à les décider lui-même. Les décisions sont prises par ce dernier après avis du directeur général de l'agence régionale de santé.
« Les mesures générales et individuelles édictées par le représentant de l'État dans le département en application du présent article sont strictement nécessaires et proportionnées aux risques sanitaires encourus et appropriées aux circonstances de temps et de lieu. Les mesures individuelles font l'objet d'une information sans délai du procureur de la République territorialement compétent.

« Art. L. 3131-18.-Les mesures prises en application du présent chapitre peuvent faire l'objet, devant le juge administratif, des recours présentés, instruits et jugés selon les procédures prévues aux articles L. 521-1 et L. 521-2 du code de justice administrative.

« Art. L. 3131-19.-En cas de déclaration de l'état d'urgence sanitaire, il est réuni sans délai un comité de scientifiques. Son président est nommé par décret du Président de la République. Ce comité comprend deux personnalités qualifiées respectivement nommées par le Président de l'Assemblée nationale et le Président du Sénat ainsi que des personnalités qualifiées nommées par décret. Le comité rend périodiquement des avis sur l'état de la catastrophe sanitaire, les connaissances scientifiques qui s'y rapportent et les mesures propres à y mettre un terme, y compris celles relevant des articles L. 3131-15 à L. 3131-17, ainsi que sur la durée de leur application. Ces avis sont rendus publics sans délai. Le comité est dissous lorsque prend fin l'état d'urgence sanitaire.

« Art. L. 3131-20.-Les dispositions des articles L. 3131-3 et L. 3131-4 sont applicables aux dommages résultant des mesures prises en application des articles L. 3131-15 à L. 3131-17.
« Les dispositions des articles L. 3131-9-1, L. 3131-10 et L. 3131-10-1 sont applicables en cas de déclaration de l'état d'urgence sanitaire. » ;

4° L'article L. 3136-1 est complété par cinq alinéas ainsi rédigés :

« Le fait de ne pas respecter les réquisitions prévues aux articles L. 3131-15 à L. 3131-17 est puni de six mois d'emprisonnement et de 10 000 € d'amende. « La violation des autres interdictions ou obligations édictées en application des articles L. 3131-1 et L. 3131-15 à L. 3131-17 est punie de l'amende prévue pour les contraventions de la quatrième classe. Cette contravention peut faire l'objet de la procédure de l'amende forfaitaire prévue à l'article 529 du code de procédure pénale. Si cette violation est constatée à nouveau dans un délai de quinze jours, l'amende est celle prévue pour les contraventions de la cinquième classe.
« Si les violations prévues au troisième alinéa du présent article sont verbalisées à plus de trois reprises dans un délai de trente jours, les faits sont punis de six mois d'emprisonnement et de 3 750 € d'amende ainsi que de la peine complémentaire de travail d'intérêt général, selon les modalités prévues à l'article 131-8 du code pénal et selon les conditions prévues aux articles 131-22 à 131-24 du même code, et de la peine complémentaire de suspension, pour une durée de trois ans au plus, du permis de conduire lorsque l'infraction a été commise à l'aide d'un véhicule. « Les agents mentionnés aux articles L. 511-1, L. 521-1, L. 531-1 et L. 532-1 du code de la sécurité intérieure peuvent constater par procès-verbaux les contraventions prévues au troisième alinéa du présent article lorsqu'elles sont commises respectivement sur le territoire communal, sur le territoire pour lequel ils sont assermentés ou sur le territoire de la Ville de Paris et qu'elles ne nécessitent pas de leur part d'actes d'enquête.
« L'application de sanctions pénales ne fait pas obstacle à l'exécution d'office, par l'autorité administrative, des mesures prescrites en application des articles L. 3131-1 et L. 3131-15 à L. 3131-17 du présent code. »

Article 3

Dans les conditions prévues à l'article 38 de la Constitution, le Gouvernement est habilité à prendre par voie d'ordonnance, dans un délai de deux mois à compter de la publication de la présente loi, les mesures d'adaptation destinées à adapter le dispositif de l'état d'urgence sanitaire dans les collectivités régies par l'article 74 de la Constitution et en Nouvelle-Calédonie, dans le respect des compétences de ces collectivités.

Un projet de loi de ratification est déposé devant le Parlement dans un délai de trois mois à compter de la publication de l'ordonnance.

Article 4

Par dérogation aux dispositions de l'article L. 3131-13 du code de la santé publique, l'état d'urgence sanitaire est déclaré pour une durée de deux mois à compter de l'entrée en vigueur de la présente loi.

L'état d'urgence sanitaire entre en vigueur sur l'ensemble du territoire national. Toutefois, un décret en conseil des ministres pris sur le rapport du ministre chargé de la santé peut en limiter l'application à certaines des circonscriptions territoriales qu'il précise.

La prorogation de l'état d'urgence sanitaire au-delà de la durée prévue au premier alinéa du présent article ne peut être autorisée que par la loi.

Il peut être mis fin à l'état d'urgence sanitaire par décret en conseil des ministres avant l'expiration du délai fixé au même premier alinéa.

Article 5

Après le mot : « loi », la fin de l'article L. 3821-11 du code de la santé publique est ainsi rédigée : « n° 2020-290 du 23 mars 2020 d'urgence pour faire face à l'épidémie de covid-19. »

Article 6

Au premier alinéa de l'article L. 6141-7-3 du code de la santé publique, après le mot : « recherche », sont insérés les mots : « ou de soins ».

Article 7

Le chapitre Ier bis du titre III du livre Ier de la troisième partie du code de la santé publique est applicable jusqu'au 1er avril 2021.

Article 8

Les prestations en espèces d'assurance maladie d'un régime obligatoire de sécurité sociale et le maintien du traitement ou de la rémunération des périodes de congé pour raison de santé pour les assurés mentionnés à l'article L. 711-1 et au 1° de l'article L. 713-1 du code de la sécurité sociale dans des cas équivalents à ceux prévus à l'article L. 321-1 du même code sont versées ou garanties dès le premier jour d'arrêt ou de congé pour tous les arrêts de travail ou congés débutant à compter de la date de publication de la présente loi et jusqu'à la fin de l'état d'urgence sanitaire déclaré en application de l'article 4 de la présente loi.

- Titre II : MESURES D'URGENCE ÉCONOMIQUE ET D'ADAPTATION À LA LUTTE CONTRE L'ÉPIDÉMIE DE COVID-19

Article 9

I. – Par dérogation aux troisième et quatrième alinéas de l'article L. 1612-1 du code général des collectivités territoriales, jusqu'à l'adoption du budget d'une collectivité territoriale ou d'un établissement public mentionné à l'article L. 1612-20 du même code pour l'exercice 2020 ou jusqu'au 31 juillet 2020, l'exécutif peut engager, liquider et mandater les dépenses d'investissement, dans la limite des sept douzièmes des crédits ouverts au budget de l'exercice précédent, non compris les crédits afférents au remboursement de la dette.

II. – Pour l'application à l'exercice 2020 de l'article L. 1612-2 du code général des collectivités territoriales, la date à compter de laquelle le représentant de l'État dans le département saisit la chambre régionale des comptes à défaut d'adoption du budget est fixée au 31 juillet 2020.

III. – Par dérogation à l'article L. 1612-12 du code général des collectivités territoriales, le vote de l'organe délibérant arrêtant les comptes de la collectivité territoriale ou de l'établissement public au titre de l'exercice 2019 doit intervenir au plus tard le 31 juillet 2020.

Article 10

Pendant la durée de l'état d'urgence sanitaire prévu à l'article L. 3131-12 du code de la santé publique et dans les zones

géographiques où il reçoit application, par dérogation aux articles L. 2121-17, L. 2121-20, L. 3121-14, L. 3121-16, L. 4132-13, L. 4132-15, L. 4422-7, L. 7122-14, L. 7122-16, L. 7123-11, L. 7222-15 et L. 7222-17 du code général des collectivités territoriales, les organes délibérants des collectivités territoriales et des établissements publics qui en relèvent ne délibèrent valablement que lorsque le tiers de leurs membres en exercice est présent. Si, après une première convocation régulièrement faite, ce quorum n'est pas atteint, l'organe délibérant est à nouveau convoqué à trois jours au moins d'intervalle. Il délibère alors sans condition de quorum. Dans tous les cas, un membre de ces organes peut être porteur de deux pouvoirs.
Un dispositif de vote électronique ou de vote par correspondance papier préservant la sécurité du vote peut être mis en œuvre dans des conditions fixées par décret pendant la durée de l'état d'urgence sanitaire. Il ne peut y être recouru dans le cadre des scrutins dont la loi commande le caractère secret.

Article 11

I. – Dans les conditions prévues à l'article 38 de la Constitution, le Gouvernement est autorisé à prendre par ordonnances, dans un délai de trois mois à compter de la publication de la présente loi, toute mesure, pouvant entrer en vigueur, si nécessaire, à compter du 12 mars 2020, relevant du domaine de la loi et, le cas échéant, à les étendre et à les adapter aux collectivités mentionnées à l'article 72-3 de la Constitution :
1° Afin de faire face aux conséquences économiques, financières et sociales de la propagation de l'épidémie de covid-19 et aux conséquences des mesures prises pour limiter cette propagation, et notamment afin de prévenir et limiter la cessation d'activité des personnes physiques et morales exerçant une activité économique et des associations ainsi que ses incidences sur l'emploi, en prenant toute mesure :

a) D'aide directe ou indirecte à ces personnes dont la viabilité est mise en cause, notamment par la mise en place de mesures de soutien à la trésorerie de ces personnes ainsi que d'un fonds dont le financement sera partagé avec les régions, les collectivités relevant de l'article 74 de la Constitution, la Nouvelle-Calédonie et toute autre collectivité territoriale ou établissement public volontaire ;

b) En matière de droit du travail, de droit de la sécurité sociale et de droit de la fonction publique ayant pour objet :

– de limiter les ruptures des contrats de travail et d'atténuer les effets de la baisse d'activité, en facilitant et en renforçant le recours à l'activité partielle pour toutes les entreprises quelle que soit leur taille, notamment en adaptant de manière temporaire le régime social applicable aux indemnités versées dans ce cadre, en l'étendant à de nouvelles catégories de bénéficiaires, en réduisant, pour les salariés, le reste à charge pour l'employeur et, pour les indépendants, la perte de revenus, en adaptant ses modalités de mise en œuvre, en favorisant une meilleure articulation avec la formation professionnelle et une meilleure prise en compte des salariés à temps partiel ;

– d'adapter les conditions et modalités d'attribution de l'indemnité complémentaire prévue à l'article L. 1226-1 du Code du travail ;

– de permettre à un accord d'entreprise ou de branche d'autoriser l'employeur à imposer ou à modifier les dates de prise d'une partie des congés payés dans la limite de six jours ouvrables, en dérogeant aux délais de prévenance et aux modalités de prise de ces congés définis par les dispositions du livre Ier de la troisième partie du Code du travail et par les conventions et accords collectifs applicables dans l'entreprise ;

– de permettre à tout employeur d'imposer ou de modifier unilatéralement les dates des jours de réduction du temps de travail, des jours de repos prévus par les conventions de forfait et des jours de repos affectés sur le compte épargne temps du salarié, en dérogeant aux délais de prévenance et aux modalités d'utilisation définies au livre Ier de la troisième partie du Code du travail, par les conventions et accords collectifs ainsi que par le statut général de la fonction publique ;

– de permettre aux entreprises de secteurs particulièrement nécessaires à la sécurité de la Nation ou à la continuité de la vie économique et sociale de déroger aux règles d'ordre public et aux stipulations conventionnelles relatives à la durée du travail, au repos hebdomadaire et au repos dominical ;

– de modifier, à titre exceptionnel, les dates limites et les modalités de versement des sommes versées au titre de l'intéressement en application de l'article L. 3314-9 du Code du travail et au titre de la participation en application de l'article L. 3324-12 du même code ;

– de modifier la date limite et les conditions de versement de la prime exceptionnelle de pouvoir d'achat mentionnée à l'article 7 de la loi n° 2019-1446 du 24 décembre 2019 de financement de la sécurité sociale pour 2020 ;

– d'adapter l'organisation de l'élection mentionnée à l'article L. 2122-10-1 du Code du travail, en modifiant si nécessaire la définition du corps électoral, et, en conséquence, de proroger, à titre exceptionnel, la durée des mandats des conseillers prud'hommes et des membres des commissions paritaires régionales interprofessionnelles ;

– d'aménager les modalités de l'exercice par les services de santé au travail de leurs missions définies au titre II du livre VI de la quatrième partie du Code du travail, notamment du suivi de l'état de santé des travailleurs, et de définir les règles selon lesquelles le suivi de l'état de santé est assuré pour les travailleurs qui n'ont pu, en raison de l'épidémie, bénéficier du suivi prévu par le même code ;

– de modifier les modalités d'information et de consultation des instances représentatives du personnel, notamment du comité social et économique, pour leur permettre d'émettre les avis requis dans les délais impartis, et de suspendre les processus électoraux des comités sociaux et économiques en cours ;

– d'aménager les dispositions de la sixième partie du code du travail, notamment afin de permettre aux employeurs, aux organismes de formation et aux opérateurs de satisfaire aux obligations légales en matière de qualité et d'enregistrement des certifications et habilitations ainsi que d'adapter les conditions de rémunérations et de versement des cotisations sociales des stagiaires de la formation professionnelle ;

– d'adapter, à titre exceptionnel, les modalités de détermination des durées d'attribution des revenus de remplacement mentionnés à l'article L. 5421-2 du Code du travail ;

c) Modifiant, dans le respect des droits réciproques, les obligations des personnes morales de droit privé exerçant une activité économique à l'égard de leurs clients et fournisseurs ainsi que des coopératives à l'égard de leurs associés-coopérateurs, notamment en termes de délais de paiement et pénalités et de nature des contreparties, en particulier en ce qui concerne les contrats de vente de voyages et de séjours mentionnés aux II et III de l'article L. 211-14 du code du tourisme prenant effet à compter du 1er mars 2020 et les prestations relevant des séjours de mineurs à caractère éducatif organisés dans le cadre de l'article L. 227-4 du code de l'action sociale et des familles ;

d) Adaptant les dispositions du livre VI du code de commerce et celles du chapitre Ier du titre V du livre III du code rural et de la pêche maritime afin de prendre en compte les conséquences de la crise sanitaire pour les entreprises et les exploitations ;

e) Adaptant les dispositions de l'article L. 115-3 du code de l'action sociale et des familles, notamment pour prolonger, pour l'année 2020, le délai fixé au troisième alinéa du même article L. 115-3, et reportant la date de fin du sursis à toute mesure d'expulsion locative prévue à l'article L. 412-6 du code des procédures civiles d'exécution pour cette même année ;

f) Adaptant les règles de passation, de délais de paiement, d'exécution et de résiliation, notamment celles relatives aux pénalités contractuelles, prévues par le code de la commande publique ainsi que les stipulations des contrats publics ayant un tel objet ;

g) Permettant de reporter intégralement ou d'étaler le paiement des loyers, des factures d'eau, de gaz et d'électricité afférents aux locaux professionnels et commerciaux et de renoncer aux pénalités financières et aux suspensions, interruptions ou réductions de fournitures susceptibles d'être appliquées en cas de non-paiement de ces factures, au bénéfice des microentreprises, au sens du décret n° 2008-1354 du 18 décembre 2008 relatif aux critères permettant de déterminer la catégorie d'appartenance d'une entreprise pour les besoins de l'analyse statistique et économique, dont l'activité est affectée par la propagation de l'épidémie ;

h) Dérogeant aux dispositions de l'article 60 de la loi de finances pour 1963 (n° 63-156 du 23 février 1963) relatives à la responsabilité personnelle et pécuniaire des comptables publics ;

i) Permettant à l'Agence centrale des organismes de sécurité sociale de consentir des prêts et avances aux organismes gérant un régime complémentaire obligatoire de sécurité sociale ;

2° Afin de faire face aux conséquences, notamment de nature administrative ou juridictionnelle, de la propagation de l'épidémie de covid-19 et des mesures prises pour limiter cette propagation, toute mesure :

a) Adaptant les délais et procédures applicables au dépôt et au traitement des déclarations et demandes présentées aux autorités administratives, les délais et les modalités de consultation du public ou de toute instance ou autorité, préalables à la prise d'une décision par une autorité administrative et, le cas échéant, les délais dans lesquels cette décision peut ou doit être prise ou peut naitre ainsi que les délais de réalisation par toute personne de contrôles, travaux et prescriptions de toute nature imposées par les lois et règlements, à moins que ceux-ci ne résultent d'une décision de justice ;

b) Adaptant, interrompant, suspendant ou reportant le terme des délais prévus à peine de nullité, caducité, forclusion, prescription, inopposabilité, déchéance d'un droit, fin d'un agrément ou d'une autorisation ou cessation d'une mesure, à l'exception des mesures privatives de liberté et des sanctions. Ces mesures sont rendues applicables à compter du 12 mars 2020 et ne peuvent excéder de plus de trois mois la fin des mesures de police administrative prises par le Gouvernement pour ralentir la propagation de l'épidémie de covid-19 ;

c) Adaptant, aux seules fins de limiter la propagation de l'épidémie de covid-19 parmi les personnes participant à la conduite et au déroulement des instances, les règles relatives à la compétence territoriale et aux formations de jugement des juridictions de l'ordre administratif et de l'ordre judiciaire ainsi que les règles relatives aux délais de procédure et de jugement, à la publicité des audiences et à leur tenue, au recours à la visioconférence devant ces juridictions et aux modalités de saisine de la juridiction et d'organisation du contradictoire devant les juridictions ;

d) Adaptant, aux seules fins de limiter la propagation de l'épidémie de covid-19 parmi les personnes participant à ces procédures, les règles relatives au déroulement des gardes à vue, pour permettre l'intervention à distance de l'avocat et la prolongation de ces mesures pour au plus la durée légalement prévue sans présentation de la personne devant le magistrat compétent, et les règles relatives au déroulement et à la durée des détentions provisoires et des assignations à résidence sous surveillance électronique, pour permettre l'allongement des délais au cours de l'instruction et en matière d'audiencement, pour une durée proportionnée à celle de droit commun et ne pouvant excéder trois mois en matière délictuelle et six mois en appel ou en matière criminelle, et la prolongation de ces mesures au vu des seules réquisitions écrites du parquet et des observations écrites de la personne et de son avocat ;

e) Aménageant aux seules fins de limiter la propagation de l'épidémie de covid-19 parmi les personnes participant ou impliquées dans ces procédures, d'une part, les règles relatives à l'exécution et l'application des peines privatives de liberté pour assouplir les modalités d'affectation des détenus dans les établissements pénitentiaires ainsi que les modalités d'exécution des fins de peine et, d'autre part, les règles relatives à l'exécution des mesures de placement et autres mesures éducatives prises en application de l'ordonnance n° 45-174 du 2 février 1945 relative à l'enfance délinquante ;

f) Simplifiant et adaptant les conditions dans lesquelles les assemblées et les organes dirigeants collégiaux des personnes morales de droit privé et autres entités se réunissent et délibèrent ainsi que les règles relatives aux assemblées générales ;

g) Simplifiant, précisant et adaptant les règles relatives à l'établissement, l'arrêté, l'audit, la revue, l'approbation et la publication des comptes et des autres documents que les personnes morales de droit privé et autres entités sont tenues de déposer ou de publier, notamment celles relatives aux délais, ainsi qu'adaptant les règles relatives à l'affectation des bénéfices et au paiement des dividendes ;

h) Adaptant les dispositions relatives à l'organisation de la Banque publique d'investissement créée par l'ordonnance n° 2005-722 du 29 juin 2005 relative à la Banque publique d'investissement afin de renforcer sa capacité à accorder des garanties ;

i) Simplifiant et adaptant le droit applicable au fonctionnement des établissements publics et des instances collégiales administratives, y compris les organes dirigeants des autorités administratives ou publiques indépendantes, notamment les règles relatives à la tenue des réunions dématérialisées ou le recours à la visioconférence ;

j) Adaptant le droit de la copropriété des immeubles bâtis pour tenir compte, notamment pour la désignation des syndics, de l'impossibilité ou des difficultés de réunion des assemblées générales de copropriétaires ;

k) Dérogeant aux dispositions du chapitre III du titre II du livre VII du code rural et de la pêche maritime afin de proroger, pour une période n'allant pas au-delà du 31 décembre 2020, la durée des mandats des membres du conseil d'administration des caisses départementales de mutualité sociale agricole, des caisses pluridépartementales de mutualité sociale agricole et du conseil central d'administration de la mutualité sociale agricole ;

l) Permettant aux autorités compétentes pour la détermination des modalités d'accès aux formations de l'enseignement supérieur, des modalités de délivrance des diplômes de l'enseignement supérieur ou des modalités de déroulement des concours ou examens d'accès à la fonction publique d'apporter à ces modalités toutes les modifications nécessaires pour garantir la continuité de leur mise en œuvre, dans le respect du principe d'égalité de traitement des candidats ;

m) Permettant aux autorités compétentes de prendre toutes mesures relevant du code de la santé publique et du code de la recherche afin, dans le respect des meilleures pratiques médicales et de la sécurité des personnes, de simplifier et d'accélérer la recherche fondamentale et clinique visant à lutter contre l'épidémie de covid-19 ;

3° Afin de faire face aux conséquences, pour les établissements de santé mentionnés à l'article L. 6111-1 du code de la santé publique, de la propagation de l'épidémie de covid-19 et des charges découlant de la prise en charge des patients affectés par celui-ci, toute mesure dérogeant aux règles de financement de ces établissements ;

4° Afin de permettre aux parents dont l'activité professionnelle est maintenue sur leur lieu de travail de pouvoir faire garder leurs jeunes enfants dans le contexte de fermeture des structures d'accueil du jeune enfant visant à limiter la propagation de l'épidémie de covid-19, toute mesure :

a) Étendant à titre exceptionnel et temporaire le nombre d'enfants qu'un assistant maternel agréé au titre de l'article L. 421-4 du code de l'action sociale et des familles est autorisé à accueillir simultanément ;

b) Prévoyant les transmissions et échanges d'information nécessaires à la connaissance par les familles de l'offre d'accueil et de sa disponibilité afin de faciliter l'accessibilité des services aux familles en matière d'accueil du jeune enfant ;

5° Afin, face aux conséquences de l'épidémie de covid-19, d'assurer la continuité de l'accompagnement et la protection des personnes en situation de handicap et des personnes âgées vivant à domicile ou dans un établissement ou service social et médico-social, des mineurs et majeurs protégés et des personnes en situation de pauvreté, toute mesure :

a) Dérogeant aux dispositions de l'article L. 312-1 et du chapitre III du titre Ier du livre III du code de l'action sociale et des familles pour permettre aux établissements et services sociaux et médico-sociaux autorisés d'adapter les conditions d'organisation et de fonctionnement de l'établissement ou du service et de dispenser des prestations ou de prendre en charge des publics destinataires figurant en dehors de leur acte d'autorisation ;

b) Dérogeant aux dispositions du code de l'action sociale et des familles et du code de la sécurité sociale pour adapter les conditions d'ouverture ou de prolongation des droits ou de prestations aux personnes en situation de handicap, aux personnes en situation de pauvreté, notamment les bénéficiaires de minima sociaux et prestations sociales, et aux personnes âgées ;

6° Afin, face aux conséquences de l'épidémie de covid-19, d'assurer la continuité des droits des assurés sociaux et leur accès aux soins et aux droits, en prenant toute mesure dérogeant aux dispositions du code de la sécurité sociale, du code rural et de la pêche maritime, du code de la construction et de l'habitation et du code de l'action sociale et des familles pour adapter les conditions d'ouverture, de reconnaissance ou de durée des droits relatifs à la prise en charge des frais de santé et aux prestations en espèces des assurances sociales ainsi que des prestations familiales, des aides personnelles au logement, de la prime d'activité et des droits à la protection complémentaire en matière de santé ;

7° Afin, face aux conséquences de l'épidémie de covid-19, d'assurer la continuité de l'indemnisation des victimes, en prenant toute mesure dérogeant aux dispositions du code de la santé publique et de l'article 53 de la loi n° 2000-1257 du 23 décembre 2000 de financement de la sécurité sociale pour 2001 pour adapter les règles d'instruction des demandes et d'indemnisation des victimes par l'Office national d'indemnisation des victimes d'accidents médicaux, des affections iatrogènes et des infections nosocomiales et par le Fonds d'indemnisation des victimes de l'amiante ;

8° Afin, face aux conséquences de l'épidémie de covid-19, d'assurer la continuité du fonctionnement des institutions locales et de l'exercice de leurs compétences ainsi que la continuité budgétaire et financière des collectivités territoriales et des établissements publics locaux, de prendre toute mesure permettant de déroger :

a) Aux règles de fonctionnement des collectivités territoriales et de leurs établissements publics, s'agissant notamment de leurs assemblées délibérantes et de leurs organes exécutifs, y compris en autorisant toute forme de délibération collégiale à distance ;

b) Aux règles régissant les délégations que peuvent consentir ces assemblées délibérantes à leurs organes exécutifs ainsi que leurs modalités ;

c) Aux règles régissant l'exercice de leurs compétences par les collectivités territoriales ;

d) Aux règles d'adoption et d'exécution des documents budgétaires ainsi que de communication des informations indispensables à leur établissement prévues par le code général des collectivités territoriales ;

e) Aux dates limites d'adoption des délibérations relatives au taux, au tarif ou à l'assiette des impôts directs locaux ou à l'institution de redevances ;

f) Aux règles applicables en matière de consultations et de procédures d'enquête publique ou exigeant une consultation d'une commission consultative ou d'un organe délibérant d'une collectivité territoriale ou de ses établissements publics ;

g) Aux règles applicables à la durée des mandats des représentants des élus locaux dans les instances consultatives dont la composition est modifiée à l'occasion du renouvellement général des conseils municipaux.

II. – Les projets d'ordonnance pris sur le fondement du présent article sont dispensés de toute consultation obligatoire prévue par une disposition législative ou réglementaire.

III. – Un projet de loi de ratification est déposé devant le Parlement dans un délai de deux mois à compter de la publication de chaque ordonnance.

Article 12

Les V et VI de l'article 29 de la loi n° 2018-32 du 22 janvier 2018 de programmation des finances publiques pour les années 2018 à 2022 ne sont pas applicables aux dépenses réelles de fonctionnement constatées dans le compte de gestion du budget principal au titre de l'année 2020 des collectivités territoriales et établissements publics de coopération intercommunale à fiscalité propre mentionnés aux trois premiers alinéas du I du même article 29.

Article 13

Par dérogation, les Français expatriés rentrés en France entre le 1er mars 2020 et le 1er juin 2020 et n'exerçant pas d'activité professionnelle sont affiliés à l'assurance maladie et maternité sans que puisse leur être opposé un délai de carence. Les modalités d'application du présent article peuvent être précisées par décret.

Article 14

Les délais dans lesquels le Gouvernement a été autorisé à prendre par ordonnances, sur le fondement de l'article 38 de la Constitution, des mesures relevant du domaine de la loi sont prolongés de quatre mois, lorsqu'ils n'ont pas expiré à la date de publication de la présente loi.

Les délais fixés pour le dépôt de projets de loi de ratification d'ordonnances publiées avant la date de publication de la présente loi sont prolongés de quatre mois, lorsqu'ils n'ont pas expiré à cette date.

Article 15

Les mandats, échus depuis le 15 mars 2020 ou qui viendraient à l'être avant le 31 juillet 2020, des présidents, des directeurs et des personnes qui, quel que soit leur titre, exercent la fonction de chef d'établissement dans des établissements relevant du titre Ier du livre VII du code de l'éducation ainsi que ceux des membres des conseils de ces établissements sont prolongés jusqu'à une date fixée par arrêté du ministre chargé de l'enseignement supérieur, et au plus tard jusqu'au 1er janvier 2021. Ces dispositions ne s'appliquent pas lorsque le renouvellement de ces conseils est achevé à la date de promulgation de la présente loi.

Article 16

Dans les conditions prévues à l'article 38 de la Constitution, le Gouvernement est autorisé, dans un délai d'un mois à compter de la publication de la présente loi, à prendre par ordonnances toute mesure relevant du domaine de la loi afin de prolonger la durée de validité des visas de long séjour, titres de séjour, autorisations provisoires de séjour, récépissés de demande de titre de séjour ainsi que des attestations de demande d'asile qui ont expiré entre le 16 mars et le 15 mai 2020, dans la limite de cent quatre-vingts jours. Un projet de loi de ratification est déposé devant le Parlement dans un délai de deux mois à compter de la publication de chaque ordonnance.

Article 17

À titre exceptionnel, le délai d'exploitation prévu à l'article L. 231-1 du code du cinéma et de l'image animée ainsi que les délais fixés par accord professionnel dans les conditions mentionnées aux articles L. 232-1 et L. 233-1 du même code peuvent être réduits par décision du président du Centre national du cinéma et de l'image animée en ce qui concerne les œuvres cinématographiques qui faisaient encore l'objet d'une exploitation en salles de spectacles cinématographiques au 14 mars 2020.

Article 18

Il ne peut être mis fin, pendant la durée des mesures prises en application des articles L. 3131-15 à L. 3131-17 du code de la santé publique, à la prise en charge par le conseil départemental, au titre de l'aide sociale à l'enfance, des majeurs ou mineurs émancipés précédemment pris en charge dans le cadre de l'article L. 222-5 du code de l'action sociale et des familles en tant que mineurs, mineurs émancipés ou jeunes majeurs de moins de vingt et un ans.

• Titre III : DISPOSITIONS ÉLECTORALES

Article 19

I. – Lorsque, à la suite du premier tour organisé le 15 mars 2020 pour l'élection des conseillers municipaux et communautaires, des conseillers de Paris et des conseillers métropolitains de Lyon, un second tour est nécessaire pour attribuer les sièges qui n'ont pas été pourvus, ce second tour, initialement fixé au 22 mars 2020, est reporté au plus tard en juin 2020, en raison des circonstances exceptionnelles liées à l'impérative protection de la population face à l'épidémie de covid-19. Sa date est fixée par décret en conseil des ministres, pris le mercredi 27 mai 2020 au plus tard si la situation sanitaire permet l'organisation des opérations électorales au regard, notamment, de l'analyse du comité de scientifiques institué sur le fondement de l'article L. 3131-19 du code de la santé publique.

Les déclarations de candidature à ce second tour sont déposées au plus tard le mardi qui suit la publication du décret de convocation des électeurs.

Si la situation sanitaire ne permet pas l'organisation du second tour au plus tard au mois de juin 2020, le mandat des conseillers municipaux et communautaires, des conseillers d'arrondissement, des conseillers de Paris et des conseillers métropolitains concernés est prolongé pour une durée fixée par la loi. Les électeurs sont convoqués par décret pour les deux tours de scrutin, qui ont lieu dans les trente jours qui précèdent l'achèvement des mandats ainsi prolongés. La loi détermine aussi les modalités d'entrée en fonction des conseillers municipaux élus dès le premier tour dans les communes de moins de 1 000 habitants pour lesquelles le conseil municipal n'a pas été élu au complet.

Dans tous les cas, l'élection régulière des conseillers municipaux et communautaires, des conseillers d'arrondissement, des conseillers de Paris et des conseillers métropolitains de Lyon élus dès le premier tour organisé le 15 mars 2020 reste acquise, conformément à l'article 3 de la Constitution.

II. – Au plus tard le 23 mai 2020, est remis au Parlement un rapport du Gouvernement fondé sur une analyse du comité de scientifiques se prononçant sur l'état de l'épidémie de covid-19 et sur les risques sanitaires attachés à la tenue du second tour et de la campagne électorale le précédant.

Le comité de scientifiques examine également les risques sanitaires et les précautions à prendre :

1° Pour l'élection du maire et des adjoints dans les communes où le conseil municipal a été élu au complet dès le premier tour ;

2° Pour les réunions des conseils communautaires.

III. – Les conseillers municipaux et communautaires élus dès le premier tour organisé le 15 mars 2020 entrent en fonction à une date fixée par décret au plus tard au mois de juin 2020, aussitôt que la situation sanitaire le permet au regard de l'analyse du comité de scientifiques. La première réunion du conseil municipal se tient de plein droit au plus tôt cinq jours et au plus tard dix jours après cette entrée en fonction.

Par dérogation, dans les communes de moins de 1 000 habitants pour lesquelles le conseil municipal n'a pas été élu au complet, les conseillers municipaux élus au premier tour entrent en fonction le lendemain du second tour de l'élection ou, s'il n'a pas lieu, dans les conditions prévues par la loi mentionnée au troisième alinéa du I du présent article.

Par dérogation, les conseillers d'arrondissement et les conseillers de Paris élus au premier tour entrent en fonction le lendemain du second tour de l'élection ou, s'il n'a pas lieu, dans les conditions prévues par la loi mentionnée au même troisième alinéa.

IV. – Par dérogation à l'article L. 227 du code électoral :

1° Dans les communes pour lesquelles le conseil municipal a été élu au complet, les conseillers municipaux en exercice avant le premier tour conservent leur mandat jusqu'à l'entrée en fonction des conseillers municipaux élus au premier tour. Le cas échéant, leur mandat de conseiller communautaire est également prorogé jusqu'à cette même date ;

2° Dans les communes, autres que celles mentionnées au 3° du présent IV, pour lesquelles le conseil municipal n'a pas été élu au complet, les conseillers municipaux en exercice avant le premier tour conservent leur mandat jusqu'au second tour. Le cas échéant, leur mandat de conseiller communautaire est également prorogé jusqu'au second tour, sous réserve du 3 du VII ;

3° Dans les secteurs des communes mentionnées au chapitre IV du titre IV du livre Ier du code électoral, les conseillers d'arrondissement, les conseillers municipaux et, à Paris, les conseillers de Paris en exercice avant le premier tour conservent leur mandat jusqu'au second tour. Le cas échéant, leur mandat de conseiller communautaire est également prorogé jusqu'au second tour, sous réserve du 3 du VII du présent article.

Par dérogation à l'article L. 224-1 du code électoral, le mandat des conseillers métropolitains de Lyon en exercice avant le premier tour est prorogé jusqu'au second tour.

Les délégations attribuées aux élus dont le mandat est prolongé non plus qu'aucune délibération ne deviennent caduques de ce seul fait.

V. – Dans les communes pour lesquelles le conseil municipal a été élu au complet au premier tour, les désignations et les délibérations régulièrement adoptées lors de la première réunion du conseil municipal mentionnée au deuxième alinéa de l'article L. 2127-7 du code général des collectivités territoriales prennent effet à compter de la date d'entrée en fonction des conseillers municipaux et communautaires élus au premier tour, fixée à la première phrase du premier alinéa du III du présent article.

VI. – Dans les établissements publics de coopération intercommunale à fiscalité propre ne comptant parmi leurs membres aucune commune mentionnée aux 2° et 3° du IV du présent article, l'organe délibérant se réunit dans sa nouvelle composition au plus tard trois semaines après la date fixée par le décret mentionné au premier alinéa du III.

VII. – 1. Dans les autres établissements publics de coopération intercommunale à fiscalité propre, à compter de la date fixée par le décret mentionné au premier alinéa du III et jusqu'à la première réunion de l'organe délibérant suivant le second tour des élections municipales et communautaires, qui se tient au plus tard le troisième vendredi suivant ce second tour, l'organe délibérant est constitué par :

a) Les conseillers communautaires ou métropolitains élus en application de l'article L. 273-6 du code électoral ainsi que ceux désignés dans l'ordre du tableau en vertu de l'article L. 273-11 du même code dans les communes dont le conseil municipal a été élu au complet au premier tour ;

b) Les conseillers communautaires ou métropolitains maintenus en fonction représentant les communes mentionnées aux 2° et 3° du IV du présent article, sous réserve des dispositions des 2 et 3 du présent VII.

2. Dans le cas où le nombre des conseillers mentionnés au b du 1 est inférieur au nombre de représentants prévu pour leur commune par l'arrêté préfectoral pris en application du VII de l'article

L. 5211-6-1 du code général des collectivités territoriales, le représentant de l'État appelle à siéger à due concurrence :

a) Dans les communes dont les conseillers communautaires ou métropolitains maintenus en fonction ont été désignés en application de l'article L. 273-11 du code électoral, le ou les conseillers municipaux n'exerçant pas le mandat de conseiller communautaire ou métropolitain occupant le rang le plus élevé dans l'ordre du tableau ;

b) Dans les communes dont les conseillers communautaires ou métropolitains maintenus en fonction ou certains d'entre eux ont été élus en application de l'article L. 273-6 du même code, le ou les conseillers municipaux ou d'arrondissement ayant obtenu lors de leur élection les moyennes les plus élevées après le dernier élu pour l'attribution des sièges de conseiller communautaire ou métropolitain, en faisant usage, le cas échéant, des règles de remplacement fixées à l'article L. 273-10 dudit code.

S'il s'agit d'une commune nouvelle créée depuis le renouvellement général des conseils municipaux organisé les 23 et 30 mars 2014, les règles prévues aux a et b du présent 2 sont appliquées successivement aux conseillers municipaux issus des anciennes communes fusionnées par ordre décroissant de population.

Lorsqu'il n'existe pas de conseiller municipal ou de conseiller d'arrondissement pouvant être désigné en application des mêmes a et b, le siège demeure vacant.

3. Dans le cas où le nombre des conseillers mentionnés au b du 1 est supérieur au nombre de représentants prévu pour leur commune par l'arrêté préfectoral pris en application du VII de l'article L. 5211-6-1 du code général des collectivités territoriales, le représentant de l'État constate la cessation du mandat, à due concurrence :

a) Dans les communes dont les conseillers communautaires ou métropolitains maintenus en fonction ont été désignés en vertu de l'article L. 273-11 du code électoral, du ou des conseillers occupant le rang le moins élevé dans l'ordre du tableau du conseil municipal ;

b) Dans les autres communes :

– du ou des conseillers communautaires ou métropolitains ayant obtenu lors de leur élection les moyennes les moins élevées pour l'application des a ou b du 1° de l'article L. 5211-6-2 du code général des collectivités territoriales et prioritairement de ceux dont l'élection est la plus récente ;

– à défaut, du ou des conseillers communautaires ou métropolitains ayant obtenu lors de leur élection les moyennes les moins élevées pour l'application de l'article L. 273-8 du code électoral.

Le cas échéant, il est fait application, successivement, des règles prévues au présent 3 par ordre croissant de population à plusieurs anciennes communes ayant fusionné au sein d'une même commune nouvelle.

4. Le président et les vice-présidents en exercice à la date fixée par le décret mentionné au premier alinéa du III sont maintenus dans leurs fonctions. Les délégations consenties en application de l'article L. 5211-10 du code général des collectivités territoriales ainsi que les délibérations prises en application de l'article L. 5211-12 du même code en vigueur à la date fixée par le décret mentionné au premier alinéa du III du présent article le demeurent en ce qui les concerne. En cas d'absence, de suspension, de révocation ou de tout autre empêchement, le président est provisoirement remplacé dans les mêmes conditions par un vice-président dans l'ordre des nominations ou, à défaut, par le conseiller communautaire le plus âgé.

5. Le présent VII est applicable aux établissements publics territoriaux créés dans le périmètre de la métropole du Grand Paris.

VIII. – Dans les établissements publics de coopération intercommunale à fiscalité propre résultant d'une fusion intervenue dans la semaine précédant le premier tour des élections municipales et communautaires, les conseillers communautaires en fonction dans les anciens établissements publics de coopération intercommunale à fiscalité propre conservent leur mandat au sein de l'établissement public issu de la fusion, sous réserve de l'application des dispositions des 2 et 3 du VII.

Par dérogation aux dispositions de l'article L. 5211 – 41-3 du code général des collectivités territoriales, le président et les vice-présidents de l'établissement public de coopération à fiscalité propre appartenant à la catégorie à laquelle la loi a confié le plus grand nombre de compétences exercent les fonctions de président et de vice-présidents de l'établissement public issu de la fusion.

IX. – Par dérogation aux articles L. 251, L. 258, L. 270 et L. 272-6 du code électoral et à l'article L. 2122-8 du code général des collectivités territoriales, les vacances constatées au sein du conseil municipal ne donnent pas lieu à élection partielle :

1° Jusqu'à la tenue du second tour dans les communes pour lesquelles le conseil municipal n'a pas été élu au complet au premier tour ;

2° Jusqu'à la date mentionnée à la première phrase du premier alinéa du III du présent article dans les communes pour lesquelles le conseil municipal a été élu au complet au premier tour.

X. – Nonobstant toute disposition contraire, le mandat des représentants d'une commune, d'un établissement public de coopération intercommunale ou d'un syndicat mixte fermé au sein d'organismes de droit public ou de droit privé en exercice à la date du premier tour est prorogé jusqu'à la désignation de leurs remplaçants par l'organe délibérant. Cette disposition n'est pas applicable aux conseillers communautaires.

XI. – La seconde phrase du I de l'article L. 2123 – 20-1 du code général des collectivités territoriales n'est pas applicable aux conseils municipaux renouvelés au complet à l'issue du premier tour des élections municipales et communautaires organisé le 15 mars 2020.

Le quatrième alinéa de l'article L. 5211-12 du même code n'est pas applicable à l'organe délibérant d'un établissement public de coopération intercommunale à fiscalité propre renouvelé au complet à l'issue de ce premier tour et de l'élection subséquente du maire et des adjoints de ses communes membres.

XII. – Pour l'application du I :

1° La campagne électorale pour le second tour est ouverte à compter du deuxième lundi qui précède le tour de scrutin ;

2° Les interdictions mentionnées à l'article L. 50-1, au dernier alinéa de l'article L. 51 et à l'article L. 52-1 du code électoral courent à compter du 1er septembre 2019 ;

3° La durée de la période prévue à l'article L. 52-4 du code électoral pendant laquelle le mandataire recueille les fonds destinés au financement de la campagne et règle les dépenses en vue de l'élection court à compter du 1er septembre 2019 ;

4° Pour les listes de candidats non admises ou ne présentant par leur candidature au second tour, la date limite mentionnée à la première phrase du deuxième alinéa de l'article L. 52-12 du code électoral est fixée au 10 juillet 2020 à 18 heures. Pour celles présentes au second tour, la date limite est fixée au 11 septembre 2020 à 18 heures ;

5° Par dérogation à la première phrase du deuxième alinéa du II de l'article 11-7 de la loi n° 88-227 du 11 mars 1988 relative à la transparence financière de la vie politique, les comptes de l'exercice 2019 peuvent être déposés jusqu'au 11 septembre 2020 ;

6° Les plafonds de dépenses prévus aux articles L. 52-11 et L. 224-25 du code électoral sont majorés par un coefficient fixé par décret qui ne peut être supérieur à 1,5 ;

7° Dans les communes de 1 000 habitants et plus et dans les circonscriptions métropolitaines de Lyon, les dépenses engagées pour le second tour de scrutin initialement prévu le 22 mars 2020 au titre, respectivement, du second alinéa de l'article L. 242 et de l'article L. 224-24 du code électoral sont remboursées aux listes ayant obtenu au premier tour un nombre de suffrages au moins égal à 10 % du total des suffrages exprimés.

XIII. – Pour l'application du III du présent article, le statut des candidats élus au premier tour dont l'entrée en fonction est différée ne leur confère ni les droits ni les obligations normalement attachées à leur mandat. Le régime des incompatibilités applicable aux conseillers municipaux et communautaires, aux conseillers d'arrondissement et de Paris ne s'applique à eux qu'à compter de leur entrée en fonction.

XIV. – Les candidats élus au premier tour dont l'entrée en fonction est différée sont destinataires de la copie de l'ensemble des décisions prises sur le fondement de l'article L. 2122-22 du code général des collectivités territoriales et, le cas échéant, de tout acte de même nature pris par le président de l'établissement public de coopération intercommunale ou son remplaçant, et ce jusqu'à leur installation.

XV. – Par dérogation au I du présent article, les électeurs peuvent être convoqués par décret pour le second tour des élections municipales en Polynésie française ou en Nouvelle-Calédonie, après avis, selon le cas, du président de la Polynésie française ou du président du gouvernement de la Nouvelle-Calédonie, et après consultation du comité de scientifiques. Ce second tour se tient, au plus tard, au mois de juin 2020.

XVI. – À l'exception de son article 6, les dispositions de la loi n° 2019-1269 du 2 décembre 2019 visant à clarifier diverses dispositions du droit électoral ne sont pas applicables au second tour de scrutin régi par la présente loi.

XVII. – Les conseillers élus au premier tour ou au second tour sont renouvelés intégralement en mars 2026.

XVIII. – Les dispositions du présent article sont applicables sur tout le territoire de la République.

Article 20

Dans les conditions prévues à l'article 38 de la Constitution, le Gouvernement est habilité à prendre par ordonnances, dans un délai d'un mois à compter de la publication de la présente loi, toute mesure relevant du domaine de la loi relative :

1° A l'organisation du second tour du scrutin pour le renouvellement des conseillers municipaux et communautaires, des conseillers de Paris et des conseillers métropolitains de Lyon, s'agissant notamment des règles de dépôt des candidatures ;

2° Au financement et au plafonnement des dépenses électorales et à l'organisation de la campagne électorale ;

3° Aux règles en matière de consultation des listes d'émargement ;

4° Aux adaptations permettant de prendre en compte la situation particulière des collectivités régies par les articles 73 et 74 de la Constitution et de la Nouvelle-Calédonie, notamment en ce qui concerne la date de prise de fonction des conseillers municipaux élus au premier tour et la date de la première réunion du conseil municipal renouvelé ;

5° Aux modalités d'organisation de l'élection des maires, des adjoints aux maires ainsi que des présidents et vice-présidents des établissements publics de coopération intercommunale à fiscalité propre, y compris en cas de maintien de l'état d'urgence sanitaire. Ces ordonnances peuvent prévoir, en particulier :

a) Que la réunion peut se tenir en tout lieu permettant de préserver la santé des élus et des agents publics ;

b) Des règles procédurales simplifiées, notamment en ce qui concerne le calcul du quorum et le nombre de pouvoirs ;

c) Toute forme appropriée de vote à l'urne ou à distance, garantissant le secret du vote ;

6° À la modification des jalons calendaires prévus à l'article 9 de la loi n° 88-227 du 11 mars 1988 relative à la transparence financière de la vie politique pour l'établissement de la seconde fraction de l'aide publique au titre de 2021.

Un projet de loi de ratification est déposé devant le Parlement dans un délai d'un mois à compter de la publication de chaque ordonnance.

Article 21

Le mandat des conseillers consulaires et des délégués consulaires est prorogé au plus tard jusqu'au mois de juin 2020.

Les procurations déjà enregistrées pour les élections consulaires initialement prévues les 16 et 17 mai 2020 sont maintenues.

Au plus tard le 23 mai 2020, est remis au Parlement un rapport du Gouvernement relatif à l'état de l'épidémie de covid-19, aux risques sanitaires dans le monde et aux conséquences à en tirer, avant l'échéance fixée au premier alinéa, sur la tenue des élections consulaires et de la campagne les précédant.

Dans les conditions prévues à l'article 38 de la Constitution, le Gouvernement est habilité à prendre par ordonnances, dans un délai d'un mois à compter de la publication de la présente loi, toute mesure relevant du domaine de la loi liée à la prorogation des mandats des conseillers consulaires et des délégués consulaires et aux modalités d'organisation du scrutin. Un projet de loi de ratification est déposé devant le Parlement dans un délai d'un mois à compter de la publication de chaque ordonnance.

• Titre IV : CONTRÔLE PARLEMENTAIRE

Article 22

Pour les commissions d'enquête constituées avant la publication de la présente loi et dont le rapport n'a pas encore été déposé, le délai mentionné à la deuxième phrase du dernier alinéa du I de l'article 6 de l'ordonnance n° 58-1100 du 17 novembre 1958 relative au fonctionnement des assemblées parlementaires est porté à huit mois, sans que leur mission puisse se poursuivre au-delà du 30 septembre 2020.

La présente loi entrera en vigueur immédiatement et sera exécutée comme loi de l'État.

Fait à Paris, le 23 mars 2020.
Emmanuel Macron
Par le Président de la République :
Le Premier ministre,
Édouard Philippe
La garde des Sceaux, ministre de la Justice
Nicole Belloubet
Le ministre des Solidarités et de la Santé,
Olivier Véran
Le ministre de l'Économie et des Finances,
Bruno Le Maire
La ministre du Travail,
Muriel Pénicaud
Le ministre de l'action et des comptes publics,
Gérald Darmanin
Le ministre de l'Intérieur,
Christophe Castaner
La ministre de l'Enseignement supérieur,
de la Recherche et de l'innovation,
Frédérique Vidal

La ministre de la Cohésion des territoires
et des Relations avec les collectivités territoriales,
Jacqueline Gourault
La ministre des outre-mer,
Annick Girardin
Le ministre de la culture,
Franck Riester
Le ministre de l'Agriculture et de l'Alimentation,
Didier Guillaume

(1) Travaux préparatoires : loi n° 2020-290.

Sénat :
Projet de loi n° 376 (2019-2020) ;
Rapport de M. Philippe Bas, au nom de la commission des lois, n° 381 (2019-2020) ;
Avis de Mme Sophie Primas, au nom de la commission des affaires économiques, n° 379 (2019-2020) ;
Avis de M. Alain Milon, au nom de la commission des affaires sociales, n° 380 (2019-2020) ;
Texte de la commission n° 382 (2019-2020) ;
Discussion et adoption, après engagement de la procédure accélérée, le 19 mars 2020 (TA n° 76, 2019-2020).

Assemblée nationale :
Projet de loi, adopté par le Sénat, n° 2762 ;
Rapport de Mme Marie Guévenoux, au nom de la commission des lois, n° 2764 ;
Discussion et adoption le 21 mars 2020 (TA n° 412).

Sénat :
Projet de loi, modifié par l'Assemblée nationale, n° 386 (2019-2020) ;
Rapport de M. René-Paul Savary, au nom de la commission mixte paritaire, n° 387 (2019-2020) ;
Texte de la commission n° 388 (2019-2020) ;
Discussion et adoption le 22 mars 2020 (TA n° 79, 2019-2020).

Assemblée nationale :
Rapport de Mme Marie Guévenoux, au nom de la commission mixte paritaire, n° 2766 ;
Discussion et adoption le 22 mars 2020 (TA n° 414).

Avis n°7 du Conseil scientifique COVID-19

2 juin 2020

4 SCENARIOS POUR LA PERIODE POST-CONFINEMENT

ANTICIPER POUR MIEUX PROTEGER

Membres du Conseil scientifique associés à cet avis* :

Jean-François Delfraissy, Président
Laetitia Atlani Duault, Anthropologue
Daniel Benamouzig, Sociologue
Lila Bouadma, Réanimatrice
Simon Cauchemez, Modélisateur
Franck Chauvin, Médecin de santé publique
Pierre Louis Druais, Médecine de Ville
Arnaud Fontanet, Epidémiologiste
Marie-Aleth Grard, Milieu associatif
Aymeril Hoang, Spécialiste des nouvelles technologies
Bruno Lina, Virologue
Denis Malvy, Infectiologue
Yazdan Yazdanpanah, Infectiologue

Cet avis a été transmis aux autorités nationales le 2 juin 2020 à 20H.
Comme les autres avis du Conseil scientifique , cet avis a vocation à être rendu public.

Cet avis a pour objectif d'identifier les différents scénarios probables dans la période de post-confinement et de préparer et d'anticiper les mesures à mettre en place selon les différents scénarios.

**Jean-Laurent Casanova n'a pas participé aux discussions de cet avis. Il a souhaité émettre des opinions divergentes sur la base de la version finale du document. Celles-ci sont regroupées en fin de document (p.43).*

RESUME

La période du confinement a permis de ralentir la dynamique de l'épidémie de façon marquée. Le niveau faible de circulation du virus doit être mis à profit pour préparer les différentes structures de l'État à affronter une éventuelle reprise de l'épidémie quelle qu'en soit la forme. L'anticipation est en effet un atout majeur permettant d'éviter l'apparition d'une « deuxième vague » aussi massive que celle subie début 2020.

1.Pour préparer la France à la suite de l'épidémie et en diminuer les conséquences, le Conseil scientifique a établi 4 scénarios probables prenant en compte la situation actuelle et les connaissances acquises depuis le début de l'épidémie. Ces scénarios permettent d'établir et de proposer des mesures à prendre dans chacune de ces situations. Les mesures doivent être élaborées dès maintenant pour être opérationnelles lorsque cela sera nécessaire.

2.Les connaissances concernant cette épidémie ont progressé en France comme à l'étranger. Les populations à risques de formes graves ou de décès sont mieux connues : l'âge et certaines comorbidités apparaissent comme des facteurs de risque de formes graves de COVID-19 avec des taux de létalité importants. La précarité est un autre facteur de risque documenté plus récemment dans plusieurs pays et retrouvé en Ile de France. Enfin, l'épidémie a touché plus durement les zones à forte concentration de population et certaines régions plus que d'autres, sans que l'on puisse donner d'explication à cette disparité.

Parallèlement des indicateurs ont été consolidés pour permettre le suivi de l'épidémie et de nouveaux indicateurs fondés sur la réalisation des tests, l'identification des cas et de contacts sont mis en place. Ces différents indicateurs doivent permettre de détecter des signaux le plus précocement dans l'évolution de l'épidémie

3.Pour construire les scénarios présentés ci-dessous, le Conseil scientifique a appliqué la méthode des scénarios prospectifs avec la contrainte opérationnelle d'éviter le confinement généralisé en cas de reprise de l'épidémie.

Sur la base de la situation telle qu'elle est constatée en fin de période de confinement, l'élaboration de ces scénarios a amené le Conseil scientifique à proposer un plan de Prévention et de Protection renforcées (P2R COVID) en 7 volets permettant de préparer des mesures qui pourront être activées graduellement ou massivement selon les caractéristiques de l'épidémie dans les semaines et mois qui viennent

Ce plan doit être **adapté** au risque de formes graves et de décès tel qu'il peut être estimé sur la base des connaissances actuelles, **proportionnel** au risque tel qu'il peut être appréhendé sur la base des données scientifiques disponibles, **fondé** sur un principe de solidarité en limitant leur application à certains secteurs les plus touchés ou à des personnes les plus à risque mais dans l'intérêt général, **anticipé et partagé** par les différentes populations concernées et compatible avec un impact limité sur la vie sociale, l'activité économique et sur le système de santé.

4.Le Conseil scientifique a identifié quatre scénarios possibles à court ou à moyen terme. Chacun d'eux doit pouvoir être identifié à partir d'indicateurs plus ou moins précoces. Le diagnostic de la situation associera aux indicateurs quantifiés des informations plus qualitatives, notamment locales.
La survenue des scenarios n'est pas nécessairement successive, des scenarios critiques pouvant survenir d'emblée, demandant alors une réaction rapide reposant sur l'activation de mesures établies à l'avance. Le temps de réaction est un paramètre déterminant dans le contrôle de l'épidémie.
Les quatre scénarios identifiés par le Conseil scientifique devront être actualisés en fonction de l'évolution des connaissances scientifiques et des exigences opérationnelles. A cet égard, le Conseil scientifique souligne la nécessité d'une **gouvernance claire, opérationnelle et en partie territorialisée**. Cette gouvernance devra inclure des compétences scientifiques et sanitaires, mais aussi interministérielles et plus largement institutionnelles. L'association d'acteurs de la société civile et de la vie économique est de nature à renforcer sa légitimité ainsi que l'adhésion aux mesures envisagées dans chaque scénario.

(i) Le premier des quatre scenarios est le plus favorable. C'est celui d'une **épidémie sous contrôle** au vu des indicateurs disponibles, associée à l'occurrence de clusters localisés pouvant être maitrisés. En présence du virus, ce scenario nécessite cependant un maintien des mesures de lutte contre l'épidémie.
(ii) Plus défavorable, le deuxième scenario verrait apparaître **des clusters critiques,** laissant craindre une perte de contrôle des chaînes de contamination, et donc du contrôle de l'épidémie elle-même. Ce scénario exigerait des mesures strictes, précoces et localisées, afin d'éviter une perte de contrôle plus large de l'épidémie.
(iii) Le troisième scenario, ferait basculer une situation contrôlée vers une **reprise progressive et à bas bruit de l'épidémie,** plus difficile à identifier. Des indicateurs se dégraderaient alors sans que les chaînes de contamination puissent être identifiées, ni a fortiori contrôlées. Ce scenario exigerait des mesures strictes ainsi que l'activation rapide de plusieurs mesures du P2R-COVID. Les mesures à prendre pourraient encore être envisagées à une échelle régionale si les indicateurs le permettent ou au niveau national.
(iv) Enfin, dans le quatrième scénario, la dégradation critique des indicateurs traduirait une **perte du contrôle de l'épidémie**, et exigerait des décisions difficiles, conduisant à choisir entre un confinement national généralisé, permettant de minimiser la mortalité directe, et d'autres objectifs collectifs, économiques et sociaux, s'accompagnant alors d'une importante mortalité directe.

5.Au total 4 scénarios probables peuvent être identifiés à partir du la fin de levée du confinement. Pour les identifier, il est nécessaire que les indicateurs mis en place soient stabilisés dans leur alimentation et leur production pour pouvoir en interpréter les variations. Ces scénarios doivent permettre de mettre en œuvre des mesures pour éviter une reprise brutale de l'épidémie nécessitant un nouveau confinement. C'est dans cette optique que le Conseil scientifique propose d'élaborer dès maintenant, avec les acteurs notamment territoriaux, un plan de Prévention et de Protection rapprochées, le P2R-Covid, permettant d'activer le plus rapidement possible les mesures appropriées.

Avis n°7 du Conseil scientifique COVID-19 du 28 mai 2020

Table des matières

4 SCENARIOS POUR LA PERIODE POST-CONFINEMENT : ANTICIPER POUR MIEUX PROTEGER

INTRODUCTION

I. La période du confinement a permis de ralentir la dynamique de l'épidémie de façon marquée. Le niveau actuellement faible de circulation du virus doit être mis à profit pour préparer les différentes structures de l'État à affronter une éventuelle reprise de l'épidémie quelle qu'en soit la forme. L'anticipation est en effet un atout majeur permettant d'éviter l'apparition d'une « deuxième vague » d'ici l'été ou à l'automne.

Le Conseil scientifique a tenu à rappeler dans son avis de stratégie globale n°6 du 20 avril 2020 qu'un relâchement trop soudain des mesures de contrôle lors de la période de levée de confinement pourrait se traduire par une remontée rapide du nombre de cas et par un retour des formes graves en hospitalisation et en réanimation. Il a tenu à rappeler aussi que la réduction extrêmement importante de la transmission obtenue devait être maintenue dans la durée pour pouvoir largement résorber les admissions en réanimation pour covid19, diminuer la mortalité et plus généralement, le nombre de cas de covid19 sur le territoire national [1],[2],[3].

Dans ce même avis de stratégie globale n°6, le Conseil scientifique a défini clairement les 6 prérequis qui devaient être remplis et les 6 mesures à prendre pour que cette période complexe se déroule au mieux.

II. Deux semaines après la sortie du confinement, il est encore un peu tôt pour avoir une vision stabilisée sur l'évolution de la situation sanitaire mais on peut considérer que le niveau de circulation du virus est limité avec une situation contrôlée [4].

Le rôle du Conseil scientifique est de prévoir et d'anticiper les différents scénarios possibles et d'anticiper l'évolution de l'épidémie dans les semaines et mois à venir.

Dans cet avis n°7, le Conseil scientifique affirme qu'un nouveau confinement généralisé n'est pas souhaitable ni probablement acceptable considérant les enjeux sanitaires, sociaux et économiques. Il est donc essentiel de tout faire pour éviter une telle situation d'échec.

Pour préparer, la France à la suite de l'épidémie et en diminuer les conséquences, le Conseil scientifique a établi 4 scénarios probables prenant en compte la situation actuelle et les connaissances acquises depuis le début de l'épidémie :

SCENARIO 1 : UNE EPIDEMIE SOUS CONTROLE

SCENARIO 2 : UN OU DES CLUSTERS CRITIQUES SIGNES D'UNE REPRISE LOCALE DE L'EPIDEMIE

SCENARIO 3 : UNE REPRISE DIFFUSE ET A BAS BRUIT DE L'EPIDEMIE

SCENARIO 4 : L'EPIDEMIE ATTEINT UN STADE CRITIQUE

Ces scénarios permettent d'établir et de proposer des mesures à prendre dans chacune de ces situations. Les mesures doivent être élaborées dès maintenant pour anticiper et être opérationnelles lorsque cela sera nécessaire.

PARTIE I - LA CONSTRUCTION DES SCENARIOS

Pour construire les scénarios possible et identifier les mesures adaptées dans chacune des situations, le Conseil scientifique a rassemblé : (i) les données disponibles concernant l'épidémie en cours et notamment les enseignements qui pouvaient être tirés de la première phase de l'épidémie, (ii) les modélisations disponibles concernant les différentes mesures prises lors de la levée du confinement, (iii) le circuit des tests, et (iv) les indicateurs disponibles en fonction des circuits et systèmes d'information créés pour gérer la sortie du confinement, qui représentent collectivement les paramètres pouvant intervenir dans les différents scénarios.

A. La connaissance de l'epidemie : analyse du premier pic epidemique Fevrier-Mai 2020

I. *Les modes de contamination*

Le SARS-CoV-2 est un coronavirus transmis par voie respiratoire. La transmission se fait principalement par des gouttelettes émises lors d'une discussion, d'une toux ou d'un éternuement. Le contact avec des mains non lavées ou des surfaces souillées par des gouttelettes est également à risque de contamination. De fait, le maintien d'une distance physique d'au moins un mètre entre les personnes, le port du masque dans les lieux publics, le lavage régulier des mains et la désinfection des surfaces sont des mesures permettant de réduire la transmission du virus.

Les principales avancées dans la compréhension de la transmission du SARS-CoV-2 depuis le mois de mars ont porté sur :

- La mise en évidence d'un risque de transmission pendant la phase pré-symptomatique de la maladie, sur une période d'un à quatre jours précédant le début des symptômes.
- L'existence de formes totalement asymptomatiques de l'infection pouvant être à l'origine de transmission du virus mais dont le rôle n'est pas encore quantifié.
- Une transmission majorée dans les espaces confinés.
- L'importance des rassemblements sans distanciable sociale tels que celui de Mulhouse par exemple.

Par ailleurs, il faut aussi rappeler le rôle possible dans la transmission de particules de très petite taille (<30 µm) formées à partir de l'évaporation des gouttelettes émises lors de la parole et pouvant théoriquement contenir un ou des virions quand elles sont de taille suffisante. Ces particules peuvent rester en suspension dans les espaces confinés.

Toutes ces nouvelles connaissances concourent à recommander l'usage du masque dans les lieux publics et les lieux confinés, et à aérer régulièrement les espaces confinés.

II. *Les groupes à risque de formes graves*

Il est possible de définir des groupes d'individus plus à risque que d'autres de développer des formes graves de la maladie (cf. avis de stratégie globale n° 6 du Conseil scientifique). Identifiés lors du développement de l'épidémie en Chine, les facteurs de risque ont été précisés lors du pic épidémique en Europe et en France.

- L'âge apparait comme un facteur de risque de formes graves de COVID-19 avec des taux de létalité pour les formes cliniques de l'infection proches de 15% chez les personnes de plus de 80 ans alors qu'il serait de 3/1000 (0.3%) chez les moins de 60 ans [5]. En France, parmi les patients hospitalisés, le risque de survenue de formes graves (admission en réanimation et/ou le décès) étaient 3 fois plus élevées chez les personnes de plus de 65 ans (données non publiées de Cohorte FrenchCOVID).

- L'homme est plus à risque de survenue de forme grave (5 fois plus à risque de survenue de formes graves dans la Cohorte FrenchCOVID).

- La présence de comorbidités est un autre facteur de risque de formes sévères. Les principales comorbidités sont l'hypertension artérielle, le diabète, une maladie coronarienne, et le surpoids. En France, dans la cohorte FrenchCOVID, le risque de forme grave était 12 fois plus important en cas de surpoids.

La précarité est un autre facteur de risque documenté plus récemment par une étude britannique. En Ile de France, le taux de surmortalité observé était le plus élevé en Seine Saint-Denis, département où les indicateurs témoignent des taux de précarité les plus importants. Ce point nécessiterait d'être précisé par des études épidémiologiques ad hoc car il est encore sous-estimé au niveau des décisions publiques.

III. *La mortalité observée*

Les chiffres de mortalité commencent à être mieux connus maintenant que le pic de l'épidémie a eu lieu et que le confinement a produit ses effets. Il faut remarquer que ce sont des chiffres observés « sous confinement » et que des simulations montrent que la mortalité aurait été bien plus important si cette mesure n'avait pas été prise.

- La mortalité hospitalière et dans les établissements d'hébergement collectif (EHPAD)

La mortalité durant les 2 derniers mois de l'épidémie a été importante avec 28 000 décès dont 10 000 dans les établissements de type EHPAD. Sur les 28 119 décès observés liés au COVID, 89% ont eu lieu chez des personnes de plus de 70 ans et 96% chez des personnes de plus de 60 ans, soit 26 000 décès. La mortalité déclarée en lien avec le COVID-19 est 41/100 000 personnes actuellement sur la période du 19 Mars au 18 Mai 2020.

Classe d'âge	Décès	%	% Cumulé
0-9	3	0,01%	0,01%
"10-19	3	0,01%	0,02%
"20-29	20	0,07%	0,09%
30-39	79	0,28%	0,37%
40-49	218	0,78%	1,15%
50-59	804	2,86%	4,01%
60-69	2 085	7,41%	11,42%
70-79	3 958	14,08%	25,50%
> 80	20 949	74,50%	100,00%
Total	**28 119**		
dont décès EHPAD	10 650		

- La mortalité générale (source INSEE)

La surmortalité pendant la période de l'épidémie a été constatée selon des critères géographiques et démographiques.

Les formes graves de COVID-19 sont survenues plus particulièrement chez les plus âgés, aussi bien à domicile que dans les EHPAD

Nombre de décès entre le 2 mars et le 19 avril 2020 rapporté à la moyenne de celui de la période de comparaison par sexe et âge

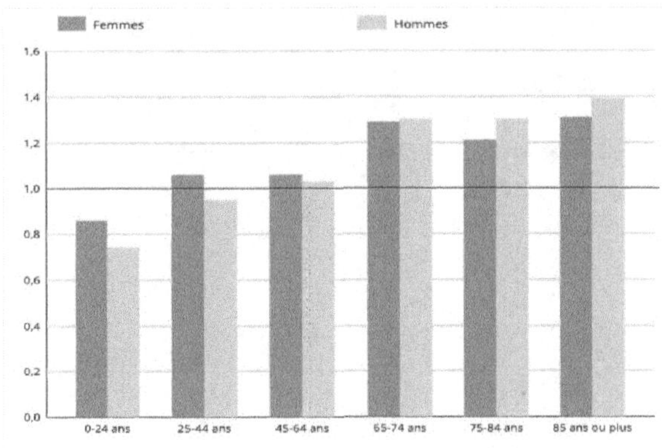

IV. ***Une épidémie qui a touché plus durement les zones à forte concentration de population***

Les chiffres de mortalité observée durant la phase aiguë de l'épidémie montrent que la surmortalité a concerné essentiellement les zones à forte densité, qu'il s'agisse des métropoles ou des départements (source INSEE) avec un impact particulier en Ile de France.

Évolution selon la densité communale du nombre de décès par semaine entre le 2 mars et le 19 avril 2020 rapporté à celui d'une semaine moyenne de la période de comparaison

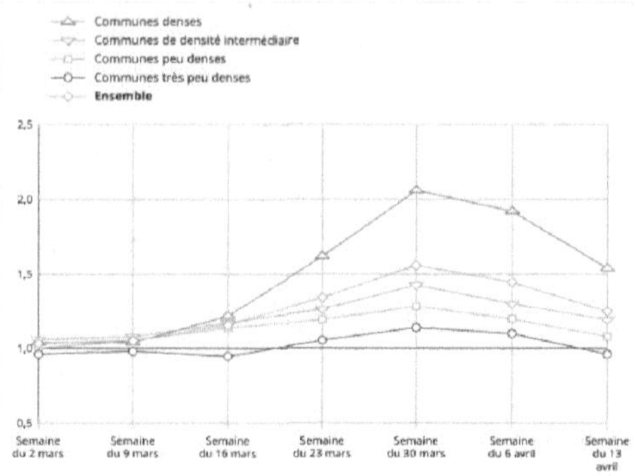

V. *Une épidémie qui a touché plus certaines régions que d'autres,*

Alors que la mesure de confinement a été instauré sur l'ensemble du territoire ce qui était nécessaire compte tenu de la vitesse de développement de l'épidémie, les conséquences en termes de mortalité ont été inégales, certains départements ayant même constaté une sous-mortalité probablement du fait des restrictions de circulation et d'activité.

Évolution hebdomadaire du nombre de décès entre le 2 mars et le 19 avril 2020 rapporté à celui d'une semaine moyenne de la période de comparaison

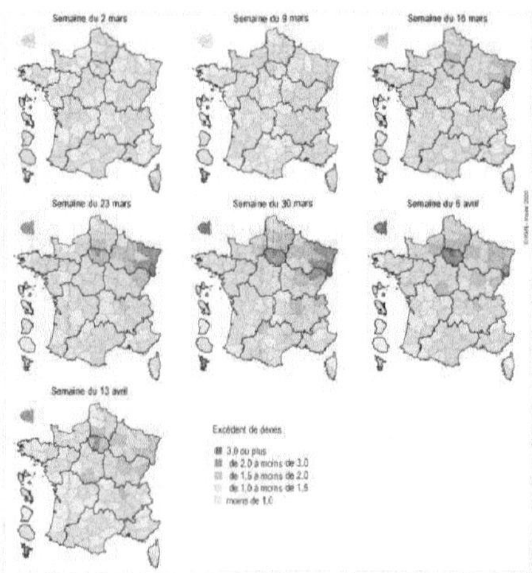

B. <u>LES MODELISATIONS DISPONIBLES CONCERNANT LES MESURES PRISES POUR LA SORTIE DU CONFINEMENT</u>

Plusieurs études de modélisation ont montré que le confinement avait réduit le taux de transmission de SARS-CoV-2 d'à peu près 70-80% [6], [7],[8],[9]. En analysant conjointement les données d'hospitalisation française et des données issues de la croisière Diamond Princess,

Salje et al [9] ont estimé le taux de mortalité associé à l'infection SARS-CoV-2 à 0.7% (0.4-1.0%) avec des variations importantes selon l'âge et le sexe. Ils ont également évalué que 3-7% de la population française avait été infectée par SARS-COV-2 au 11 mai avec des disparités régionales importantes. Roux et al [8] ont par ailleurs montré qu'en l'absence des mesures de contrôle mise en place avant le 19 avril, les besoins en termes de lits de réanimation pour traiter les patients COVID19 auraient été supérieurs à 100,000, excédant très largement la capacité française. Ces modèles peuvent être utilisés pour anticiper les ressources hospitalières nécessaires pour manager les patients covid19 au niveau national et régional. La dynamique de croissance ou de décroissance du nombre de cas peut par ailleurs être utilisée pour estimer le nombre de reproduction de l'épidémie et son temps de doublement [10]

Plusieurs modélisations ont également été réalisées pour déterminer les stratégies optimales de contrôle de l'épidémie de SARS-CoV-2 à la levée du confinement [6],[11]. Etant donné le taux de transmission élevé du virus et le faible niveau d'immunité dans la population, ces analyses indiquent qu'aucune intervention ne peut à elle seule empêcher une reprise de l'épidémie et qu'il est important de combiner plusieurs type d'approches (respect des mesures barrières, distanciation physique, isolement des personnes fragiles) et que des stratégies basées sur l'identification et l'isolement rapide des cas et de leurs contacts ont un rôle important à jouer pour renforcer l'efficacité du contrôle [6],[11]. En particulier, étant donné la difficulté d'identifier de façon rapide et exhaustive les contacts des cas avec les moyens d'investigation traditionnelle, l'intérêt des apps permettant un traçage exhaustif et instantané a été mis en avant [12]. Ces analyses montrent également que la réouverture des écoles pourrait contribuer à une reprise de l'épidémie, particulièrement pour les adolescents ; mais une meilleure compréhension du rôle des enfants dans la dynamique de transmission sera importante pour confirmer ce résultat [12] car les dernières données suggèrent que la transmission se ferait essentiellemet dans le sens adultes vers enfants.

Banerjee et al [13] a proposé aux décideurs politiques, aux chercheurs et au public un modèle simple et un outil en ligne permettant de comprendre la surmortalité sur un an due à la pandémie COVID-19. Ce modèle prend en compte l'âge, le sexe et les comorbidités. Les résultats montrent la nécessité de mesures de suppression rigoureuses et durables pour cibler les personnes les plus à risque en raison de comorbidité grâce à une série d'interventions préventives. Cette simulation permet d'évaluer la surmortalité liée à la pandémie au niveau d'un pays.

C. LES ORGANISATIONS MISES EN PLACE POUR TESTER, ISOLER, CONTACTER

Cette organisation a été mise en place à partir du 11 mai, à la suite des recommandations du rapport de Jean Castex [16]. Elle va être complétée par l'application mobile Stop-COVID qui sera mis en place début juin Cela a un outil additionnel important pour tracer les contacts. Sa disponibilité en cas de reprise de l'épidémie sera un point important.

I. *Organisation du diagnostic biologique (RT-PCR SARS-CoV-2)*

Le système permettant le diagnostic virologique est multiple, comprenant plusieurs types de structures complémentaires. Cette structuration multiple complexifie la mise en place et la collecte d'indicateurs pour le dispositif permettant de mesurer la performance de ce système d'une part et la surveillance épidémio-virologique d'autre part.

Trois types de structures vont assurer de manière complémentaire le diagnostic virologique d'infection COVID indispensable pour le déclenchement des mesures spécifiques pour les cas diagnostiqués et leurs éventuels contacts (27.05.2020) :

- Les laboratoires hospitaliers assurant le diagnostic PCR :

Ces laboratoires ont réalisé la grande majorité des diagnostics depuis le début de l'épidémie et représentent une capacité diagnostique importante de l'ordre de 35 000 tests/jour. Situées au sein des services de virologie des établissements de santé (ES), ces laboratoires sont reliés au service d'information de ces établissements. Au sein du dispositif assurant le transfert des informations complet, les diagnostics réalisés par ces laboratoires concerneront essentiellement des personnes se présentant dans les services d'urgence des ES ou des patients hospitalisés.

- Les laboratoires de diagnostic PCR haut-débit dédiés (site MGI)

Ces 21 sites ont été installés en connexion avec des établissements hospitaliers ou privés, mais ne sont pas reliées à leurs systèmes d'information. Ils fonctionnent avec un système d'information propre permettant de répondre aux besoins liés à l'épidémie actuelle. Ils ont un fonctionnement spécifique 7/7, associés à des sites de prélèvements dédiés, avec la plupart du temps un médecin sur place permettant de prescrire les tests. L'accès peut donc se faire indépendamment des médecins traitants. Leur capacité diagnostique est estimée à 40 000 test/jour.

- Les laboratoires privés assurant le diagnostic PCR

Ces laboratoires sont alimentés par le réseau de laboratoire de ville et des centres de prélèvements situés parfois dans les laboratoires privés d'analyses médicales. Ces laboratoires et centres sont répartis sur l'ensemble du territoire. Un système d'information spécifique permet les relations entre les centres de prélèvement et les laboratoires privés réalisant ces PCR. Une part de cette activité concerne des établissements hospitaliers périphériques ou des établissements privés. Au total, la capacité de ces laboratoires semble supérieure à 60 000 tests/jour, et peut encore augmentater.

Tous les résultats générés par ces 3 groupes de laboratoires sont remontés en temps réel dans la base de données SIDEP

II. ***Organisation du diagnostic clinique***

Plusieurs circuits sont possibles pour porter un diagnostic clinique devant une personne présentant des symptômes évocateurs de COVID-19 :

- Les médecins généralistes

Les médecins généralistes sont la voie prioritaire qui doit être utilisée pour accéder à une confirmation de diagnostic de COVID-19 (cf. annexe). Ainsi « Toute personne présentant des symptômes évocateurs de Covid19 devra contacter le plus rapidement possible un médecin afin que celui-ci prescrive la réalisation d'un test. Les personnes présentant des signes même mineurs évocateurs du Covid-19 devront se tourner en priorité vers la médecine de ville, notamment leur médecin traitant ».

Il faut noter que « l'obligation de prescription médicale pour se faire tester est levée pour les personnes identifiées comme « cas contact », et répertoriées à ce titre dans le système d'information Contact-Covid / AmeliPro ».

- Les Centres ambulatoires Covid-19

Des centres de diagnostic rapide peuvent être installés dans des agglomérations pour faciliter l'accès aux tests. Ces centres de prélèvement et de diagnostic rapide permettent un accès sans prescription préalable par un médecin traitant en permettant l'accès direct à un médecin présent dans ces centres qui confirme l'indication.

- Les services d'urgence des établissements de santé

Les services d'urgence permettent l'accès à un diagnostic clinique et biologique, celui-ci étant réalisé sur les plateformes biologiques des établissements hospitaliers. Les informations concernant ces patients seront enregistrées dans le SIH de l'établissement

En effet, « en cas d'impossibilité d'accéder à un médecin de ville ou à un centre ambulatoire Covid-19 ou à un dispositif de permanence des soins, elles pourront contacter le 15 (ou un numéro dédié) qui organisera la prescription d'un test si nécessaire après évaluation de la situation. »

D. LES SYSTEMES D'INFORMATION

Plusieurs systèmes d'information contribuent à fournir des données relatives au suivi de l'épidémie de COVID-19. Ces systèmes devront communiquer et permettre la concentration d'information. 2 systèmes principaux permettent de recueillir les informations :

- Le système d'information unique SIDEP

Ce système doit être renseigné par les 3 types de laboratoires : par une extraction journalière spécifique pour les laboratoires hospitaliers, par un concentrateur envoyant ensuite les données dans SIDEP pour les laboratoires privées, par un logiciel spécifique indépendant des systèmes d'information hospitaliers pour les laboratoires à haut-débit.

Le logiciel SIDEP doit permettre à Santé Publique France d'avoir une vision exhaustive de l'activité des laboratoires d'une part et de l'évolution de l'épidémie vue par le nombre de diagnostics confirmés.

- Le logiciel AMELI-PRO

Ce logiciel, géré par l'assurance maladie, recueille les données concernant les cas et les contacts. Ces données sont renseignées par les médecins généralistes lorsqu'ils reçoivent les résultats des tests diagnostiques qu'ils ont prescrit.

Deux problèmes liés à des difficultés de mise en œuvre persistent à ce jour :

  - Les hôpitaux ne peuvent renseigner ce système d'information pour les patients dont ils font le diagnostic, alors que ce diagnostic est renseigné dans le système d'information hospitalier.
  - Les laboratoires de diagnostic haut-débit ne peuvent renseigner les informations dans ce logiciel alors qu'elles permettent un accès direct à une

prescription de test par un médecin présent sur place. Ils ne peuvent pas non plus renseigner le système d'information hospitalier puisqu'ils ne sont pas connectées à ce système et qu'elles ont leur propre système d'information.

Deux autres systèmes importants et antérieurs à ces 2 nouveaux systèmes d'information complètent le dispositif de recueil d'informations :

- SurSaUD® (OSCOUR® et SOS Médecins) : les données de recours aux services d'urgences et aux associations SOS Médecins pour une suspicion d'infection à COVID-19 (utilisation de codes spécifiques) (depuis le 24 février).
- SI-VIC (Système d'information pour le suivi des victimes) : nombre d'hospitalisations pour COVID-19, patients en réanimation ou soins intensifs ainsi que les décès survenus pendant l'hospitalisation rapportés par les établissements hospitaliers (depuis le 13 mars).

E. ADAPTABILITE DU SYSTEME DE SANTE FRANÇAIS

Les capacités du système de santé français ont été éprouvées pendant l'épidémie. Les difficultés d'anticipation ont exigé le déploiement en urgence de moyens inédits, en santé publique comme en matière de soins, notamment hospitaliers. La construction de scénarios doit tenir compte de cet apprentissage collectif et d'une adaptation organisée du système de santé.

I. *En matière de santé publique*

Nos concitoyens ont fait l'apprentissage de nombreux principes et comportements de santé publique, allant d'une meilleure compréhension d'enjeux complexes, à l'adhésion à des comportements individuels de prévention. Ces apprentissages peuvent être mobilisés dans de nouvelles phases de l'épidémie en tenant compte des inégalités sociales et des vulnérabilités tant sanitaires que sociales. Un bilan de ces apprentissages doit permettre d'appréhender de manière prospective les conditions d'adhésion de nos concitoyens aux interventions de santé publique pouvant être utiles face à l'épidémie. Le recours à des espaces citoyens et délibératifs peut y contribuer.

II. *En matière de soins*

Les acteurs du système de santé ont dû composer avec des capacités matérielles et humaines initialement inadaptées compte tenu de l'ampleur de cette épidémie exceptionnelle, notamment en lits de réanimation, en personnels formés, en moyens de protection individuels, en matériels médicaux ou en médicaments indispensables. Ces moyens doivent faire l'objet d'une reconstitution, comme cela a été préconisé pour la sortie du confinement, mais aussi d'une anticipation programmée en vue des différents scenarios. Cette anticipation doit être opérationnelle et conduite en lien étroit avec les acteurs concernés, notamment professionnels.

III. *En matière de gouvernance*

La mobilisation des capacités du système de santé a mis à l'épreuve des régulations antérieures, parfois excessivement bureaucratiques. Sans attendre d'éventuelles réformes, les scénarios d'évolution de l'épidémie nécessitent une définition opérationnelle précise de modes gouvernance, y compris territoriaux, afin de dépasser les inerties bureaucratiques aussi bien que l'improvisation dans l'urgence. Ces modes de gouvernance doivent être opérationnels et cohérents. Ils doivent associer les acteurs concernés, notamment à l'échelle territoriale.

De manière transversale, la prise en compte d'une programmation opérationnelle de ces trois dimensions doit permettre au système de santé de réagir et de s'adapter rapidement à une reprise de l'épidémie, en évitant autant que possible des conditions extrêmes, sans doute peu reproductibles.

F. Les indicateurs disponibles

I. *Les indicateurs hospitaliers*

Plusieurs indicateurs permettent de mesurer les conséquences de l'épidémie sur la charge en soins pour les établissements de santé. Ces indicateurs sont des indicateurs plus tardifs et partiels car mesurant une partie des conséquences de la maladie. Par ailleurs, tous les établissements hospitaliers ne déclarent pas les cas de COVID et leur nombre peut varier au cours du temps. En revanche, ces indicateurs sont très largement utilisés dans les simulations et ont montré leur grande utilité lors du pic épidémique.

On peut distinguer des indicateurs d'incidence (nombre de nouveaux cas/hospitalisations/décès) ou de prévalence (nombre d'hospitalisations/réa en cours). On distingue :

- Le nombre de personnes nouvellement hospitalisées pour COVID-19. Cet indicateur est important et permet d'estimer le nombre de nouveaux cas quelques jours auparavant si la proportion de patients hospitalisés est stable dans le temps.

- Le nombre de personnes nouvellement hospitalisées en réanimation pour COVID-19. Cet indicateur est important car il permet de connaitre la charge de soins liée aux formes les plus graves de la maladie.

- Le nombre de patients décédés chaque jour à l'hôpital. Cet indicateur permet de mesurer la létalité hospitalière et d'estimer la létalité en population si l'on connait la proportion de patients nécessitant une hospitalisation

- Le nombre de personnes hospitalisées pour COVID-19. Cet indicateur mesure la charge du système de santé liée au COVID-19

- Le nombre de personnes hospitalisées en réanimation pour COVID-19. Cet indicateur permet de connaitre à tout moment la capacité restante de prise en charge en réanimation dans un établissement, une région ou au niveau national. Le taux d'augmentation de cet indicateur permet d'estimer la date de saturation des capacités de réanimation.

- Le nombre total de patients décédés à l'hôpital. Cet indicateur permet de mesurer une partie de la mortalité.

Au total, ces indicateurs hospitaliers sont fiables dès lors que le système d'information est stabilisé et qu'un nombre important d'établissements hospitaliers transmettent leurs données et permet d'agréger les données au niveau souhaité. Ils ont montré aussi leur sensibilité pendant cette première phase de l'épidémie.

II. *Les indicateurs d'activité médicale de soins primaires*

Ces indicateurs sont a priori les plus précoces. Ils peuvent être construits à partir du système d'information AMELI-PRO et des consultations réalisées par les médecins généralistes. Il faut noter toutefois que ce logiciel ne donnera qu'une vue partielle de l'activité médicale puisqu'une partie significative de l'activité de prescription des tests échappera à cet enregistrement.

III. *Les indicateurs d'activité des Laboratoires en charge du diagnostic*

Ces indicateurs renseignent une étape postérieure à la prescription de tests à des personnes présentant des signes évocateurs de COVID-19. Ils permettent de décrire l'activité des laboratoires, la répartition par type de Laboratoire (haut-débit public, haut et bas-débit privé, hospitalières), la répartition géographique ... D'autres indicateurs permettent de décrire la circulation du virus par le nombre de nouveaux cas par jour.

- Le nombre de tests réalisés

Cet indicateur permet d'identifier l'activité de tests et donc l'activité liée à la suspicion de COVID-19 et à l'activité de surveillance de l'épidémie (contacts et dépistage systématique). Il permet d'identifier le niveau de vigilance soit au niveau national soit régionalement. Une augmentation du nombre de tests réalisés en dehors d'intervention extérieure (campagne de sensibilisation par exemple) permettra de détecter une recrudescence de syndromes évoquant le COVID-19 et donc de déclencher précocement les mesures adaptées.

- Le nombre de tests positifs

Cet indicateur est l'indicateur fondamental dans la surveillance de l'épidémie. En effet, il est l'un des signes les plus précoces et les plus fiables de la diffusion de l'épidémie dans la population. Il suppose que le nombre de tests réalisés soit important (cf. supra).

- Les délais de la procédure TEST-TRACE- ISOLATE

Le temps de déroulement de la procédure est essentiel. Il est donc essentiel de disposer d'indicateurs pour être sûr que les patients potentiellement contagieux sont bien isolés de même que leurs contacts et ce dans les temps. Pour mémoire, le Conseil scientifique avait fixé à 24 heures le délai maximum entre la consultation d'un individu et la réception du résultat de son test. Les délais importants sont donc :

  - Celui entre les premiers signes et la consultation du cas index chez un médecin généraliste
  - Celui entre les premiers signes et la confirmation du diagnostic du cas index (noter que l'isolement est considéré comme opérationnel dès la suspicion du diagnostic par le cas index)
  - Celui entre les premiers signes du cas index et l'information des contacts du résultat positif du cas index

Un autre indicateur de fonctionnement du dispositif en place pourrait être la proportion de sujets diagnostiqués COVID+ lors de leur présentation aux urgences hospitalières comme premier recours aux soins, sans être passés par un généraliste.

Pour être pertinents ces 2 indicateurs nécessitent que :

- Toutes les personnes présentant des signes évocateurs même atypique de COVID-19 se signale à un médecin généraliste ou à défaut à un centre de prélèvement et accède à la prescription d'un test, ce qui va demander une forte adhésion de la population et donc un effort d'accompagnement important et d'information important.
- La prescription de test soit systématique devant tout symptôme ou signe même atypique pouvant évoquer une infection de type COVID-19.
- Le recueil des contacts soit systématique et que ceux-ci soient informés et orientés vers des plateformes de diagnostic
- Des campagnes de dépistage ciblées soient organisées lorsqu'un cluster important est identifié notamment dans des secteurs à risque comme les EHPAD ou dans des zones géographiques repérées.
- Le nombre de tests réalisés par jour soit fonction de la demande et non de l'offre. L'augmentation massive de la capacité de tests par jour obtenue par l'achat par l'état de 21 plateformes diagnostiques à haut-débit et la mobilisation de laboratoires privés, départementaux et vétérinaires laisse penser que l'offre sera supérieure à la demande. Si un dépistage systématique massif (dans une population donnée) ou ciblé était nécessaire, le regroupement (poolage) des prélèvements respiratoires pour diagnostic virologiques par RT-PCR pourrait éventuellement être envisagé si ces dépistages nécessitaient d'augmenter sensiblement la capacité journalière de tests virologiques. La capacité annoncée est de 700 000 tests par semaine.

IV. *Nombre de reproduction effectif et temps de doublement de l'épidémie*

Le nombre de reproduction effectif R mesure la contagiosité du virus à un instant donné. Il est défini comme le nombre moyen de personnes infectées par un cas. Lorsque ce nombre est supérieur à 1, cela signifie que l'épidémie est en phase ascendante ; lorsqu'il est inférieur à 1, en phase descendante [16]. Plus le nombre de reproduction est élevé, plus le nombre de cas journaliers croît rapidement. Sous les hypothèses faites par Salje et al [10] avec un délai moyen d'une semaine entre l'infection d'un cas et l'infection des personnes qu'il/elle infecte, le temps de doublement de l'épidémie (c'est-à-dire le nombre de jours nécessaires pour observer un doublement du nombre de cas) est :

Nombre de reproduction effectif	Temps de doublement (nombre de jours nécessaires pour observer un doublement du nombre de cas journalier)
1.1	*51 jours*
1.2	*26 jours*
1.3	*18 jours*
1.4	*14 jours*
1.5	*11 jours*
1.6	*9 jours*
1.8	*7 jours*

Même si l'attention s'est jusqu'à présent largement portée sur le nombre de reproduction, le Conseil scientifique note que le temps de doublement de l'épidémie peut être une statistique plus simple et intuitive à communiquer au public et à utiliser pour les décideurs.

Des estimations de R sont actuellement réalisées au niveau national et au niveau régional en analysant les données d'hospitalisation et de passage aux urgences COVID19. Étant donné le délai entre infection et hospitalisation, les estimations faites au temps t reflètent la situation épidémiologique 10-14 jours plus tôt. Des estimations de R plus précoces pourront être obtenues à partir du système SIDEP lorsque ce dernier sera stabilisé.

Il est important de bien prendre en compte les éléments suivants dans l'interprétation des estimations du nombre de reproduction :

- S'il y a peu de cas sur un territoire, les estimations de R ne sont pas fiables et ne devraient donc pas être utilisées.

- Pour détecter des changements récents dans la dynamique de transmission, il est possible d'estimer R sur une courte période de temps, par exemple sur les 7 derniers jours. Cependant, une augmentation de R sur une si courte période peut être due à des aléas stochastiques dans les données (nombre de cas plus large que d'habitude en fin de période, détection d'un cluster). Il est dans ce cas important de valider cette augmentation sur une période plus longue pour confirmer qu'il y a bien une tendance à l'augmentation.

PARTIE II- PREPARER LES SCENARIOS POSSIBLES

Les scénarios proposés ont été construits avec l'objectif d'éviter le développement d'une nouvelle vague épidémique et les mesures de confinement généralisé qui seraient nécessaires pour éviter une saturation des services de réanimation si toutes les autres options devaient échouer.

4 scénarios sont proposés :

SCENARIO 1 : UNE EPIDEMIE SOUS CONTROLE

SCENARIO 2 : UN OU DES CLUSTERS CRITIQUES SIGNES D'UNE REPRISE LOCALE DE L'EPIDEMIE

SCENARIO 3 : UNE REPRISE DIFFUSE ET A BAS BRUIT DE L'EPIDEMIE

SCENARIO 4 : L'EPIDEMIE ATTEINT UN STADE CRITIQUE

A. LES PRINCIPES DE CONSTRUCTION DES SCENARIOS

Pour construire les scénarios présentés ci-dessous, le Conseil scientifique a appliqué la méthode des scénarios prospectifs.

La contrainte opérationnelle de ces scénarios est d'éviter le confinement généralisé tel qu'il a été appliqué en France du 17 Mars au 10 Mai 2020, et dans beaucoup d'autres pays confrontés à l'épidémie. *Un confinement généralisé n'est pas souhaitable ni probablement acceptable considérant les enjeux sanitaires, sociaux et économiques. Il est donc essentiel de tout faire pour éviter une telle situation d'échec.*

Les paramètres pris en compte dans la construction de ces scénarios sont les suivants :

- La limitation des décès liés au COVID-19,
- La limitation de la mortalité induite indirectement due aux mesures prises pour contrôler l'épidémie,
- La limitation de la saturation des ressources hospitalières en moyens humains et technique,
- La limitation aussi grande que possible de la circulation du virus,
- Le maintien d'une activité sociale et économique.

Partant de l'objectif principal et des paramètres exposés ci-dessus, les mesures proposées s'inscrivent dans la continuité des mesures proposées dans l'avis 6 associant :

- Une modulation des mesures barrière, des mesures de distanciation sociale, de l'effort de détection des contacts et d'isolement des cas en fonction de la situation épidémiologique,
- Une approche centrée sur les personnes à risque de formes graves,
- Une approche ciblée territorialement,

- Une forte mobilisation des acteurs de proximité
- Des mesures compensatoires anticipées et ciblées et donc moins pénalisantes et onéreuses que des mesures générales.

Rappel : la décision permettant de savoir si l'on se situe dans tel ou tel scénario est une décision complexe qui doit prendre en compte un nombre important de paramètres quantitatifs et qualitatifs. Étant donné la diversité et la complexité des situations possibles, il ne sera pas possible de s'appuyer sur 1 ou 2 critères uniques pour déterminer le scénario.

A ce stade, il est essentiel de dire que :

- Aucun élément scientifique n'indique que l'évolution de l'épidémie suivra un schéma allant d'un scénario à un autre. Au contraire l'épisode du cluster de Mulhouse doit faire envisager que chacun des scénarios peut survenir à n'importe quel moment de l'évolution de la pandémie. Ainsi les autorités doivent être prêtes à répondre à chacune des éventualités.
- La survenue du scénario 4, c'est-à-dire celui conduisant à un confinement, correspondrait à un échec de la lutte contre l'épidémie.
- Le Conseil scientifique estime que les différents scénarios doivent faire l'objet d'une communication active afin de bien éclairer les français sur l'avenir et de recueillir leurs opinions.

B. LA SITUATION DE DEPART

I. *Des indicateurs globaux montrant une décroissance de l'épidémie*

La point de départ des scénarios tels qu'ils ont été construits est la situation épidémiologique telle qu'elle peut être résumée dans le graphique ci-dessous.

Deux semaines après la sortie du confinement, il est encore un peu tôt pour avoir une vision stabilisée sur l'évolution de la situation sanitaire mais on peut considérer que le niveau de circulation du virus est limité avec une situation contrôlée.

II. *Une persistance de clusters*

Il faut noter aussi la présence actuelle de 75 clusters sur l'ensemble du territoire.

Ainsi la situation actuelle est celle d'un faible niveau de la diffusion du virus mais de la persistance d'un nombre important de clusters de façon diffuse sur l'ensemble du territoire. Ce constat montre aussi la capacité du système de surveillance à repérer des clusters comportant un faible nombre de cas [4].

III. *Une faible immunité collective*

Une donnée supplémentaire prise en compte pour construire ces scénarios est le faible taux d'attaque du virus même dans les zones dans lesquelles les conséquences sanitaires ont été majeures. On s'attend à ce que 3 à 7% de la population française ait été infectée par SARS-CoV-2 durant la première vague avec des variations importantes par région (6-16% dans le Grand Est ou l'Ile de France contre 1-2% en Bretagne). Ces évaluations seront précisées lorsque les premiers résultats d'enquêtes de séroprévalence seront disponibles, ce qui semble être le cas autour de 5 à 12% tant en France qu'à l'étranger. Ainsi, pas plus que pour la première vague, l'immunité collective ne peut seulement être prise en compte pour stopper la propagation de l'épidémie après cette première vague [17]. Il faut noter que cette immunité collective n'est pas que théorique. Elle a été atteinte dans le modèle très particulier du porte-avion Charles de Gaulle, chez des sujets jeunes, en milieu confiné, sans distanciation physique (1046 des marins avec des anticorps anti-COVID sur 1760 marins, soit 59%).

IV. *Les point d'attention restant en suspens*

Le respect des gestes barrières est une mesure essentielle de la période de sortie de confinement. Seuls ces gestes complétés par le port du masque lorsque la distanciation physique de peut pas être respectées peuvent contenir la diffusion du virus et la propagation de l'épidémie durant cette période.

La pratique des tests doit être développée maintenant que les capacités en tests ont été augmentées. Cette pratique doit devenir systématique devant des signes même peu évocateurs. Les contacts des patients positifs doivent aussi bénéficier le plus rapidement possible des tests.

L'isolement des personnes diagnostiquées comme positives au COVID-19 est le dernier volet de ces mesures persistant après la levée du confinement. Destiné à casser les chaines de contamination, l'isolement des personnes porteuses du virus doit être respecté scrupuleusement pour maintenir la situation obtenue par le confinement.

Le maintien de ces mesures durant la période actuelle repose sur une communication adaptée aux différents publics et renforcée dans le temps.

V. *La situation internationale*

La plupart des pays européens lève les mesures de confinement prises à des niveaux divers soit avant la France (Italie, Espagne), soit en même temps (Allemagne, Belgique) ou après la France (Grande-Bretagne). Certains pays ont constaté peu de cas sur leur territoire (Europe de l'Est) ou ont adopté des stratégies différentes avec un confinement partiel ou sélectif (Suède).

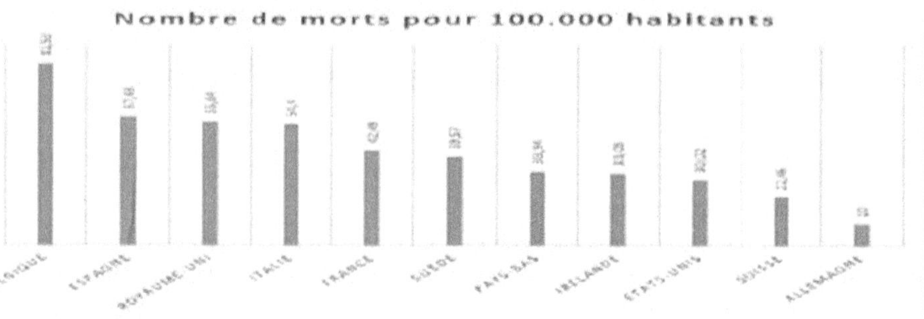

Pour plusieurs grands pays européens le nombre de morts/100.000 habitants est comparable (France, Espagne, Italie, Royaume-Uni, Belgique, Suède, Pays-Bas). Il est plus faible en Allemagne, Suisse et Autriche où l'utilisation du dépistage par RT-PCR SARS-CoV-2 a été plus précoce et plus intense. La situation aux Etats-Unis est encore très évolutive.

Il en est de même de l'évolution de l'épidémie et la plupart des pays européens constatent une décroissance du nombre d'hospitalisation leur permettant de lever les mesures de confinement. Il en est de même des mesures de limitations des déplacements qui sont levées progressivement dans l'espace européens même si certains pays maintiennent des quarantaines à l'arrivée (Grande-Bretagne).

C. UN PLAN DE PREVENTION ET DE PROTECTION RENFORCEES A ELABORER DES MAINTENANT

Le Conseil scientifique considère essentiel d'élaborer dès maintenant un plan de prévention et de protection renforcé (Plan P2R-COVID) comportant plusieurs types de mesures qui présentent la particularité d'être :

- **Adaptées au risque de formes graves et de décès tel qu'il peut être estimé sur la base des connaissances actuelles.**
- **Proportionnelles au risque tel qu'il peut être appréhendé sur la base des données scientifiques disponibles.**
- **Fondées sur un principe de solidarité en limitant leur application à certains secteurs les plus touchés ou à des personnes les plus à risque mais dans l'intérêt général.**
- **Anticipées et partagées par les différentes populations concernées.**
- **Compatibles avec un impact limité sur la vie sociale, l'activité économique et sur le système de santé.**

Les différents éléments de ce plan peuvent ensuite être enclenchés selon la situation épidémiologique correspondant aux différents scénarios.

Les différentes composantes du plan P2R-COVID sont à mettre en œuvre en fonction des scénarios et en fonction des territoires. Elles sont regroupées artificiellement ici, et à introduire en fonction de chaque scénario.

Ce plan se décline en 7 composantes spécifiques dites « protocole » identifiées par le Conseil scientifique. Ces protocoles font l'objet d'une fiche technique en annexe de l'avis (p.31) :

- **Un protocole de renforcement des mesures barrière et des mesures de distanciation physique dans la population générale :** Ces mesures s'appliquent à l'ensemble de la population avec port du masque obligatoire dans tous les lieux confinés, friction au gel hydroalcoolique à l'entrée et à la sortie de ces lieux, respect strict de la distanciation sociale, suppression des rassemblements non nécessaires.

- **Un protocole de renforcement du TESTER-TRACER-ISOLER :** ce protocole vise à renforcer la pratique généralisée du testing, notamment en enclenchant des campagnes localisées de dépistages par RT-PCR.

- **Un protocole de confinement-protection renforcé des personnes à risque de formes graves :** ce protocole vise à protéger les personnes les plus à risque, notamment en incitant un confinement volontaire et des mesures d'aménagement de de vie quotidienne l'accompagnant.

- **Un protocole de protection des EHPAD** : le Conseil scientifique s'est déjà prononcé à plusieurs reprises sur la nécessaire protection des résidents en EHPAD. En cette période de post confinement, le Conseil scientifique propose une nouvelle stratégie pour ces établissements, basée sur le triptyque « **Dépistage – Visite des familles – Prise en charge précoce et adaptée** ».

- **Un protocole à destination des populations en situation de grande précarité** : ce protocole est nécessaire afin de permettre aux populations les plus précaires d'avoir sereinement recours au dépistage. Une assistance particulière leur est proposée afin qu'ils puissent adhérer à la politique généralisée de tests.

- **Un protocole « Grandes métropoles » :** ce protocole s'inscrit dans la nécessité déjà exprimée par le Conseil scientifique d'adapter les mesures en fonction des situations épidémiologique locale. L'historique de l'épidémie en France a montré que les métropoles, notamment l'Ile de France, étaient confrontées à des enjeux différenciés de ceux des territoires ruraux. Ce protocole répond à ces besoins spécifiques. Ce protocole est particulièrement lié à celui relatif à la grande précarité.

- **Un protocole de préparation hospitalière : ce protocole a pour but de** renforcer la capacité de réaction du des structures hospitalières publiques et privées, mais aussi des établissement médico-sociaux face au coronavirus en cas de survenue d'une deuxième vague. Une attention particulière est portée aux soignants qui ont été hautement sollicités lors des deux derniers mois, ainsi qu'aux stocks stratégiques de médicaments, de matériel et d'équipements de protection reconstitués.

PARTIE III - LES 4 SCENARIOS POSSIBLES

Ces scénarios sont envisagés en l'absence de traitements anti-COVID curatif ou préventif dument validés et en l'absence de vaccins anti-COVID pour les mois qui viennent. Un point est essentiel : **l'information des citoyens pour qu'ils comprennent ces scénarios, qu'ils s'en emparent et qu'ils en deviennent les acteurs.** Ces scénarios peuvent être source de tensions générationnelles, géographiques, ou encore populationnelles comme l'a souligné le Comité consultatif national d'éthique [20]. Un comité de liaison citoyenne permettrait d'intégrer une vision citoyenne dans la gestion ces différents enjeux.

A. Scenario 1 : Une epidemie sous controle

I. *Des indicateurs stabilisés*

Ce scénario repose sur l'hypothèse que la stratégie de contrôle préconisée dans l'avis 6 (mesures barrières, testing et contact tracing) est appliquée et maintenue pendant un temps suffisamment long après le confinement. Dans son avis n° 6 () le Conseil scientifique avait estimé ce temps à 2 mois minimum. Le résultat obtenu dans ce scénario en est un contrôle de l'épidémie objectivé par la stabilisation des différents marqueurs :

- Existence d'un nombre limité de clusters à criticité faible car contrôlés.
- Des indicateurs qui indiquent que le nombre de cas COVID19 est faible et stabilisé ou en train de diminuer.

Cette situation pourra être affirmée en considérant 2 types d'indicateurs :

- *Les indicateurs classiques qui ont été utilisés durant toute l'épidémie.*

  Le nombre de passages aux urgences pour COVID, le nombre de nouveaux patients hospitalisés, le nombre de patients hospitalisés en urgence, et le nombre de patients hospitalisés en réanimation, constituent des indicateurs robustes qui ont permis de construire les modèles prédictifs. Ils sont cependant des indicateurs tardifs et doivent être complétés par d'autres indicateurs. Ces indicateurs doivent être stabilisés sur une période suffisamment longue pour pouvoir affirmer que l'épidémie est sous contrôle.

- *Les indicateurs supplémentaires*

  Ils doivent être associés aux indicateurs précédents pour confirmer ce scénario. Le nombre de tests à réaliser est estimé à 50 000 tests diagnostiques par PCR journaliers minimum pour s'assurer que toutes les personnes ayant des symptômes évocateurs et tous les contacts potentiels des cas bénéficient effectivement d'un test diagnostic. Ce chiffre doit être décliné au niveau de chacune des régions voire des départements avec un seuil de 75 tests/100 000 habitants par jour

Sous ces conditions, des indicateurs indiquant un niveau de circulation faible (correspondant par exemple à un taux de test positif inférieur à environ 2-3%) avec une tendance stable ou décroissante, sans clusters problématiques seraient les signaux d'un contrôle de la diffusion de l'épidémie.

II. *La stratégie à appliquer : Le maintien des mesures de base*

Dans cette situation et à l'horizon de deux mois après la fin du confinement, ce scénario permettra le retour progressif à une vie plus conforme aux attentes sociales et économiques tout en maintenant pour une durée de 6 mois l'attention portée au respect des gestes barrière. Ces interventions sont également discutées au niveau international [18],[19].
Il sera nécessaire de revoir la situation à l'issue de cette période pour prendre en compte les paramètres inconnus pour l'instant comme le risque accru de reprise épidémique en période hivernale ou de nouvelles approches thérapeutiques.

Dans ce scénario, 2 mesures nécessitent d'être maintenues à leur niveau actuel :

- Le maintien strict des mesures barrière et des mesures de contrôle dans la population générale. Ces mesures doivent être appliquées par l'ensemble de la population pendant la période de temps proposée ci-dessus.
- La stratégie TESTER-TRACER-ISOLER. Cette stratégie est essentielle et doit être maintenue dans les conditions développées en annexe sur l'ensemble du territoire. Un nombre insuffisant signifierait une baisse de la vigilance qui serait préjudiciable au contrôle de l'épidémie.

Ces 2 mesures doivent être appliquées sur l'ensemble du territoire, accompagnées d'une communication permettant le maintien de la vigilance à un niveau élevé dans la population et ce en l'absence de données scientifiques permettant de faire évoluer la prévention ou la prise en charge.

En revanche, les autres mesures encore en vigueur à la sortie du confinement, comme le télétravail, les restrictions de déplacement pourront être levées progressivement avec une surveillance très rapprochée des différents indicateurs. Une réouverture des établissements scolaires plus complète mais toujours adaptée à la situation épidémique pourrait être organiser pour la rentrée de septembre 2020.

On peut considérer que ce scénario 1 pourrait être le scénario probable de la situation sanitaire à venir dans les prochaines semaines et mois. Il peut être favorisé par la réduction habituellement observée en été (zone Europe) de la circulation des virus respiratoires.

B. SCENARIO 2 : UN OU DES CLUSTERS CRITIQUES SIGNES D'UNE REPRISE LOCALE DE L'EPIDEMIE

Ce scénario indique une circulation active mais localisée du virus. Afin d'éviter une reprise de l'épidémie au niveau national ces clusters doivent être maitrisés par des mesures importantes et précoces. La stratégie à mettre en place a pour but d'éviter des restrictions supplémentaires pour les populations concernées.

Ce scénario est un scénario probable dans les semaines qui viennent compte tenu de ce qui a été constaté en Allemagne et dans certains pays d'Asie. Ces exemples illustrent la nécessité de maintenir une vigilance accrue et de concevoir rapidement un plan de mise en œuvre de mesures de contrôles au niveau local.

I. *L'identification de clusters critiques*

Le « cluster critique » n'a pas de définition épidémiologique validée. Santé publique France doit en préciser prochainement la définition

Le Conseil scientifique estime que la définition d'un « cluster critique[1] » doit reposer sur un ensemble d'indicateurs :

- Le nombre absolu de cas inclus dans le cluster et une dynamique très rapide quasi-explosive.
- La densité d'incidence dans la commune où se situe l'épicentre du cluster ce qui permet de normaliser le nombre de cas à la densité de la population. A titre indicatif, les chiffres habituellement retenus notamment à l'étranger sont 50 cas/100 000 habitants/semaine dans la zone concernée.
- Le contexte dans lequel ce cluster survient : entreprise, école, EHPAD, population précaire
- Le fait que sans ressources supplémentaires on risque d'être bientôt incapable de suivre les chaines de contamination en raison de la rapidité de développement de l'épidémie dans ce secteur.

II. *La stratégie à appliquer : des mesures localisées, précoces*

Repérer le plus précocement possible une situation de ce type afin d'éviter une reprise diffuse de l'épidémie sur le territoire national. Il propose aussi de mettre en œuvre une réponse précoce, rapide, massive et ciblée sur une zone géographique.

Le Conseil scientifique identifie des mesures que les responsables pourront mettre en œuvre en fonction de l'évaluation de risque.

Cette réponse doit être une approche combinée appliquée dans la zone concernée associant

- Le renforcement des gestes barrières (cf. supra)
- Une stratégie massive de « TESTER-TRACER-ISOLER ». L'allocation de moyens supplémentaires notamment humains doit être adaptée à la taille de la population à tester et à tracer. La pratique des tests ne peut se limiter aux cas symptomatiques des populations dans le périmètre du cluster. Une campagne d'information active incitant les personnes à se faire dépister est essentielle à la réussite de la maitrise d'un cluster critique. Ces moyens devront être alloués par l'ARS en lien avec les médecins généralistes du secteur et les collectivités locales qui connaissent le mieux les

---

[1] Le cluster créé par le rassemblement évangélique de Mulhouse peut être considéré comme un cluster critique

populations concernées et qui sont susceptibles de mobiliser des ressources adaptées à la situation. Il est important de rappeler aux ARS que la découverte de tout cluster a fortiori potentiellement critique nécessite une réponse immédiate et massive.

- Une démarche proactive envers les populations précaires. Les clusters critiques peuvent concerner des populations précaires ou défavorisées. Il est donc essentiel de prévoir dans cette situation, des interventions spécifiques à destination de ces populations pour renforcer le respect des mesures barrières, leur permettre un accès facile aux tests diagnostiques, de les accompagner dans les mesures d'isolement pour les cas confirmés

- Un confinement localisé doit être envisagé suffisamment tôt dans cette situation. En effet, il est impératif de contrôler la circulation du virus et de limiter le nombre de cas exportés à partir du cluster critique identifié. Ce confinement localisé devra consister principalement à limiter la circulation des individus résidant dans le territoire identifié, de renforcer de façon importante les mesures barrière dans ce territoire tout en maintenant une activité à l'exclusion de celle des lieux de convivialité.

- Des mesures compensatoires doivent être prévues par l'activation de dispositifs qui doivent être envisagés dès maintenant de façon à soutenir les populations de ce territoire et préserver l'activité essentielle.

Cette réponse doit se faire dans un périmètre limité et prendre en compte la densité de la population à l'épicentre de l'épidémie.

Il s'agit de chiffres donnés à titre indicatif et qui doivent être adaptés en fonction de la situation locale.

Le Conseil scientifique rappelle que les outils de contact tracing jouent un rôle déterminant dans le contrôle de l'épidémie dans ce scénario et qu'il importe de les mettre en place le plus rapidement possible dans cette situation.

C. SCENARIO 3 : UNE REPRISE DIFFUSE ET A BAS BRUIT DE L'EPIDEMIE

Le scénario 3 est celui d'une reprise diffuse de l'épidémie sur un territoire suffisamment important comme une région ou au niveau national et sans bon suivi des chaînes de transmission. Cette reprise de l'épidémie traduit plutôt un relâchement des mesures de contrôle de la circulation du virus par la population permettant une reprise active de la transmission du virus et de façon diffuse. A cette situation de départ, vient s'ajouter la reprise progressive des déplacements inter-régionaux favorisant la dissémination du virus. Cette situation nécessite d'être identifiée suffisamment tôt pour arriver à enrayer la progression de l'épidémie.

Comme indiqué dans l'introduction, le Conseil scientifique considère qu'un nouveau confinement généralisé n'est ni souhaitable ni faisable pour des raisons d'enjeux sanitaires, sociétaux et économiques. Le scénario 3 prend en compte cette nouvelle vision et propose des mesures ciblées pour certains groupes populationnels ou zones géographiques afin de maintenir un niveau acceptable d'activité sociale et économique.

I. *Des indicateurs précoces perturbés*

Ce scénario correspond à une situation où le suivi des chaînes de transmission ne permet pas d'expliquer :

- Une augmentation du nombre de tests réalisés par jour dans une région ou sur le territoire. Cette augmentation rapide de ce paramètre sera le signe le plus précoce d'une reprise de l'épidémie. Cet indicateur est précoce mais peu spécifique
- Une augmentation significative et observée dans la durée du nombre des tests positifs par rapport au nombre de test réalisés celui-ci ce maintenant au-dessus du seuil identifié plus haut. Cela correspond à un scénario où le nombre de reproduction effectif devient supérieur à 1 dans la durée.

Une modification de ces indicateurs dont le R supérieur à 1 signifiera une augmentation de la circulation du virus mais à une vitesse suffisamment faible pour être encore maîtrisée.

Cette reprise à bas bruit pourrait être observée soit à l'échelon d'une région soit sur le territoire national. Les mesures proposées le seront sur le territoire concerné.

La vitesse à laquelle le nombre de cas croit l'épidémie et la zone géographique dans laquelle cette croissance est observée seront importante à prendre en compte pour évaluer la gravité de la situation, et les mesures à mettre en œuvre et notamment :

- L'effort supplémentaire pour contenir l'épidémie.
- Le temps disponible avant d'atteindre une vitesse de croissance amenant à se poser la question d'un reconfinement. Plus la vitesse de croissance de l'épidémie est rapide, plus la décision d'un potentiel reconfinement devra être prise rapidement, et moins on dispose donc de temps pour stopper la reprise, avec des approches moins contraignantes que le confinement.
- L'impact sanitaire en l'absence de confinement : plus le nombre de reproduction est élevé, plus l'impact sanitaire (mesuré par exemple par la surmortalité hospitalière) sera important en l'absence d'un second confinement.

Cette reprise diffuse pourrait être observée soit à l'échelon d'une région soit sur le territoire national. Les mesures proposées le seront sur le territoire concerné.

II. *La stratégie à appliquer : l'activation de l'ensemble des mesures du plan de prévention et de protection renforcée (plan P2R-COVID)*

Dans ce scénario, le Conseil scientifique propose **un changement d'approche**. Il propose d'élaborer puis d'activer les mesures du plan de prévention et de protection renforcé (Plan P2R-COVID) telles qu'elles ont été exposées précédemment et sont développées en annexe.

Le niveau d'intensité des mesures doit être déterminé en fonction de la situation épidémiologique.

L'application des mesures doit prendre en compte les conditions géographiques de redémarrage de l'épidémie. Si par exemple, l'ensemble des régions ont une situation épidémique sous contrôle à l'exception d'une région qui est affectée par une reprise à bas bruit, des restrictions de l'activité économique pourront être considérées pour assurer un contrôle plus rapide du foyer épidémique et éviter la diffusion aux autres régions

Dans le scénario 3, une attention particulière doit porter sur la région Ile de France et sur la grande précarité.

Devant l'échec du contrôle de l'épidémie par l'activation des mesures du P2R-COVID-19, la question du confinement généralisé et des conditions dans lesquelles il devra être réactivé se posera.

D. SCENARIO 4 : L'EPIDEMIE ATTEINT UN STADE CRITIQUE

Dans ce scénario, les efforts pour stopper la reprise de l'épidémie (scénario 3) ont échoué. Le nombre de cas continue d'augmenter et on arrive au « moment critique » où, toutes les autres approches ayant échoué, les autorités doivent décider si elles souhaitent instaurer un deuxième confinement pour éviter le débordement des services de réanimation.

I. Cette décision grave devra être prise en considérant l'impact sanitaire de l'épidémie de COVID19 mais également l'impact d'un deuxième confinement sur la société française (tant sur le plan sanitaire pour les pathologies non covid19 que sur les plans économiques et sociaux). Comme pour le scénario 3, une bonne appréciation de la dynamique épidémique sera importante pour évaluer l'impact sanitaire associé de l'épidémie COVID19 en l'absence de confinement (plus le nombre de reproduction effectif sera élevé, plus cet impact sera important). Des modèles mathématiques pourront être utilisés pour tenter d'évaluer cet impact, néanmoins avec de grandes incertitudes.

II. Les autorités devront également précisément déterminer leur objectif. Par exemple, si l'objectif est uniquement de diminuer la mortalité liée à COVID19, un confinement permanent ou extrêmement précoce sera toujours préférable, mais cela ignore l'impact délétère du confinement sur la société française. Un objectif alternatif est d'assumer tout en la limitant une surmortalité hospitalière COVID19 associée à la mise sous tension des services de réanimation. Cet objectif peut être atteint au moins partiellement en augmentant les capacités hospitalières en attendant de restaurer un confinement si toutes les autres approches ont échoué.
Le Conseil scientifique a bien conscience de l'impact négatif majeur qu'aurait un second confinement généralisé sur la société française. Dans ce dernier scénario, il appartiendrait aux autorités d'arbitrer entre ces deux options très difficiles.

Ce scénario 4 doit absolument être évité mais il ne peut être éliminé d'où l'importance d'anticiper.

CONCLUSIONS

I. Le Conseil scientifique souligne l'importance de **préparer dès à présent l'évolution de l'épidémie au cours des prochains mois,** en envisageant la survenue de quatre scénarios plus ou moins favorables ou critiques. Cette préparation vise à disposer d'un ensemble d'actions et de mesures à prendre le plus tôt possible afin d'**éviter un nouveau confinement généralisé**. Loin de constituer des « cas d'école », ces différents scénarios ont tous – y compris les plus critiques – des chances réelles de survenue au cours des prochains mois. Malgré le souci compréhensible de s'en exonérer au vu d'une amélioration nette de la situation épidémique à la sortie du confinement, **ces scénarios exigent une préparation active** de la part des autorités et de la société dans son ensemble. L'expérience acquise par nos concitoyens au cours de l'épidémie constitue à cet égard une ressource inestimable.

II. Le Conseil scientifique souligne la nécessité de préparer un **Plan de protection renforcée**, dont les mesures spécifiques devront être mises en œuvre de manière programmée, selon le cours de l'épidémie. Ce plan vise à augmenter l'efficacité des mesures prises tout en limitant l'impact social et économique de l'épidémie. Il inclut en particulier : le renforcement des mesures barrière et de distanciation, la mise en œuvre renforcée de la stratégie « tester, tracer, isoler », un plan de protection des EHPAD, une protection renforcée par confinement volontaire des personnes les plus vulnérables en raison de leur âge ou de leur état de santé, un plan destiné aux personnes les plus précaires ainsi qu'un ensemble de mesures à mettre en œuvre dans les métropoles, qui sont particulièrement exposées, notamment en Ile de France.

III. Les quatre scénarios identifiés par le Conseil scientifique devront être précisés et actualisés en fonction de l'évolution des connaissances scientifiques et des exigences opérationnelles. A cet égard, le Conseil scientifique souligne la nécessité d'une **gouvernance claire, opérationnelle et en partie territorialisée**. Cette gouvernance devra inclure des compétences scientifiques et sanitaires, mais aussi interministérielles et plus largement institutionnelles. L'association d'acteurs de la société civile et de la vie économique est de nature à renforcer sa légitimité ainsi que l'adhésion aux mesures envisagées dans chaque scénario.

IV. Chacun des quatre scénarios doit pouvoir être **identifié** au cours de l'épidémie à partir d'indicateurs appropriés. La situation nécessitera des formes complexes d'appréciation, associant aux indicateurs quantifiés des informations plus qualitatives, notamment locales. En outre, la survenue des scenarios n'est pas nécessairement successive, des scenarios critiques pouvant survenir sans être précédés par d'autres plus favorables, qui laisseraient un temps de préparation. Le temps de réaction est un paramètre déterminant dans le contrôle de l'épidémie.

(i)Le premier scenario est le plus favorable. C'est celui d'une **épidémie sous contrôle** au vu des indicateurs disponibles, associée à l'occurrence de clusters localisés pouvant être maitrisés. En présence du virus, ce scenario nécessite cependant un maintien des mesures de lutte contre l'épidémie.

(ii) Le scenario 2, plus défavorable, verrait apparaître **des clusters critiques, laissant craindre une perte de contrôle des chaînes de contamination**, et partant du contrôle de l'épidémie elle-même. Ce scénario exigerait des mesures strictes, précoces et localisées, afin d'éviter une perte de contrôle plus large de l'épidémie.

(iii)Le scénario 3, qui ferait basculer la gestion de l'épidémie d'une situation contrôlée à une situation beaucoup plus problématique et exigeante, est celui d'une **reprise progressive et à bas bruit de l'épidémie**, plus difficile à identifier. Des indicateurs se dégraderaient alors sans que les chaînes de contamination puissent être identifiées, ni a fortiori contrôlées. Ce scenario exigerait des mesures strictes ainsi que l'activation rapide de plans de protection renforcée. Les mesures à prendre pourraient encore être envisagées à une échelle régionale si les indicateurs le permettent.

(iv)Le scénario 4 correspond à une dégradation critique des indicateurs traduirait une **perte du contrôle de l'épidémie**, et exigerait des décisions difficiles, conduisant à choisir entre un confinement national généralisé, permettant de minimiser la mortalité directe, et d'autres objectifs collectifs, économiques et sociaux, s'accompagnant alors d'une importante mortalité directe.

FICHE TECHNIQUE
PROTOCOLES DU PLAN P2R COVID

Le Conseil scientifique considère essentiel d'élaborer dès maintenant un plan de prévention et de protection renforcé (Plan P2R-COVID). Ce plan se décline en 7 composantes spécifiques dites « protocole » identifiées par le Conseil scientifique.

I. *Protocole de renforcement des mesures barrière et des mesures de distanciation physique dans la population générale*

Ces mesures s'appliquent à l'ensemble de la population avec port du masque obligatoire dans tous les lieux confinés, friction au gel hydroalcoolique à l'entrée et à la sortie de ces lieux, respect strict de la distanciation sociale, suppression des rassemblements non nécessaires.

II. *Protocole de renforcement du TESTER-TRACER-ISOLER*

Cette mesure du plan est essentielle. Elle vise à rappeler, intensifier et rendre plus accessible la stratégie de TESTER-TRACER-ISOLER pour la population lorsque la situation l'exige.

- *Enclencher des campagnes intensives et localisées de testing*

La détection des cas et l'identification de leurs contacts est la principale stratégie pour limiter l'extension de clusters localisé.

Il est important de rappeler aux ARS que la découverte de tout cluster a fortiori potentiellement critique ou que toute reprise même à bas bruit de l'épidémie nécessite une réponse immédiate et massive.

L'accès au test doit être favorisé même sans consultation médicale préalable. Cette disposition est particulièrement importante dans des zones géographiques dans lesquelles la circulation du virus est importante où pour des populations pour lesquelles l'accès au système de soins est plus difficile, tel est particulièrement le cas en Ile de France.

Le traçage et l'isolement des cas et des contacts ne présentent aucune particularité par rapport à ce qui a déjà été énoncé dans l'avis sur la sortie du confinement (avis 6).

- *Renforcer la pratique généralisée du testing*

En cas de reprise épidémique, une campagne de communication importante est mise en place, rappelant la démarche à suivre dès lors qu'on a des symptômes légers compatibles avec COVID, même s'ils sont atypiques. Tout doit être mis en œuvre pour que le délai le début des symptômes, la consultation et le rendu des résultats du test soit aussi court que possible (dans les 24h), et que les contacts soient identifiés et pris en charge de façon aussi exhaustive et rapide que possible.

- *Rendre plus accessible les possibilités d'isolement des cas et des contacts*

Les possibilités d'isolement des cas et des contacts doivent être renforcées an proposant majoritairement des lieux d'hébergement dédiés, tout en respectant le choix individuel.

Les associations de défense des droits de l'homme habilitées à visiter et évaluer les conditions de vie dans les lieux d'isolement et de quarantaine fermés sur le territoire français (type foyers, centres de détention, etc.), doivent être habilitées à visiter et contrôler les conditions d'hébergement dans les résidences dédiées.

III. *Un confinement-protection renforcé des personnes à risque de formes graves*

Le Conseil scientifique préconise qu'une évaluation individuelle du risque soit réalisée par le médecin traitant pour les personnes en ALD, recevant un traitement au long cours, âgée de plus de 65 ans ou qui sont estimées à risque. Cette évaluation devra tenir compte de la pathologie et des traitements reçus, de la situation professionnelle et de la situation géographique (circulation active ou non du virus). Le Conseil scientifique considère que dans l'état actuel des connaissances, le télétravail doit être favorisé pour cette catégorie de personnes mais qu'il est possible en fonction de l'évaluation individuelle du risque d'envisager soit un arrêt de travail soit un travail en présentiel, le médecin du travail devant alors s'assurer que le port du masque chirurgical et les mesures barrières seront strictement respectées sur le lieu de travail. L'employeur devant s'assurer qu'un masque chirurgical est fourni pour chaque période de travail de 4 heures (durée de vie d'un masque).

Pour les personnes de plus de 65 ans ou présentant des facteurs de risque mais n'ayant pas d'activité professionnelle, le Conseil scientifique recommande que dans l'état actuel des connaissances ces personnes évitent au maximum le risque de contamination notamment par des porteurs asymptomatiques en adoptant un « confinement » volontaire. Ce confinement volontaire consiste donc à limiter au maximum le risque de contagion dans des lieux confinés ou à forte fréquentation. Le port du masque en dehors du domicile est indispensable pour cette catégorie de la population. L'état devra s'assurer que ces personnes pourront bénéficier d'au moins un masque chirurgical par jour afin qu'elles puissent sortir notamment pour faire leurs courses.

Cette protection renforcée doit être accompagnée de mesures spécifiques permettant à ces personnes de respecter volontairement ses consignes de confinement en en limitant les désagréments. Il peut s'agir de portage de repas, d'aides ménagères à domicile (avec le respect strict des gestes de barrière), de mesures de lutte contre l'isolement etc ...

Ces mesures doivent être élaborées dès maintenant, pour être activées rapidement dès que nécessaires. Le rôle des collectivités locales est majeur dans l'élaboration de telles mesures, d'autres plan comme le plan canicule ayant montré leur efficacité.

IV. *Un protocole de protection des EHPAD*[2]

Le Conseil scientifique rappelle qu'il s'est déjà prononcé à plusieurs reprises sur le problème posé par la nécessaire protection des EHPAD témoignant ainsi de son souci de protéger les plus fragiles dans cette épidémie. Il rappelle que la mortalité durant les 2 mois de l'épidémie a été de 1,25% dans ces établissements et ce malgré un taux d'attaque probablement encore faible

Le Conseil scientifique préconise de changer de paradigme et d'élaborer des plans de prévention et de protection renforcé, fondés sur le dépistage systématique des personnels soignants et non soignants en relation potentielle même distante avec les résidents, le maintien des visites des familles et le renforcement des liens opérationnels avec les structures hospitalières de référence sur leur territoire

D'un point de vue opérationnel, cela repose sur :

- Limiter la présence du SARS-CoV-2 au sein des EHPAD
- Tester et isoler de façon très active si cas positif et maitrise la transmission croisée.
- Déployer au sein de l'EHPAD une stratégie de déconfinement individuel efficiente
- Respecter la dignité des anciens et de leur famille.

a) Le renforcement du dépistage systématique et du diagnostic précoce

Les tests étaient jusque-là réservés aux seules personnes symptomatiques ou au cas contacts. Il s'agira de réaliser un testing généralisé et séquentiel du personnel des EHPAD. Ainsi il sera réalisé un test RT-PCR sur écouvillon nasopharyngé pour les personnes travaillant en EHPAD toutes les semaines. Les personnels positifs (par définition asymptomatique) devront se soumettre à une éviction de 7 jours à partir du dépistage ou de 7 jours avec au moins 2 jours d'éviction sans symptômes si elles deviennent symptomatiques

Les réserves potentielles en personnel de ces établissements doivent être dès maintenant évaluées par région ou au mieux du département car l'éviction pourrait concerner un grand nombre de personnels notamment parmi le personnel soignant.

En cas de cas positif parmi le personnel ou parmi les résidents, tous les résidents de l'EHPAD seront testés afin d'envisager précocement la meilleure prise en charge pour ces patients et d'autre part afin de réorganiser la gestion de l'établissement en fonction du nombre de cas positifs parmi les résidents et le personnel.

---

[2] L'élaboration de ce protocole a été réalisée avec à partir d'une note du 20 mai 2020 émanant du CNP de gériatrie, de la SFGG et du CNEG, qui sont remerciés.

b) Le maintien des visites des familles

Les visites des familles devront être maintenues avec le respect strict des gestes barrière, si possible dans des zones ventilées ou en extérieur si l'établissement dispose dans le jardin. Ce maintien des visites des familles est essentiel pour éviter les nombreux syndromes de glissement observés lors de la première vague de l'épidémie.

c) La prise en charge anticipée et adaptées des cas

Les liens avec les structures hospitalières de référence sur le territoire de ces établissements doivent être renforcés contractuellement pour définir les conditions de la prise en charge des cas : transfert dans les services de gériatrie des Etablissements de soins (ES), organisation de secteurs COVID- / COVID +, identification de structures d'aval en post-hospitalisation, fourniture de médicaments ou de dispositifs etc ....

Une organisation spécifique doit être anticipée sous la responsabilité de l'Etablissements hospitaliers et des ARS dès lors que ce plan est activé

Un tel plan de prévention et de protection renforcée doit être établi dès maintenant par chaque établissement en concertation avec les soignants, les familles et lorsque c'est possible avec les résidents. Construit dès maintenant sur les bases présentées ci-dessus, il pourra être activé en cas de nécessité sur le modèle du plan blanc des établissements de santé. Il devra prévoir l'appel à du personnel supplémentaire en cas d'immobilisation de certains personnels testés positifs.

V. *Des mesures particulières à destination des populations en situation de grande précarité*

Comme noté dans l'avis du 2 avril du Conseil scientifique, la crise sanitaire impacte significativement les personnes vivant en situation de grande précarité, fragiles tant face à l'infection que face aux conséquences que les mesures de lutte contre la pandémie engendrent. Leurs situations de vie sont par ailleurs extrêmement diversifiées (vivant en hôtels sociaux, squats, CADA, logements sur-occupés, isolées, SDF, etc.) et cette hétérogénéité doit être prise en compte dans l'assistance qui leur est proposée pour faire face à la pandémie. Le Conseil scientifique suggère 5 types de mesures pour ces populations :

a) Promouvoir une politique de 'logement d'abord'

La promotion du « logement d'abord » reste le principe directeur d'une réponse adaptée : un logement ou un accès à des centres d'hébergement permettant des chambres individuelles pour tous limite le risque épidémique, tant pour les personnes vivant dans la grande précarité que pour la population générale. Comme le notait l'avis du 2 avril du CS, l'accès à des logements permettant des isolements en chambres individuelles est prioritaire et il est conseillé que toutes les solutions d'hébergement publics et privés soient mobilisées avec cet objectif.

b) Renforcer l'accès au matériel de protection et aux capacités de l'offre du secteur de la veille social, et éducation aux gestes barrières

Pour les personnes hors hébergement, il est suggéré d'organiser en lien avec les municipalités, les ARS et les associations, des points de regroupement et d'accueil (accès à l'eau, toilettes, distribution alimentaire, accompagnement sanitaire et social, distribution de masques et de solutions hydroalcooliques, etc.), venant renforcer les capacités et l'offre du secteur de la veille sociale. Il est de plus conseillé de soutenir l'apprentissage des gestes barrières et l'adapter (contenu et support) à tous les publics vivant en situation de grande précarité.

c) Adapter les pratiques de dépistage

L'adhésion tout autant que l'accès au dépistage sont essentiels pour casser les chaînes de contamination (traçage, isolement) et détecter le plus précocement possible les personnes porteuses asymptomatiques. Toutes les personnes isolées, en hébergement ou logées par le biais de l'intermédiation locative (IML) doivent être informées et invitées à se faire dépister. Pour cela, une série de priorités sont suggérées :

- Associer étroitement à la préparation et à la mise en place de la stratégie de dépistage suivie les associations spécialisées dans l'accompagnement des personnes vivant en situation de grande précarité intervenant sur le terrain, les gestionnaires des structures et/ou les associations les représentant, les Centre Communal d'Action sociale (CCA), les Service Intégré d'Accueil et d'Orientation (SIAO) à la stratégie de dépistage, les préfectures, les ARS (cf. note interministérielle du 6 mai 2020), les réseaux médicaux, sanitaires et associatifs des territoires concerné, etc..

- Les prélèvements doivent donc pouvoir être réalisés dans les structures d'hébergement et de mise à l'abri pour les personnes les plus marginalisées ou ayant un statut administratif précaire (en particulier absence de titres de séjour), ou dans des structures et dispositifs médico-sociaux habitués à recevoir et accompagner les personnes en situation de précarité (PASS, CSAPA, CAARUD par exemple), dès lors que les conditions techniques permettant une bonne fiabilité sont réunies. Pour les prélèvements qui seront réalisés dans les structures d'hébergement, il faut travailler suffisamment en amont avec les instances de représentation des personnes hébergées afin de permettre des modalités de dépistages qui conviennent à toutes les personnes et qu'elles soient pleinement informées.

- Une attention particulière doit être portée aux personnes allophones et aux publics les plus marginalisés. Le recours à des associations spécialisées dans le domaine de la grande précarité, à des professionnels de la médiation en santé, à des travailleurs pairs, ainsi qu'à des interprètes professionnels, est indispensable pour informer des enjeux du dépistage et de la prise en charge sanitaire.

d) Atténuer les conséquences d'un dépistage positif

L'adhésion à la stratégie de dépistage et d'isolement est essentielle mais, pour les personnes en situation de grande précarité, les conséquences d'un dépistage positif peuvent s'avérer majeures et ce risque peut les amener, si des réponses à cette prise de risque individuel ne sont pas proposées en amont, à une sous-déclaration des symptômes ou un refus du test. Afin d'y répondre, une série de mesures d'accompagnement peuvent être proposées :

- Pour répondre au risque de perte de place en foyer ou logement collectif : assurer que la place soit conservée pendant toute la période en résidence dédiée.
- Pour répondre aux inquiétudes concernant les questions liées à la garde d'enfant dans des familles monoparentales en cas de quatorzaine, le confinement de l'ensemble des membres du foyer au domicile est suggéré, avec un service de prise en charge à domicile des besoins par les services spécialisés.
- Pour répondre au souci de prise en charge des animaux en cas de quatorzaine en résidence dédiée : accord avec les services dédiés (type SPA) pour accueil des animaux le temps du confinement et assurance de rendu au propriétaire.
- Pour répondre au souci de perte de revenus pour les populations en situation de grande précarité ne pouvant prouver de revenus réguliers permettant d'accéder à d'autres formes de compensation, il est proposé d'instaurer une prime de compensation en cas de quatorzaine en résidence COVID19+ dédiée.

e) Prolonger la durée de validité des droits acquis

i) Documents de séjour

Il est suggéré que, pendant la période de l'Etat d'urgence sanitaire, les personnes de nationalité étrangère dans l'attente d'un document de séjour ou de son renouvellement, dont certaines se trouvent en situation de grande précarité, puissent bénéficier d'un report des procédures qui y sont liées (comme prévu par l'ordonnance n°2020-328 du 25 mars 2020 sur la prolongation de la durée de validité des documents de séjour). Cette mesure, déjà proposée dans l'avis du 6 avril, reste valable en situation de post confinement car elle ne pourra que mieux permettre leur adhésion aux mesures préconisées de dépistage et d'isolement, sans les mettre en danger en cas de démarche dans ce sens.

Cette suggestion est renouvelée pour toutes les autres modalités de séjour, notamment pour les visas.

ii) Droits sanitaires

Il est suggéré de prolonger les droits acquis dans le domaine de la santé, notamment la complémentaire santé solidaire (ex CMU-C et ACS) ainsi que l'aide médicale d'état (AME). La prolongation de ces droits est essentielle en cette période de post confinement afin que les populations les plus précaires en bénéficiant puissent continuer à accéder au système de soins mais surtout à l'ensemble de la prise en charge relative au COVID 19 (dépistage, prise en charge hospitalière, suivi en médecine de ville, dispense de l'avance des frais...).

Le plan de prévention et de protection renforcée pour ces personnes reposera sur la pratique d'une proposition massive de tests. En effet, les conditions de logements ou d'hébergements, la précarité des ressources, l'accès limité aux informations sanitaires dispensées uniquement en français exposent ces personnes à un risque de contamination plus important et, comme cela a été constaté en France et dans d'autres pays à des risques plus élevés de formes graves et de décès.

VI. *Un protocole « Grande métropole »*

Les métropoles représentent un enjeu majeur. La densité de la population présente des risques particuliers, en raison de l'importance des flux et des contacts entre personnes, qui favorisent la dissémination du virus dans la population, ainsi que d'une métropole à l'autre.

Une attention particulière doit être portée à l'élaboration des plans de prévention et de protection renforcées, qui est urgente et nécessite des formes de gouvernance adaptées, allant parfois au-delà des périmètres administratifs existants. Ces plans devront mobiliser toutes les expertises utiles, y compris celles de nos concitoyens, afin de favoriser une bonne compréhension, une appropriation et une large adhésion.

Les plans de prévention et de protection renforcées applicables aux grandes villes et métropoles, notamment l'Ile de France, en fonction des scénarios doivent prévoir :

a) Le renforcement de la distanciation physique et les mesures barrières
Les ville et métropoles doivent définir les conditions par lesquelles elles favorisent ce renforcement de la distanciation et des mesures barrières dont le respect est plus difficile. Elles doivent aussi préparer une communication pour délivrer une information claire et adaptée afin de pouvoir l'activer le moment venu. Le renforcement de ces mesures déjà largement adoptées par la population nécessite une bonne compréhension des enjeux par la population des villes et métropoles.

b) L'obligation du port du masque dans l'espace public en fonction de l'état épidémique
L'obligation du port du masque dans des zones métropolitaines est de nature à diminuer la transmission du virus. Il incombe aux autorités territoriales d'en déterminer les conditions d'application pour favoriser une mise en œuvre effective et un haut degré d'adhésion. Il leur appartient aussi d'assurer la disponibilité de masques pour toutes les personnes concernées notamment pour les personnes en situation de précarité, qui devront y avoir accès gratuitement.

c) Les transports et des activités adaptés à la situation
Dans les transports urbains, le port du masque est déjà obligatoire. Les autorités devront veiller au strict respect de cette obligation. Les plans de poursuite de l'activité des entreprises et administrations devront être mis en œuvre pour favoriser le recours au télétravail à chaque fois que possible, et pour permettre l'étalement des horaires de travail afin de limiter l'afflux des passagers aux heures de pointe. Afin d'éviter la circulation du virus d'un territoire à l'autre, les déplacements interurbains devront de nouveau être réduits aux seuls déplacements indispensables.

d) Des rassemblements réduits et des activités commerciales maintenues
Les rassemblements devront de nouveau être limités de manière importante, y compris les rassemblements à vocation culturelle ou cultuelle. En revanche, le Conseil scientifique n'identifie pas d'intérêt sanitaire supplémentaire à la fermeture des commerces alors que le port du masque devient obligatoire dans l'espace public et qu'un renforcement de la distanciation physique et des mesures barrières deviennent effectifs.

e) Des mesures barrières adaptées dans les établissements scolaires, les universités et les centres de loisirs

Le port du masque est déjà obligatoire pour les collégiens et les lycéens. Cette obligation doit être étendue aux centres de loisirs, et devra aussi être étendue aux étudiants après la rentrée universitaire. En revanche, le Conseil scientifique ne recommande pas le port du masque pour les enfants d'un âge inférieur à 10 ans. Les données épidémiologiques suggèrent que ces enfants ne font pas de forme grave d'infection à SARS-Cov 2 et que la transmission du virus par ces jeunes enfants aux adultes est faible.

g) Des capacités de testing et d'investigation renforcées

Les métropoles sont à fort risque de diffusion rapide du virus. La maitrise de cette diffusion nécessite l'identification rapide et la plus exhaustive possible des cas et de leurs contacts. Un renforcement rapide de la capacité à réaliser des diagnostics virologiques sera nécessaire, accompagné d'une forte mobilisation pour les investigations de type contact –tracing (numérique type stop-COVID et/ou humain via les équipes mobiles).

De plus, dans ces métropoles, la stratégie récente menée par plusieurs ARS (IDF, Hauts de France, Rhône Alpes Auvergne) de proposer des tests diagnostiques RT-PCR SARS-CoV-2doit être poursuivies et encouragée. Cette stratégie permet en effet d'avoir un nouvel indicateur portant sur des populations en partie précaires et plus éloignées des systèmes de soins.

Le Conseil scientifique recommande que les villes et métropoles dans lesquelles la densité de population est la plus élevée, notamment en Ile de France, et qui sont de ce fait particulièrement vulnérables à la propagation de l'épidémie préparent dès maintenant un plan de prévention et de protection renforcées COVID qu'elles pourront activer si nécessaire soit sectoriellement en cas de cluster notamment critique, soit à l'échelle de la commune ou de la métropole en cas de reprise de l'épidémie. Ces P2R-COVID doivent être partagés voire établis avec les populations pour être facilement activés et acceptés.

VII. *Préparer l'hôpital à une reprise de l'épidémie*

a) Dès maintenant, les hôpitaux doivent prendre l'initiative de recontacter les patients dont les soins ont été retardés afin de programmer ces soins en appliquant un ordre de priorité qu'ils auront déterminé collégialement au sein de chaque hôpital en fonction de sa spécificité. Cela concerne non seulement les actes chirurgicaux mais aussi les hospitalisations classiques et les hospitalisations de jour ou de semaine.

b) Les établissements hospitaliers doivent dès maintenant et rapidement assurer la maintenance des locaux de réanimation et de soins intensifs. Ces secteurs très techniques nécessitent une maintenance régulière qui ne peut pas être retardée. Les établissements hospitaliers doivent dans le même temps réfléchir à la mise aux normes de locaux qui pourraient servir à des soins de réanimation ou de soins intensifs en cas de nouvel afflux de patients.

c) Afin de renforcer la capacité de réaction du pays face au coronavirus en cas de survenue d'une deuxième vague, il est nécessaire de connaitre à l'avance pour chaque établissement publique ou privé sa capacité en lits de réanimation et de soins intensifs (capacitaire en activité normale et capacitaire maximal en cas d'afflux de patients). Des logiciels permettant de connaitre le nombre de lits disponibles et mobilisables doivent être déployés au niveau de chaque région par les ARS afin de connaitre la situation du capacitaire en temps réel en cas de survenue d'une deuxième vague. Les ARS doivent établir un plan de montée en puissance pour l'ouverture des lits au-delà du capacitaire habituel en veillant à une répartition de la charge en soins entre les différents hôpitaux afin de permettre une prise charge optimale des patients COVID + et COVID – dans chaque structure de soins. Les hôpitaux doivent être invités des maintenant à établir une charte de collaboration au sein de la région pour arriver à assurer la prise en charge d'un nouvel afflux de patients. Ces accords de collaboration permettront de fluidifier le transfert de patients graves sans attendre la saturation d'un hôpital. Le centre 15 doit être associé activement à cette démarche proactive. Les ARS doivent également établir un plan progressif d'arrêt de l'activité non essentiel en cas de survenue de deuxième vague en appliquant un ordre de priorité qu'il convient de déterminer avec les acteurs de soins localement.

d) Des stratégies pour désengorger les services hospitaliers doivent être anticipées au sein de chaque hôpital et de chaque région comme l'hospitalisation à domicile de patients sous oxygène avec application de suivi, le transfert précoce des patients vers des soins de rééducation post-réanimation (SRPR) après hospitalisation en réanimation….
Des transferts de patients d'une région à une autre ont eu lieu lors de la première vague. Ces stratégies de transferts interrégionaux doivent être planifiées à partir de toutes les régions en envisageant plusieurs options afin d'anticiper à nouveau le transfert des patients en cas de deuxième vague fortement territorialisée

e) Les soignants
Plus de 28 000 soignants ont été atteints par le COVID-19 au sein du personnel hospitalier. Les soignants doivent faire l'objet d'une attention particulière. Des repos et des vacances et une prise en charge notamment psychologique doivent leur être proposés.

La formation de tous les soignants (IDE, AS et médecins) à la prise en charge de patients graves de soins intensifs et de réanimation doit s'intensifier dans les semaines qui viennent dans chaque structure de soins afin d'anticiper la possible nécessité de suppléer le personnel de ces services en cas de débordement. Ces formations pourront se faire en présentiel dans les services concernés quand cela est possible mais elles existent également sous forme de formation internet sur les sites des sociétés savante (diaporama vidéo, webinars, fiches techniques).

f) Des stocks de médicaments, de matériel et d'équipements de protection reconstitués
Cet item était un de prérequis de l'avis 6 : « Sortie progressive de confinement prérequis et mesures phares ». Ces stocks doivent maintenant faire l'objet d'un inventaire très précis et le circuit de distribution de ces stocks aux hôpitaux qui seront concernés par la deuxième vague doit être anticipé.

Bibliographie

Documents institutionnels et cliniques

[1] Conseil scientifique COVID-19. Avis n°6 du Conseil scientifique COVID-19 SORTIE PROGRESSIVE DE CONFINEMENT PREREQUIS ET MESURES PHARES. 20 avril 2020. Disponible à https://solidarites-sante.gouv.fr/IMG/pdf/avis_conseil_scientifique_20_avril_2020.pdf

[2] Conseil scientifique COVID-19. Note d'alerte du Conseil scientifique . DIAGNOSTIC, ISOLEMENT DES CAS ET PRISE EN CHARGE DES CONTACTS APR7S LA SORTIE DU CONFINEMENT. 2 mai 2020.

[3] Conseil scientifique COVID-19. Note d'alerte du Conseil scientifique . MIEUX INFORMER, MIEUX ACCOMPAGNER. 5 mai 2020.

[4] Santé Publique France. Point épidémiologique hebdomadaire du 28 mai 2020. Santé Publique France COVID-19.
Disponible à : https://www.santepubliquefrance.fr/maladies-et-traumatismes/maladies-et-infections-respiratoires/infection-a-coronavirus/documents/bulletin-national/covid-19-point-epidemiologique-du-28-mai-2020

[5] Verity R, Okell LC, Dorigatti I, Winskill P, Whittaker C, Imai N et al.. Estimates of the severity of coronavirus disease 2019: a model-based analysis. *The Lancet Infectious Diseases*. 2020. Doi : https://doi.org/10.1016/S1473-3099(20)30243-7.

[15] Jean Castex. PLAN DE PREPARATION DE LA SORTIE DU CONFINEMENT - 27 avril et 6 mai 2020.
Disponible à https://www.gouvernement.fr/sites/default/files/rapport_jean_castex_-_preparation_de_la_sortie_du_confinement.pdf

[17] Ng K., Faulkner N., Cornish G., Rosa. A, Earl C., Wrobel A., Benton D., Roustan,C. Bolland W. et al.. Pre-existing and de novo humoral immunity to SARS-CoV-2 in humans. BioRxiv. 2020. Doi : https://doi.org/10.1101/2020.05.14.095414
Disponible à : https://www.biorxiv.org/content/10.1101/2020.05.14.095414v1

[20] Comité consultatif nationale d'éthique. Avis. Enjeux éthiques lors du dé-confinement : Responsabilité, solidarité et confiance. 20 mai 2020.
Disponible à : https://www.ccne-ethique.fr/sites/default/files/publications/ccne_-_reponse_a_la_saisine_cs_enjeux_ethiques_lors_du_de-confinement_-_20_mai_2020.pdf

[21] Conseil scientifique COVID-19. Note du Conseil scientifique . Les EHPAD Une réponse urgente, efficace et humaine. 30 mars 2020. Disponible à https://solidarites-sante.gouv.fr/IMG/pdf/avis_conseil_scientifique_20_avril_2020.pdf

Modélisations et épidémiologie

[6] Di Domenico L., Pullano G., Sabbatini C.E., Boëlle P.Y., Colizza V. Expected impact of reopening schools after lockdown on COVID-19 epidemic in Île-de-France. Report #10. 2020. Disponible à : https://www.medrxiv.org/content/10.1101/2020.04.13.20063933v1.full.pdf

[7] Prague M., Wittkop L., Clairon Q., Dutartre D., Thiebaut R., Hejblum B.P. Population modeling of early COVID-19 epidemic dynamics in French regions and estimation of the lockdown impact on infection rate. MedRxiv. 2020. Doi: https://doi.org/10.1101/2020.04.21.20073536 Disponible à : https://www.medrxiv.org/content/10.1101/2020.04.21.20073536v1

[8] Roux J, Massonnaud C, Crépey P. COVID-19: One-month impact of the French lockdown on the epidemic burden. MedRxiv. 2020. Doi : https://doi.org/10.1101/2020.04.22.20075705 Disponible à : https://www.medrxiv.org/content/10.1101/2020.04.22.20075705v1

[9] Salje H., C. Tran Kiem, N. Lefrancq, N. Courtejoie, P. Bosetti, J. Paireau, A. Andronico, N. Hoze, J. Richet, C.-L. Dubost, Y. Le Strat, J. Lessler, D. L. Bruhl, A. Fontanet, L. Opatowski, P.-Y. Boëlle, and S. Cauche-mez, Estimating the burden of SARS-CoV-2 in France. Sciences, 2020. https://doi.org/10.1126/sci-ence.abc3517.

[10] Cori A, Ferguson NM, Fraser C, Cauchemez S. A new framework and software to estimate time-varying reproduction numbers during epidemics. American Journal of Epidemiology. 2013. Vol.178, Issue 9. Doi : https://doi.org/10.1093/aje/kwt133
Disponible à : https://academic.oup.com/aje/article/178/9/1505/89262

[11] Aleta A, Moreno Y. Evaluation of the potential incidence of COVID-19 and effectiveness of contention measures in Spain: a data-driven approach. *medRxiv [Preprint]*. (2020). doi: 10.1101/2020.03.01.20029801

[12] Ferretti L., Wymant C., Kendall M., Zhao L., Nurtay A. Abeler-Dörner L., Parker M., Bonsall D., Fraser C. Quantifying SARS-CoV-2 transmission suggests epidemic control with digital contact tracing. Science. 2020. Doi : https://doi.org/10.1126/science.abb6936
Disponible à : https://science.sciencemag.org/content/368/6491/eabb6936

[13] Banerjee, Amitava et al.Estimating excess 1-year mortality associated with the COVID-19 pandemic according to underlying conditions and age: a population-based cohort study *The Lancet*, May 12, 2020 DOI:https://doi.org/10.1016/S0140-6736(20)30854-0

[14] Di Domenico L., Pullano G., Sabbatini C.E., Boëlle P.Y., Colizza V. Expected impact of lockdow in Île de France and possible exit strategies. Report #9. . MedRxiv. 2020.
Doi : https://doi.org/10.1101/2020.04.13.20063933
Disponible à : https://www.epicx-lab.com/uploads/9/6/9/4/9694133/inserm-covid-19_report_lockdown_idf-20200412.pdf

[16] Ferguson NM, Laydon D, Nedjati-Gilani G, Imai N, Ainslie K et al.. Report 9: Impact of Non-Pharmaceutical Interventions (NPIs) to Reduce COVID-19 Mortality and Healthcare Demand. Imperial College; 2020. Disponible à https://www.imperial.ac.uk/media/imperial-college/medicine/sph/ide/gida- fellowships/Imperial-College-COVID19-NPI-modelling-16-03-2020.pdf

[18] Dehning, J., Zierenberg, J., Spitzner, F.P., Wibral, M., Neto, J.P., Wilczek, M., Priesemann, V., Inferring change points in the spread of covid-19 reveals the effectiveness of interventions. *Science*. 2020.

[19] S. M. Kissler, C. Tedijanto, M. Lipsitch, Y. Grad, Social distancing strategies for curbing the COVID-19 epidemic. *Science*. 2020. Doi : https://doi.org/10.1126/science.abb5793 Disponible à : https://science.sciencemag.org/content/368/6493/860

Opinions divergentes de Jean-Laurent Casanova

Jean-Laurent Casanova propose les mesures suivantes, au moins jusqu'au mois de septembre, quelle que soit l'évolution de l'épidémie en juin, juillet, et août, afin non pas de seulement tenter de réduire la morbidité et la mortalité associées au COVID-19, mais surtout afin d'éradiquer rapidement le SARS-CoV-2 et de libérer ainsi du même coup l'économie française.

1. Le port du masque chirurgical/artisanal obligatoire dans l'espace public, y compris en plein air, en dehors du cadre familial, ces masques ne protégeant pas ceux qui les portent mais les autres ;

2. Le port du masque FFP2/N-95 pour tous les personnels soignants au contact de malades potentiellement contagieux, ces masques protégeant ceux qui les portent ;

3. La liberté du lieu d'isolement des personnes contagieuses, mais à la condition que cet isolement soit non seulement obligatoire, mais aussi que son observance soit doublement vérifiée, par traçage électronique (téléphone portable) et par contrôle aléatoire téléphonique (ligne fixe et à défaut ligne portable) et humain (visite d'une équipe mobile) ;

4. Le traçage obligatoire des contacts au cours des dernières deux semaines de tous les cas diagnostiqués, non seulement par une équipe mobile, mais aussi par voie électronique (smartphone), suivi d'un diagnostic obligatoire de tous les contacts.

5. Le contrôle de température obligatoire à tous les arrivants sur le sol national, suivi d'un test diagnostic obligatoire en cas de fièvre ;

6. La liberté laissée aux territoires insulaires d'exiger de surcroît un test diagnostic à l'arrivée en bateau ou en avion ;

Un nouveau confinement n'étant pas envisageable, et l'éradication du virus étant le seul objectif louable, tout l'effort pour sauver des vies et relancer l'économie doit porter sur le traçage, le diagnostic, et l'isolement des personnes contagieuses.

BIBLIOGRAPHIE

AUDOUIN-ROUZEAU, Frédérique et ZYLBERSTEIN, Jean-Claude, *Les chemins de la peste*, Tallandier, 2007.

BARRY, John, *The Great Influenza*, Viking, 2004.

BAZIN, Hervé, *Le neuvième jour*, Grasset, 1994.

BECK, *La société du risque*, Aubier, 2001.

BOURDELAIS, Patrice et RAULOT, Jean Yves, *Histoire du Choléra en France*, Payot, 1987.

Cahiers d'anthropologie sociale, *Des hommes malades des animaux*, L'Herne, 2012.

CAMUS, Albert, *La Peste*, Gallimard, 1947.

CÉLINE, Louis Ferdinand, *Semmelweis*, Gallimard, 1999.

CHEVANDIER, Christian, *L'hôpital dans la France du XXe siècle*, Perrin, 2009.

CRÉMIEUX, Anne-Claude. Gouverner l'imprévisible, Lavoisier, 2009.

CRONIN, Justin, *Le Passage*, Robert Laffont, 2010/2016.

DACHEZ, Roger, *Histoire de la médecine*, Tallandier, 2012.

DARMON, Pierre, *Pasteur*, Fayard, 1995.

DEBRÉ, Patrice, *Vie et mort des épidémies*, Odile Jacob, 2013.

DEDET, Jean Pierre, *Les épidémies, de la peste noire à la grippe A/H1N1*, Dunod 2010.

DELAVAULT, Robert, *L'asepsie un demi-siècle avant Pasteur : Ignace Semmelweis (1818-1865)*, L'Harmattan, 2007.

DUPUY, Jean-Pierre, *Vers un catastrophisme éclairé*, Seuil, 2002.

FRIOUX, Stéphane, *Les batailles de l'hygiène. De Pasteur aux Trente Glorieuses,* PUF, 2013.

FRIOUX, Stéphane et FOURNIER, Patrick, *Hygiène et santé en Europe*, Sedes, 2011.

GIONO, Jean, *Le Hussard sur le toit,* Gallimard, 1951.

GRANDORSKY, Béatrice, *Darwin, Pasteur, Koch et Freud dans le Roman*, L'Harmattan, 2012.

GREENFELD, Karl, *Le syndrome chinois*, Albin Michel, 2006.

GUALDE, Norbert, *Les épidémies racontées par la littérature*, L'Harmattan, 2016.

GUILBAUD, Auriane et SANSONETTI, Philippe, *Le retour des épidémies*, PUF, 2015.

HANNOUN, Claude, *La grippe, ennemie intime*, Balland, 2009.

HARRIS, Robert et PAXMAN, Jeremy, *A Higher Form of Killing*, Arrow, 2002.

HERLIHY, David, *La Peste noire et la mutation de l'occident*, Monfort, 2000.

HILDESHEIMER, Françoise, *Fléaux et société*, Hachette, 1993.

HOOPER, Edward, *The River,* Little Brown, 1999.

JORLAND, Gérard, *Une société à soigner : Hygiène et salubrité publiques en France au XIXe siècle*, Gallimard, 2010.

KECK, Frédéric, *Un monde grippé*, Flammarion, 2010.

KECK, Frédéric, *Les sentinelles des pandémies : Chasseurs de virus et observateurs d'oiseaux aux frontières de la Chine*, Zones sensibles, 2020

KING, Stephen, *Le fléau* (1978) Lattès, 1991.

KRAJEWSKI, Marek et CARLIER, Margot, *La peste à Breslau* Gallimard, 2009.

KUCHARSKI, Adam, *The Rules of Contagion* Wellcome, 2020.

LE COUR GRANDMAISON, Olivier, *L'Empire des hygiénistes*, Fayard, 2014.

LITTRÉ, Émile, *Les grandes épidémies*, 1830-1860.

MASSEY, Jacques, *Bioterrorisme, l'état d'alerte*, L'Archipel, 2003.

MEYER, Deon, *L'année du Lion*, Seuil, 2017.

MILLER, Judith et BROAD, William, *Germs*, Simon & Schuster, 2002.

MORAND, Serge, *La prochaine peste*, Fayard, 2016.

MORAND, Serge, *Émergence de maladies infectieuses*, Quae, 2016.

MURARD, Lion et ZYLBERMAN, Patrick, *L'hygiène dans la République*, Fayard, 1996.

OLDSTONE, Michael, *Viruses, Pleagues and History*, Oxford University Press, 2009.

ORSENNA, Erick, *Géopolitique du Moustique.*

NANCY, Jean-Luc, *L'équivalence des catastrophes*, Galilée, 2012.

NAPHY, William et SANCERY, Arlette, *La Peste noire*, Autrement, 2003.

NEYRAT, Frédéric, *Biopolitique des catastrophes*, MF, 2008.

PARÉ, Ambroise, *Traité de la Peste*, BNF.

PERINOT, Luc, *Patients Zéro*, La Découverte, 2020.

PERROT, Annick et SCHWARTZ, Maxime, *Pasteur et ses lieutenants : Roux, Yersin et les autres*, Odile Jacob 2013

PERROT, Annick et SCHWARTZ, Maxime, *Pasteur et Koch*, Odile Jacob, 2014.

PERROT, Annick et SCHWARTZ, Maxime, *Pasteur, le visionnaire*. Catalogue de l'exposition, La Martinière, 2017.
PRESTON, Richard, *Virus*, Plon, 1995.
QUAMMEN, David, *Ebola*, Grasset, 2015.
RAOULT, Didier, *Epidémies*, Michel Lafon, 2020.
SALUZZO, Jean-François, *À la conquête des virus*, Belin, 2009.
SALUZZO, Jean-François, *Les virus émergents*, IRD, 2011.
SCHEIDEL, Walter, *The Great Leveler*, Princeton University Press, 2017.
SIGNOLI, Michel, *La peste noire*, PUF, 2018.
SKIDMORE, Max, *Presidents, pandemics and politics*, Palgrave, 2016.
SNOWDEN, Franck, *Epidemics and Society*, Yale University Press, 2019.
SOURNIA, Jean Charles, *Les épidémies dans l'histoire de l'homme*, Flammarion, 1984.
SPINNEY, Laura, *La grande tueuse*, Albin Michel, 2018.
VAKSBERT, Arkady, *Le laboratoire des poisons*, LDM, 2006.
VINET, Freddy, *La grande grippe*, Vendémiaire, 2018.
VITAUX, Jean, *Histoire de la Peste*, PUF, 2010.
ZIMMER, Carl, *A Planet of viruses*, University of Chicago Press, 2015.

TABLE DES MATIÈRES

UNE GESTION DE CRISE À GÉOMÉTRIE VARIABLE

Composition : Nord Compo

Achevé d'imprimer en septembre 2021
sur les presses de la Nouvelle Imprimerie Laballery
58500 Clamecy
Numéro d'impression : 109174

Imprimé en France

La Nouvelle Imprimerie Laballery est titulaire de la marque Imprim'Vert®

Dépôt légal : juin 2020